Anonymous

Die ältesten Urkunden der Hebräer im ersten Buch Mose

Anonymous

Die ältesten Urkunden der Hebräer im ersten Buch Mose

ISBN/EAN: 9783744701341

Hergestellt in Europa, USA, Kanada, Australien, Japan

Cover: Foto ©Lupo / pixelio.de

Weitere Bücher finden Sie auf **www.hansebooks.com**

Die ältesten Urkunden der Hebräer

im

ersten Buch Mose,

für

freymüthige Alterthumsforscher,

neu übersetzt und erläutert.

Antiquitatis monumenta inspicere duntaxat, nec cognoscere ea accurate velle, hominum est curiosorum atque otiosorum, et, pene dixerim, vanorum.

Ant. August. Antiq. R. H. in Numm.
Veter. Dialog. l. p. 1.

Stendal,

bey D. C. Franzen und J. C. Grosse,

1788.

Der neue Uebersetzer ist ein auserlesenes Werkzeug des Satans: So hieß es, in der Vorrede zu der von Calvin und Beza besorgten Französischen Uebersetzung des Neuen Testaments, vom Castellio. Herr Rect. Fischer macht dabey die Anmerkung: Dies war eine theologische Redensart des Beza, damit er so viel sagen wollte, als was wir in unserer heutigen Sprache ausdrücken: Er ist ganz anderer Meinung, als ich.

Fliegende Blätter 1. St. S. 65.

Vorrede.

Ich liefere hier ein noch unvollständiges und seiner ersten Absicht gar noch nicht entsprechendes Werk. Mein Vorhaben war in dieser Schrift, denen beyräthig zu seyn, die über den Inhalt, über die Aechtheit und Göttlichkeit des ersten Buchs Mose freymüthige Untersuchungen anstellen, und dabey, so viel es thunlich ist, mit eignen Augen sehen wollten. Unmöglich kann man es von allen denen, die hierin nicht bloß Nachbeter sondern Selbstdenker seyn wollen, erwarten, daß sie sich durch alle Schwierigkeiten selbst hindurcharbeiten sollen.

len. Auch denen, die hierzu Kenntniſſe und Eifer genug haben, muß es angenehm und nützlich ſeyn, auf ihrem Wege ſolche anzutreffen, die ſich ihnen zu Wegweiſern darbieten. Geſetzt, daß ſie ihnen hier oder da, wo ſie von der Straße abweichen, nicht folgen könnten; — denn wie kann ein Selbſtdenker einem andern in allen Stücken folgen? — ſo muß es ihnen, wenn ſie unparteyiſch ſind, doch auch lieb ſeyn, die Nebenwege, ſelbſt die irrigen, kennen zu lernen, wenigſtens um ſich und andre davor zu hüten, zumal da es immer am leichteſten ſeyn muß, nach Belieben wieder auf die gebahnte Straße einzulenken.

Hätte ich meine hier angefangene Schrift ſogleich vollendet liefern können; ſo würde ich ihr den Titel gegeben haben: Die älteſten Urkunden der Hebräer überſetzt, erläutert und mit den andern Urgeſchichten des Alterthums in Vergleichung geſetzt. Dieſe letzten Worte ließ ich bloß weg, um mich in keine Verbindlichkeit einzulaſſen, das, was ich in dieſer Rückſicht geſammelt habe, auch ins Publicum hervortreten zu laſſen; indem ich noch nicht vor-

Vorrede.

aussehen kann: ob ich es zusammen oder in einzelnen Stücken herauszugeben im Stande bin, oder ob auch das Publicum die andern Ueberreste des Alterthums auf eine ähnliche Weise, wie diese Urkunden der Hebräer, bearbeitet, von mir anzunehmen geneigt seyn möchte. Ich verstehe unter jenen Denkmalen des Alterthums nicht bloß die von den alten Geschichtschreibern uns aufbehaltenen Ueberbleibsel eines Sanchuniathon, Berosus, Manetho und dergleichen. Allenthalben in den Sprachen, Gebräuchen, Mythologien, Religionen und Lehrsystemen der Dichter und Weltweisen älterer und neuerer Völker finden sich solche; wie uns Jackson, Brucker, Banier, Pauw, und andere längst darauf aufmerksam zu machen gesucht haben. Ja selbst im Schoße der Erde finden sich sehr verständliche und für Kenner lesbare Documente vom Alter der Erde und des Menschengeschlechts. Doch davon sage ich mehr in der vorläufigen Abhandlung von den Quellen der Urgeschichte.

Die Urkunden der Hebräer behandelte ich so: Ich bemühete mich, ihren Inhalt zu erforschen, ohne mich, wie die mehresten meiner Vorgänger im voraus von der Aechtheit und Göttlichkeit derselben überzeugt zu halten. Freylich siehet sonst jeder nur das darin, was ihm dem nun einmahl entschiedenen Werthe derselben gemäß zu seyn dünkt. Billig war es also mein Bestreben, nicht durch angeerbte Vorurtheile, nicht durch gewöhnliche und hergebrachte Meinungen, aber auch nicht durch Neuerungssucht, sondern bloß durch Sprachkunde und gesunde Kritik mich leiten zu lassen. Sehr oft werde ich hier, so wie auch die, von denen ich zur Rechten oder zur Linken abgewichen bin, gefehlt haben. Mag es doch seyn! Wenn nur immer meine Fehler andern zur Warnung gereichen, so wird doch der Weg zur Wahrheit dabey gewinnen. Ich kann es nicht leugnen, oft schämte ich mich bey meinen stillen Untersuchungen vor mir selbst, wenn ich bey so manchen Stellen auf ganz ungewöhnliche Meinungen gerieth, oder wenn ich sahe, daß hie und da ein oft wol mit Recht verhöhnter Spötter bey mancher Stelle einerley mit mir dachte. Es gehört doch immer, sprach ich

bey

bey mir selbst, ein gar großer Theil der Unverschämtheit dazu, sich in vielen Stücken klüger als so viele andre dünken zu wollen. Was tausende als ein unmittelbares Werk der Gottheit bewundern, das solltest du, zwar nicht als etwas gemeines, sondern auch als ein Werk Gottes, doch aber als ein Werk anderer Art von ihm ansehn! Nie würde ich mich dazu hergeben können, ein Spötter dessen zu werden, was andre — möchte es auch in Irthum geschehn — für ein Heiligthum halten. Es ist doch ungeziemend, unberufen in einer grossen Gesellschaft sich zum Lehrer und Verbesserer aufwerfen zu wollen. Und wie oft wird der, der sich nicht auf sein Schreyen und Lärmen verlassen kann, dabey verlacht, gesetzt auch, daß er Recht haben sollte! und wird dies nicht jeder von sich selbst glauben? — Doch wenn es nun einmahl darauf ankommt, mit eignen Augen zu sehen, wer kann da blindlings nur andern folgen? Und wenn auch die ganze Stadt Halle den Marktthurm den Rothen zu nennen gewohnt ist; so hat doch jedes Kind Freyheit, sich durch den Augenschein davon zu über-

überzeugen, daß er wahrhaftig grün ist. Wer ihn deshalb so nennen wollte, der würde von seinem Nachbar nicht verstanden oder allenfalls gar verlacht werden — und wer läßt sich gerne verlachen? Aber wie, wenn sich auf öffentlichem Markte eine Gesellschaft Sonderlinge hinstellte, die alle Hallenser darum für Betrüger und offenbare Lügner ausschrie, und wenn es gegen diese Behauptung ächte Hallenser durch vermeinten Patriotismus beseelt aus der Stadtchronik und alten Documenten auch wol durch Schimpfworte und Austheilung blutiger Köpfe zu erhärten suchten, daß dieser Thurm doch stets von allen Verständigen für roth anerkannt wäre; soll man es da einem Vorübergehenden verdenken, wenn er öffentlich sagt, wie es ihm bey solcher Fehde wirklich ums Herz ist? Freylich wird er es dabey keinem von den einmahl erhitzten Streitern recht machen; aber sollte er nicht wirklich zur Beylegung des thörichten Streites sehr thätlich mitwirken? Aufrichtig zu reden, so glaube ich nach allen meinen Ueberzeugungen mit einem solchen in gleichem Verhältniß zu seyn.

Um

Vorrede.

Um es mir merklich zu machen, was mir in diesen alten Urkunden der Hebräer verständlich wäre oder nicht, fing ich an, sie zu übersetzen. Da es mir nicht darauf ankam, die hebräischen Worte nur mit deutschen zu verwechseln, sondern da ich in den Verstand derselben einzudringen bemüht war; so bemerkte ich bald die großen Schwierigkeiten, welche durch die gar große Abweichung jener alten noch rohen Sprache des Morgenlandes von unsrer, die durch Aufklärung und Litteratur weit mehr gebildet ist, so wie durch die große Verschiedenheit der Sitten, Gebräuche und Rechte jenes Volks von den Unsrigen veranlaßt werden, und von denen alle, die nur schwache Begriffe haben können, welche nicht selbst damit den Versuch gemacht haben, gesetzt auch, daß sie in Uebersetzung der Griechen und Römer die Geübtesten wären. So sehr ich auch bemüht war, das zu benutzen, was Andre zur Aufklärung dieser Schriften und der darin enthaltenen Lehren, so wie zur richtigen Beurtheilung derselben, beygetragen und gesammelt haben: so hielt ich es doch für meine Pflicht, um mit eignen

Vorrede.

eignen Augen zu sehen, so oft ich mich an die Uebersetzung machte, das alles zu vergessen, was mir Unterricht oder Belesenheit an die Hand gab. Ich suchte mich vielmehr in die Stelle dessen zu versetzen, der mit völliger Unkunde, der Rohheit jenes Zeitalters der Vorwelt gemäß, diese Denkmale des Alterthums zum erstenmal läse. Da ich mich weder an die gewöhnlichen Abtheilungen und Lesezeichen binden, noch die verschiedenen Lesearten verabsäumen wollte; so machte mir oft die Unbestimmtheit der Ausdrücke und der Verbindungen neue Schwierigkeit.

Wenn ich meine so entstandene Uebersetzung mit andern verglich — die ältesten mußten mir dabey vorzüglich schätzbar seyn — so konnte ich freylich sie in unzähligen Stellen berichtigen; aber es zeigten sich auch tausend Abwege, da jeder Ausleger seine vorgefaßten Meinungen in dem Text zu sehen glaubt, und also der eine lauter göttliche Belehrungen, der andre lauter abergläubige Abgeschmacktheiten darin zu finden vermeint. Da ich es für pflichtmäßig hielt, auch die neuern Uebersetzungen, so viel möglich, von

Vorrede.

von Wort zu Wort mit der Meinigen zu vergleichen; so behielt ich natürlicher Weise von einer jeden das bey, was mich besser zu seyn dünkte. Zu viel würde es verlangt seyn, wenn ich bey jedem Ausdruck den Grund angeben sollte, warum ich lieber diesen als einen andern gewählt hätte. Gern gesteh ich es ein; daß ich beym jedesmaligen Durchsehn immer wieder daran zu verbessern fand, und oft, sehr oft, das schon ein oder mehrmal verworfene wieder hervorsuchte. Nachdem ich nun meine Uebersetzung so oft durchcorrigirt hatte, daß ich mir meine eigne Handschrift mehr als dreymal unlesbar gemacht hatte, und sie also immer wieder von neuem abzuschreiben genöthiget war: so wünsche ich, mir nun auch fremden Tadel dabey zu nutze machen zu dürfen. Ich werde mich freuen, wenn man ihr wenigstens die darauf gewandte ängstliche Mühe und die andern Schwierigkeiten, womit ich kämpfen mußte, nicht ansehen sollte.

Unmöglich kann ich dem Vorwurf entgehen: In meiner Uebersetzung die ältesten Urkunden, die eben durch das Gepräge des grauen

Alterthums gefallen und Verehrung fordern, modernisirt zu haben. Doch darüber erkläre ich mich anderswo. Nach vieler Urtheil habe ich sicher hie und da den klaren Verstand der Worte verdrehet. In solchem Fall klage man allenfalls mein getrübtes Auge oder mein Mißgeschick an, das mich den Gegenstand aus einen falschen Gesichtspunkte ansehen hieß. Desto schlimmer für mich, wenn ich auf gewisse Weise selbst daran schuld seyn sollte! Nur gebe man meinem Herzen dabey keinen Muthwillen schuld. Gern bin ich erböthig, alles gesagte zurückzunehmen, so bald man mich, es sey mit Glimpf oder mit Härte, eines Fehltritts überführt. Auch da, wo ich eingestandene Verdrehungen etwa einst zurücknehmen müßte, gönne man mir den Trost, den derjenige genießt, der sich in einer Kunstschule in einer unnatürlichen Stellung jungen Mahlern darstellt. Er weiß es, daß er doch eben dadurch dazu beyträgt, daß jene es lernen, die Natur einst desto treuer copiren zu können. Denn in der That der geflissentliche Paradoxien-Jäger ist in meinen Augen eben das in

der

Vorrede. XIII

der gelehrten Welt, was der Gaukler im gemeinen Leben ist. Beyde sättigen sich vom Beyfall des Pöbels, und werden von Edlern ihrer unseligen Beschäftigung wegen bedauert.

Bey den hier mitgetheilten Erläuterungen hätte ich noch manche Gelegenheit gehabt, Belesenheit zu nutzen, oder die Nachläßigkeit und Untreue der Ausleger auch wol ihren oft gut gemeinten Unsinn zu rügen; doch ich sehe es als einen Mißbrauch der Exegese an, wenn man jedem Worte einer Erzählung oder Schilderung in seiner ihm sonst angemessenen Bedeutung nachgehet, und so allerley Lehrmeinungen herauspreßt, an welche zu denken der Geschichtschreiber oder Dichter sich nicht einfallen lassen konnte. So wie ich es als einen Mißbrauch ansehe, wenn man sich vornimmt, in der Philosophie und Mathematik alles und auch das erklären und berechnen zu wollen, wozu die erforderlichen Data noch fehlen; oder wenn man, wie jene After-Pragmatisten in der Geschichtskunde, bey menschlichen Dingen, allenthalben die vollständigsten Absichten ausflügelt, da doch wenig nach vollständigen Absichten

sichten unternommen wird. Ich habe daher es zu meiner Absicht für zweckmäßig angesehn, alle die Bemerkungen der Sprachforscher, Geschichtschreiber, Theologen und Klüglinge, die auf Auspressung der Worte, auf Unterstützung besondrer Lehrmeinungen, auf systematische Theologie und dergleichen abzwecken, geradehin wegzulassen, und nur das zu sammeln, was zu einer vernünftigen Sprach- und Sachkenntniß hinleitet. Inzwischen habe ich es nicht unterlassen können, hier und da vor den genannten Abwegen zu warnen.

Gern entledigte ich mich hier einer so süßen und angenehmen Pflicht vor den Augen des Publikums, die mir so theuren Namen derer zu nennen, die mir durch manche mir so nützliche Winke und Berichtigungen zu Hülfe kamen. Möchte jeder meiner Leser es wissen, mit welcher Ehrfurcht ich Sie, Verehrungswürdigste Männer! hochschätze; indem ich mein Glück darin suche, Ihrer Freundschaft nicht unwerth zu seyn. Doch sicher keiner würde die Achtung erreichen, mit der Sie, Theuerste, mein dankbares Herz im Stillen bewun-

Vorrede.

wundert! Ich weiß es, unzeitiger Dank kann halbe Beleidigung werden.

Ich müßte sehr unerfahren seyn, wenn ich nicht wissen sollte, daß ich durch diese meine Bemühungen, andern nützlich zu werden, den Haß vieler und mancher sonst recht verehrungswürdigen Männer auf mich ziehen könnte. Es ist ja von jeher Sitte gewesen, die zu hassen und zu verfolgen, welche die väterlichen Meinungen bestreiten oder davon ablenken — Jedoch ich lebe nicht in den Zeiten eines Schmidts zu Wertheim! Sollte man es nicht der Einsicht unsrer Zeitgenossen zutrauen dürfen, daß man über die kein Verbannungsurtheil mehr hörte, welche ein freymüthiges Studium dieser so schätzbaren Alterthümer zu erleichtern und zu befördern suchen. Erreiche ich diese meine Absicht, so bedarf meine Bemühung keiner weitern Entschuldigung! — und verfehle ich dieses Ziels — was hülfen meine Worte? Genug, ich traue es der über alles sich verbreitenden Güte Gottes zu, daß er diese meine Bemühungen zur Steuer der Wahrheit und zum gemeinen Besten dienen lasse.

Genug

Vorrede.

Genug für meine Leser, noch ein Wort für meine Richter! *)

*) Ich wünschte wol, daß die, welche ein Verbannungsurtheil über mich zu sprechen im Begriff wären, sich bereden ließen, das zu beherzigen, was in den fliegenden Blättern Dessau und Leipz. 1783. S. 51 — 112. und S. 261. auch zu meiner Entschuldigung gesagt ist.

Eine Allegorie.

In einem Gasthause kam einst das Gespräch auf den Brocken und den darauf befindlichen Hexenaltar. Man erinnerte sich, wie so viele mit Angst und Grausen dies Denkmal der Vorwelt besähen. Man erzählte viel von den fürchterlichen Sagen, vom Hexentanz und von den Zügen satanischer Heere. Unter andern berief sich der Wirth, Herr Plebs, auf seine eigene Erfahrung. Er wollte bey einer nächtlichen Reise am Brocken, das Getöse des ziehenden Heeres, und das Freudengeschrey der Tanzenden gehört, auch selbst ihren ganzen Zug mit Augen gesehen haben. Man erklärte, aller seiner Contestation zum Trotz, das Gehörte für Brausen des Windes, und alle seine Erscheinungen für Wirkungen einer durch Grausen in Unordnung gerathenen Phantasie. Vergeblich provocirte er auf ein anderweitiges Verhör einstimmiger Zeugen. Er holte sogar gedruckte Nachrichten herbey, zeigte die Charte von der Grafschaft Wernigerode vor, worauf der Hexenzug bis auf den Beelzebub abgebildet zu sehen war, und triumphirte schon in seinem Sinn, sein Vorgeben so gründlich erwiesen zu haben. Aber wie stutzte er, als man, ihm völlig unerhört, sogar das Gedruckte für Mähren erklärte!

Prudentius erzählte, wie man zur Zeit des Heidenthums auf dem Brocken ein Götzenbild verehrt habe. Um die Zeit des Walpurgistages wären selbst aus entfernten Ländern ganze Schaaren von Götzendienern herbeygekommen, wobey sich die Opferpriester in ihren langen Talaren, mit ihren Ziegenböcken und den Ofengabeln gleichgestalteten Opfergeräthen unter mancherley Gaukeleyen ausgezeichnet hätten. Die damals umherwohnenden Christen hätten zum Zeichen ihres Abscheues gegen solche heidnische Greuel ein Kreuz vor ihre Wohnungen aufgestellt. Und hieraus wäre, zumal da man nach 1. Corinth. 10, 20. den Götzendienst für Teufelsdienst erklärt habe, jene bekannte allgemeine Sage entstanden.

Nun kann ich mir leicht, fiel Libertinus ein, die ganze Sache erklären! Sicher war der sogenannte Hexenaltar das Postement des Götzenbildes. Noch jetzt liegen, wie man sagt, die großen Felsenstücken in einer Rundung umher. Wer verkennet bey dieser Bemerkung die Spuren der menschlichen Kunst? Und wenn auch Jahrhunderte hindurch jeder von den Tausenden, die dahin kamen, um anzubeten, sein Leben darauf gelassen haben möchte, dies erhabne Postement

ment sey ein Werk der angebeteten Gottheit: so kann doch jetzt jeder noch aus den zerfallenen Ueberbleibseln davon richtiger urtheilen.

Prudentius: Man hört es an ihren Reden, daß Sie dies Denkmal des Alterthums nicht selbst gesehen haben. Hier ist mehr, als menschliche Kunst! Nie fiel es einem, der es ernstlich besahe, ein, dies sey eine Wirkung der menschlichen Hand.

Libertinus: Was die Hände nicht können, das kann man mit Maschinen! Die Russische Kaiserin kann Felsen fortwälzen, und das konnten auch schon die alten Griechen. Archimedes getrauete sich, die Erde zu bewegen, wenn er nur Platz dazu hätte. Giebt es doch an vielen Orten dem sogenannten Hexenaltare sehr ähnliche Denkmale. Zeugnisse genug, daß es in alten Zeiten mehr Archimeden gegeben!

Prudentius: Aber lebte denn ein Archimedes auch unter den Deutschen? Wenn wohnte er auf dem Harz?

Plebs, der sich unterdeß in etwas erholt, und seinen dazu gekommenen Freund, sein Hausorakel, den Herrn Fidelis, in Empfang genommen, und ihn, wie gewöhnlich, mit einem guten Becher Wein bewillkommt hatte, nahm nun wieder das Wort: Da hat wahrhaftig der Teufel geholfen! Hat er doch immer die armen Heiden zur Abgötterey verführet. Nicht wahr? Herr Fidelis! Sie haben ja in ihrer Jugend den Brocken so oft beklettert. Erzählen Sie doch!

doch! Sahen Sie da nicht übermenschliche Dinae? Muß nicht der Teufel den Hexenaltar gebauet haben?

Fidelis, der es nicht gern mit seinem freygebigen Wirthe verderben wollte, von dem er wohl wußte, daß er jedesmal die Werke des Teufels in Schutz nähme, eröfnete seine Antwort mit vielen höflichen Verbeugungen gegen ihn. Plebs sahe diese als eine Einladung zum frischen Einschenken an, und wiewol es grade so nicht gemeint seyn mochte; so war doch sein gutes Anerbieten für dies mal auch mitzunehmen. Nach wieder ausgeleertem Becher fing Fidelis an: Ich leugne es nicht, der Teufel pflegt die Werke der Allmacht oft nachzuäffen. So mag es seyn, daß die andern, den Brocken ähnlich seyn sollenden Denkmale, von welchen der Herr dort redet, wo sie nicht gar bloß Menschenkunst hervorgebracht hat, ein Werk des leidigen Teufels sind. Schon Luther sagte: Wo der liebe Gott eine Kirche bauet (einen Dom stiftet) da bauet der Teufel eine Kapelle (einen Domherrnkeller) dabey. Allein aus der über alles hervorragenden Erhabenheit des Brocken leuchtet hervor, daß er ein Werk des erhabnen Gottes ist. Ich sahe in diesem Werke der Gottheit, so oft ich es anstaunte, den Finger des Allmächtigen zu deutlich. Knieend und andachtsvoll habe ich ihm oft dafür gedankt, daß er den Menschen, die auf der flachen Erde so oft seine Weisheit und Güte verkennen, auf den in die Augen fallenden Gipfeln der Berge so unleugbare Proben seiner unmittelbaren Schöpfungskraft vorgestellt hat. Alle, die nicht ganz blind sind, müssen hier

den

den Finger des Schöpfers erkennen! Keiner, der nur Vernunft hat, kann hier das unmittelbare Wirken der Allmacht wegleugnen.

Sincerus: Ein Berliner Gelehrter erklärt den sogenannten Hexenaltar für eine Wirkung eines ehemaligen feuerspeyenden Schlundes. Er urtheilt: eben daher wären die größern und kleinern Felsenmassen in merkbarer Rundung umhergestreuet.

Fidelis im Weggehn: Herr Wirth, hüten sie sich vor den Berliner Gelehrten! das sind Irrlehrer! Heißt es nicht, mit einem solchen sollt ihr auch nicht essen? und ich sage Ihnen: Alles, was wider meine Meinung vorgebracht wird, ist Tand, Thorheit und Unsinn!

Prudentius zum Sincerus: Wie man sich doch irren kann! Nie gab man es dem Gelehrten, von dem sie reden, schuld, das klare Wasser der reinen Lehre getrübt zu haben. Dem Herrn Fidelis, einem sonst braven und rechtschaffenem Manne, müssen Sie seine harten Worte zu gute halten; da er für die Ehre Gottes zu streiten glaubt. Und vielleicht wirkte auch jetzt der Wein unsers freygebigen Herrn Wirths etwas mit. Die Unbekanntschaft des Herrn Fidelis mit den übrigen Cratern, machte es wol, daß er den Brocken für ein so ganz ander Werk ansahe, als diese! Der gute Mann bildet sich ein: durch ein Werk der Natur werde die Ehre Gottes minder verherrlichet, als durch ein erträumtes Wunder.

Plebs: Haben Sie schon den genauen Riß gesehen, den Herr Fidelis auf dem Brocken selbst, wo er alles eigenhändig aufs sorgfältigste ausgemessen, verfertiget hat? Hier ist er! Er sagt, jede Kleinigkeit wäre darauf.

Prudentius: Schade! daß er, um alles zeichnen zu wollen, so viel Linien und Figuren über einander hergezeichnet hat, daß man, leider, eins von dem andern nicht unterscheiden kann.

Libertinus: Dies soll, nach seiner Ueberschrift, ein genauer geometrischer, durchgängig nach einerley Maßstab verfertigter, Riß seyn! Es ist ja unmöglich, daß man so ganz unebne Gegenstände auf einer Ebne, alle in ihrer wahren Größe, vollkommen nach einerley Maßstab, vorstellen kann.

Prudentius: Sie haben Recht! Ich hielte es also mehr mit perspektivischen Rissen! doch leugne ich nicht, man würde sich der Ausmessungen dieses, an sich selbst zwar unverständlichen, Risses dennoch mit Vortheil bedienen können; wenn man die Richtigkeit eines andern nach den Regeln der Perspektiv prüfen wollte. Man hat den Brocken schon oft nach sehr verschiedenen Gesichtspunkten gezeichnet, wie er von Wernigerode, von Halberstadt, von Magdeburg und von andern Orten aus erscheint. Ich habe mir immer eine Zeichnung gewünscht, wie er einem erscheinen würde, wenn man oben drauf wäre.

Sincerus: So habe ich mich bemühet, ihn auf meiner Harzreise zu zeichnen.

Libertinus: Warum beliebten sie aber, ihren Riß grade nach dem hier gewählten Standpunkt zu zeichnen? Sie konnten doch auch einen andern wählen!

Sincerus: Bloß weil ich den Brocken wirklich so sahe und weil ich mit Herrn Prudentius glaubte, daß ihn vielleicht mehrere gern so sehen möchten.

Libertinus: Nun in Wahrheit, ich will doch selbst noch hinreisen, und sehn, was nur zu sehen ist. Aber denn fort auch mit allen Rissen! In keinem finde ich das unnachahmliche Colorit der Natur, keiner gewährt mir eine völlig freye Aussicht über das Ganze, keiner kann meiner Brust zu einem so freyen Athemzug verhelfen, als ich es von der hohen Bergathmosphäre erwarte, von keinem duftet mir der süße Berggeruch entgegen. Und es bleibt doch wahr: alles Raisonniren nach Rissen von einer Gegend, ohne sie selbst gesehen zu haben, bleibt Narrheit. Fort also mit dem Plunder!

Prudentius: Nicht so! Gewiß sie werden, mit so verschiedenen Rissen versehen, ein weit genauerer Beobachter seyn, als ohne sie. Natürlich stellt immer der eine ins Licht, was der andre verdunkelt.

Sincerus: Schön, daß Sie selbst sehn wollen. Wie würde ich mich freuen, wenn ich durch meine Bemühung zu ihrer Erleichterung auf dieser beschwerlichen, aber auch anmuthsvollen Reise etwas beytrüge! Vielleicht treffen Sie einen noch heiterern Tag! Vielleicht haben Sie mehr Schärfe im Auge, oder mehr

mehr Geschicklichkeit im Zeichnen, als ich! Denn, bitte ich, verbessern Sie meinen Riß!

Prudentius: Noch eins! Nicht jeder, der über die Lage einer Gegend urtheilen will, kann darum jedesmal hinreisen und sie ansehen.

Plebs: Das denke ich auch! Alle Fremde, die hier bey mir einkehren, erzählen von ihrer Gegend. Ich spreche immer frisch mit, ohne je dagewesen zu seyn, und verlasse mich so lange, bis ichs einmal besser höre, immer darauf, was ich schon vorher von andern gehört habe. So weiß ich in dem ganzen Lande, ohne Ruhm zu melden, ziemlich Bescheid. Ich habe auch gern solche Risse. Aber sie müssen nicht gar zu kritzelich, sondern hübsch vernehmlich seyn!

Vorläufige Abhandlung

von

den Quellen der Urgeschichte

überhaupt.

Si quid nouisti rectius istis,
Candidus imperti: si non, his vtere mecum.

Horat.

Ueber die Quellen der Urgeschichte.

1. §.

Ein Mensch, der ohne Erziehung und Unterricht aufgewachsen wäre, würde von seiner Abkunft und Geburt, vom Gefühl seiner ersten Bedürfnisse, und der daher erfolgten Entwickelung seiner Kräfte, von der Stufenfolge der Ausbildung seiner Sinne, vom Erwachen seines Verstandes, von der Veranlassung zu seinen erlangten Fertigkeiten und angenommenen Gewohnheiten und dergleichen schlechterdings nicht gehörige Nachricht geben können. Die in thierischer Wildheit aufgewachsenen Menschen wußten, nachdem sie zahm und menschlich gemacht waren, von ihrem vorigen Zustande nichts 1). Man wird sogar finden, daß es Kindern, die frühzeitigen Unterricht genossen, hernach aber nie dem Unterricht anderer Kinder beygewohnt haben, sehr unbegreiflich vorkommt: daß es Menschen giebt, die das Sprechen, das Lesen oder andre Fertigkeiten erst erlernen müssen.

Eben so wenig würde irgend ein Volk, oder, daß ich recht sage, irgend ein Haufen roher ungebildeter Menschen, von seiner Abkunft, von seinem vorigen Zustande und von dem Aufkeimen und Wachsthume

---

1) Man sehe z. B. den Anhang zur deutschen Uebersetzung des 6ten Theils von Büffons allgemeiner Naturgeschichte S. 463. f.

thume seiner Kenntnisse, Kräfte, Fertigkeiten, Gewohnheiten und dergleichen gehörige Nachricht geben können   Dieses bestätigen die Bemerkungen aller ältern und neuern Beobachter roher Nationen.

2. §.

Bald nach Befriedigung der nothwendigsten Bedürfnisse äußert sich bey jedem Kinde, durch Nachahmungssucht erweckt, eine Neigung zum Spiel, zum Tanz, zur Musik, zum Gesang, zu Feyerlichkeiten. So wird Aufmerksamkeit erregt, Witz und Verstand erzeugt, Fähigkeit und Kraft gebildet, Gebrauch und Gewohnheit gegründet. Beym Erwachen des Verstandes lassen sich Kinder nicht mehr mit bloßen Empfindungen des Gegenwärtigen befriedigen. Durch immer wiederholte Fragen: „Was ist das? Wo kommt es her? Wozu dient es? Warum ist es so? u. s. w." geben sie ihren Führern Gelegenheit, sie zu unterhalten, ihren Verstand zu bilden, und ihre Neigungen zu leiten. Nichts reizt das kindische Alter mehr, als die Erzählung auffallender wunderbarer Geschichten, das Zurückführen ihres Verstandes von Dingen, die ihnen als fremd aufstoßen, zu dem, was ihnen schon bekannt ist 2), die Beschreibung vom Entstehn der Dinge, das Enthüllen der Zukunft. Wohl dem Kinde, das frühzeitig solche Führer erhält, die es zu seiner Bildung zweckmäßig beschäftigen, und all ihr Ansehn und jeden Umstand dazu nützen, es vor Abwegen zu warnen und seinen Geist zu erwecken! Sicher wird es sich bald über andre erheben! Und wie? Sollte es beym

---

2) Wenn man bey forschbegierigen Kindern, in Beantwortung ihrer Fragen, endlich auf den lieben Gott kommt; so schweigen sie still; weil sie es schon gewohnt sind, daß da ihren Nachforschungen Gränzen gesetzt werden.

beym Erwachen der Völker nicht eben so gehn? Eine
rohe Nation wird sich nur dann aus dem Stande der
Wildheit erheben, wenn sich bey ihr Demagogen ein-
finden, die sie — es sey durch Musik, Tanz, Poesie, Erzählungen, Einführung feyerlicher Gebräuche, Gottesdienst, Mythologie, geheime Kunststücke, Zauberey, weise Aussprüche, Orakel, Prophetie: oder durch Gesetze und Verordnungen, und
also durch Anwendung ihres Ansehens, ihrer Macht
und Gewalt; oder durch Ausbreitung der Künste,
des Handels, der Schiffahrt, der Kriegeskunst —
an sich locken und bezähmen, und sie dadurch aus
ihrer ursprünglichen Dummheit herausreißen. Wird
nicht endlich jede Nation, die eine früh, die andre
vielleicht Jahrtausende später, ihre Demagogen bekommen, die sie aus dem Schlafe der Barbaren erwecken, und sie durch Aufklärung und Cultur weiter
leiten? Einigen kann es vielleicht gelingen, aus ihrem
Schooße selbst solche Wegweiser zu erzeugen, die
durch mancherley Bedürfnisse geweckt, durch verschiedne Naturereignisse, zum Beyspiel durch Nachahmung der Thiere belehrt, durch ein günstiges Clima geleitet, als Väter, Erfinder, Weise und Herrscher, die Wohlthäter und Schöpfer der Wohlfahrt
ihres Landes werden, und die ihrigen zu einem merk-
lichen Grade der Cultur erheben. Andere werden
erst durch Ankömmlinge oder Reisende und durch Colonien, die sich bey ihnen niederlassen, oder durch
Eroberer aus ihrem vorigen Zustande gehoben, und
verwechseln oder vermischen ihre ursprüngliche Sprache, Sitten, Religion, Gewohnheiten, Gebräuche, Lehren, Gesetze, Geschichten, Mythologien
u. s. w., mit dem, was so jene Fremdlinge und Be-
zwinger zu ihnen bringen.

3. §.

3. §.

Diesem zufolge darf man also bey keinem ursprünglichen Volke — ich meine ein solches, daß sich ohne anderweitige Beyhülfe über den rohen Zustand nicht cultivirter Menschen emporgeschwungen — historische Nachrichten erwarten, die über das Erwachen aus dem Stande der Wildheit hinausreichen. Vergeblich wird man sich bey ihnen nach historischen Nachrichten von ihrem Ursprung, von ihrem ersten Wohnsitz, von ihrem Alter, von ihrer ursprünglichen Sprache, Religion, Feyerlichkeiten, Sitten, Gewohnheiten, Rechten, Gesetzen, Verfassungen, Erfindungen und dergleichen umsehn. Noch weniger darf man über das Entstehn der Dinge bey ihnen historische Auskunft erwarten. Es mußte natürlicher Weise erst eine geraume Zeit hingehn, ehe man anfing, über das alles zu reflektiren. Noch später konnte man erst anfangen, darüber Belehrungen und sogenannte Mythologien zu sammeln, und sie für seine Zeitgenossen und Nachkommen aufzubewahren.

4. §.

Natürlicher Weise wurden solche Nachrichten gleich anfangs nach der Denkungsart, und, so zu sagen, nach dem Gesichtskreis der ersten Lehrer und ihrer Absichten, so wie nach den Begriffen und dem Fassungskreis ihrer Zuhörer geformt. Es gab bey jedem Volke früher Fabellehrer, als systematische Weltweise, früher Dichter, als Geschichtschreiber. Die ältesten Dichter wurden durch Musik geleitet, die Musik nach Tänzen gemodelt. So wie man im Tanz immer hin und her fährt; so führte die frühere Muse den Dichter in Satz und Beysatz (Parallelismus membrorum) gleichsam hin und her. Auf diese Art wurden die ersten Lehren in Lieder verfaßt oder

auch

auch in Erzählungen, Schilderungen und Mythologien gehüllt.

5. §.

Spätere Lehrer, die in den Kenntnissen fortschritten, mußten sich nothwendig in ihren Vorträgen an die Vorstellungen der ältern anschließen und diese entweder erweitern und ausbilden, oder sie bey merklich veränderten Vorstellungen anders deuten, wo nicht gar umformen. Pflanzten sich aber solche Lehren des Alterthums nach ihrer ursprünglichen Form — es sey als Sagen, oder als Lieder, oder in Schriften abgefaßt — auf die spätere Nachwelt fort; so mußten sie eben durch ihr Alter bey den Nachkommen Achtung und ein geheiligtes Ansehn erlangen. Sollte man in der spätern Zeit über das Ansehn und das Alterthum solcher Denkmale der Vorwelt, so wie über den Inhalt und den Nutzen dieser Lehren, verschieden urtheilen; so müßte es sicher um desto mehr mit Schwierigkeiten verknüpft seyn, solchen Streit richtig zu entscheiden, je mehr man mit dem Zeitalter, wo sie entstanden, unbekannt geworden wäre. Um desto mehr würde man Ursach haben, bey Erklärung solcher alten Ueberbleibsel alles zu Hülfe zu nehmen, was uns nur Weltweisheit, Sprach- und Geschichtskunde zu ihrer Erläuterung darbieten.

6. §.

Ueberaus schätzbar müßte es seyn, wenn man so die Urgeschichten und Kosmogenien verschiedner, oder lieber aller uns bekannten Völker gegen einander halten, und sie mit den Lehrmeinungen der Neuern vergleichen könnte. Dann erst würde man im Stande seyn, von dem Ursprunge und Fortgange ächter und fälschlich vermeinter Weisheit richtig zu urtheilen. In der That würde sich der Schriftsteller sehr verdient

dient machen, der mit ausgebreiteter Gelehrsamkeit die Vorstellungen der Hebräer, Chaldäer, Egypter, Phönicier, Griechen, Römer, Indianer, Perser, Chineser, Amerikaner u. s. w. sammelte, und sie mit philosophischem Scharfsinn vergliche. Dies war das vorgesteckte Ziel eines Lindemann 3). Schon Herodot, Eusebius, Augustin, Lactanz haben hierzu nutzbare Beyträge geliefert. Wer kennt nicht die Verdienste eines Vossius, Banier, Young, Clasenius, Bayle, Fourmont, Brucker, Jackson, Pauw, Demeunier, Meiners, Hißmann, Plessing, Leß, Forster und so weiter?

7. §.

---

3) In seiner Geschichte der Meinungen älterer und neuerer Völker, Stendal, 1784. 2. Theile 8.

Schade, daß er nicht mit mehrerer Prüfung und Ordnung gesammlet hat. Zu den von ihm angeführten Schriften setze man noch hinzu:

Jacksons chronologische Alterthümer, übersetzt von Windheim. Nürnb. 1756. 4.

Schumachers Versuch, die Geheimnisse in den hieroglyphischen Denkbildern der Egypter, Chaldäer, Perser, Phönicier, Phrygier, Griechen, Juden und Christen zu erklären. Wolfenb. 1754. 4.

Court de Gebelin Allegories orientales. Paris 1773. 4.

Jablonsky Pantheon Aegyptiorum.

Du Puis sur l'origine astronomique de l'Idololatrie et de la fable im Journal des sçavans von 1779. und 80.

Montfaucon l'Antiquité expliquée et representée en figures 5. Tomes et Supplements Tomes V. Paris 722 — 44. Fol.

Plessings Osiris und Sokrates, Berl. u. Stralf. 1783. 8.

Der neuerlich herausgegebene Grundriß der Geschichte aller Religionen von C. Meiners, Lemgo 1785. 8. so meisterhaft er an sich ist, erfüllet ganz und gar nicht diese Lücke; wiewol das dabey befindliche 40 Seiten lange Bücherverzeichniß, in welchem doch die jetzt genannten nicht mit vorkommen, völlig hierher gehört.

7. §.

Wenn die ältesten Völker ihre ersten Kenntnisse als ein Geschenk der Gottheit ansahen, und ihre Lehrer als göttliche Boten verehrten; so thaten sie daran allerdings recht. Wenn uns aber Gott in spätern Zeiten auf mancherley Wegen zu mehreren Kenntnissen geführet. — denn alle Wege zur Weisheit sind doch wol Führungen Gottes? — so wäre unser Verhalten in der That sträflich, wenn wir bloß das, was mit der uralten, und eben daher sehr eingeschränkten Weisheit zusammenträfe, annehmen, alles andre aber verwerfen wollten. Sehn wir in der Lehre vom Ursprung und der Einrichtung der Welt, vom Entstehn und dem ursprünglichen Zustande des Menschen, von dem Anfang und den Fortschritten in der Cultur, vom Ursprung der Sprache, der Künste, der Religion, der Sitten, vom Entstehn und dem Fortgange der Völker weiter, als vor einigen tausend Jahren der freylich göttlich belehrte Hebräer oder der Indianer; so erfreuen wir uns billig der von ihm erlernten Weisheit, und überlassen ihm gern das Eingeschränkte seiner Vorstellungen, ohne uns dadurch fesseln zu lassen. Man berufe sich hiergegen nicht auf die Untrieglichkeit göttlicher Offenbarungen. Wollte die Gottheit das menschliche Geschlecht belehren, nicht umschaffen, sie mit väterlicher Treue in nützlichen Kenntnissen von Stufe zu Stufe leiten, nicht durch zu hellen Glanz ihre Auge verblenden, oder sie mit allgewaltigem Zwang ihrem vorigen Zustande entrücken; so mußte sie sich zu dem engen Umfang ihrer Kenntnisse herablassen. Was ein Weltweiser und Naturkundiger bey dem jetzigen Umfange seiner Wissenschaft nach dem nunmehrigen Gange unsrer Vorstellungen auspähet, davon konnte ein Dichter der Vorwelt nicht reden. Woher sollte er in jenen frühen Zeiten che entwickelte Begriffe haben? Welche Sprache konnte damals Worte dazu aufbringen? Wer konnte solche Lehren fassen und verstehen? Wäre es also nicht ein thörichter Wahn, zu glauben, daß damals, zu solcher Absicht, ein Mann vom Geiste der Gottheit belehrt wäre? Und wenn uns auch die ersten göttlichen Offenbarungen jetzt als vermorschte Stützen menschlicher Weisheit vorkämen; so verdanken wir es doch der Weisheit des göttlichen Baumeisters, daß er durch Hülfe eines solchen Gerüstes, welches uns nun ein unregelmäßiges und schlecht zusammengefügtes Gebäude zu seyn scheint, für uns einen so schönen und festen Pallast himmlischer Weisheit aufgeführt hat! Und werden wir nicht in der zukünftigen Welt das gesammte Gebäude hiesiger Weisheit als bloße, dann vielleicht einstürzende Gerüste zum ewigen Glück anzusehn haben?

8. §.

Dies vorausgesetzt, suche man in den Urkunden alter Geschichtbücher keine Aufschlüsse über die Lehre von der Ewigkeit, oder dem Ursprunge der Welt. Hierüber befrage man die dem schlichten Menschenverstande nachgehende Weltweisheit, ohne sich durch vermeinte Religionslehren von dem rechten Wege ableiten zu lassen. Diese, denk ich, lehrt es, daß es einen Widerspruch in sich fasset, den Ewigen nicht als ewigen Schöpfer zu denken, und daß es ein kahler Behelf ist, sich den Schöpfer als ewig, die Welt aber als nothwendig einen Anfang habend, gedenken zu wollen. Findet man, daß mit der Vorstellung einer ewigen Welt etwas unbegreifliches verknüpft ist; so erfährt man wie der menschliche Verstand überall bey dem Begriff des Unendlichen stille stehn, und seine Schwäche fühlen muß. Was Wunder,

wenn

wenn also diese Lehre in ihrem ganzen Umfang erst
spät den Weisen sich zeigte? Sie mußten erst eine
große Stufenleiter abgezogener Begriffe hinanklim=
men, ehe sie eine so weite und kühne Aussicht errei=
chen konnten. Denn gewiß, was die alten davon zu
sehen glaubten, gleicht mehr einer Vorempfindung
ihres noch ungeblendeten Auges, als einer Uebersicht
des Ganzen.

9. §.

Man suche in den Schriften des Alterthums
nichts über die Frage: ob vielleicht die tausendste der
Sonnen sich wälze? nichts über die Einrichtung und
Anordnung der uns bekannten himmlischen Körper,
nichts vom Entstehn und der Beschaffenheit der über=
irrdischen Wesen, oder der einfachen und elementa=
rischen Theile der Erde. Man höre hierüber die Be=
merkungen neuerer Weisen oder nach Belieben die
Träume älterer und neuerer Schwärmer.

Wer sich die Welt gehörig groß zu denken
Lust hat, der lese die über alle Empfehlung schätz=
baren kosmologischen Briefe eines unsterblichen
Lamberts und die vortreflichen Schriften eines Bo-
de. Träume über das Entstehen der Weltkörper
findet man beym Buffon, Bailly, de Maribetz,
Carra, in Wiedeburgs neuen Muthmaßungen von
den Sonnenflecken. Gotha 1776. im Horus und
in andern ähnlichen Traumbüchern mehr, als man
mag.

10. §.

Wer sich über das Alter und die ehemaligen
Schicksale der Erde belehren will, der durchforsche
die auf ihrer Oberfläche und in ihrem Schooße uns
aufbewahrten Documente der Vorwelt. Die Be=
schaf=

schaffenheit der Meere und Länder, die Lage der Inseln und Seen, die Natur der Höhlen und Vulcane, die ungeheuren Massen der Eisberge, die Aneinanderkettung der Gebirge, der Lauf der Flüsse, die Schichten der verschiedenen Erdarten, die überall in so großer Menge verbreiteten Seeproducte und Versteinerungen, die allenthalben zerstreueten Reste ehemaliger feuerspeyender Berge, die Ueberbleibsel verwitterter Felsen, vermoderter thierischer und vegetabilischer Körper, sind offenbar Zeugen eines für uns unermeßlichen Alters der Erde. Finden sich nicht allenthalben die deutlichsten Spuren der langwierigsten Evolutionen? Sehen wir nicht überall die Werke der gewaltigsten Fluthen, der schrecklichsten Ausbrüche unterirrdischer Glut. Man denke an die nur nach und nach entstehende und sich mit großer Langsamkeit fortschleichende Bewohnbarkeit der Länder, und sicher findet man denn Spuren von uns noch unbekannten Zeitläufen und Umformungen, nicht bloß von kurzen vorübereilenden Revolutionen der Erde.

Man sehe in dieser Absicht:

Justi Geschichte des Erdkörpers Berlin 1771. 8.

Joh Andr. de Luc physikalische und moralische Briefe über die Geschichte der Erde und des Menschen, aus dem franz. abgekürzt und übers. Lpz. II. Th. 8. 1781 und 82.

Joh. Esaias Silberschlags Geogenie Berlin II. Th. 4. 1780.

Joh. Reinh. Forsters Bemerkungen über Gegenstände der physischen Erdbeschreibung, Naturgeschichte und sittl. Philosophie Berlin 1783. 8.

W. Fr. Freyhr. von Gleichen, genannt Rußworm, von Entstehung, Bildung, Umbildung und Bestimmung des Erdkörpers. Dessau 1783. 8.

Buf=

Buffon Epochen der Natur 1781. II. Th. 8. und
seine allgemeine Naturgeschichte 1ster Theil Berlin 1769. 8.

Güssefelds Beyträge zur Bestimmung des Alters
unsrer Erde und ihrer Bewohner, der Menschen, 1782. 8.

Die ältern Lehren eines Burnet, Whiston,
Woodward, Leibniz, Burguet und andrer, kann
man in der Kürze aus dem 6sten Theil von de Pauw
philosophischen Untersuchungen über die Americaner kennen lernen. Er zählt bis 1764. 49 Systeme der Geogenie. Man vergleiche auch Beckii
Dissertat. de fontibus, vnde sententiae et coniectu-
rae de creatione et prima facie orbis terrarum du-
cuntur.

11. §.

Wer über den Ursprung und den anfänglichen
Zustand des Menschengeschlechts nachforschen will,
der wähle sich Anatomen, Naturkundige und Weltweise, nicht Dichter, Geschichtschreiber und systematische Theologen zu Führern. Der Ursprung der
Menschen wird uns, wie der Ursprung aller andern
Thierarten, wol noch lange in finsteres und undurch-
bringliches Dunkel verhüllt bleiben. Wer getrauet
sich, bey dem jetzigen Umfang der Naturkunde, das
noch fortwährende Entstehen neuer Thier- und Pflan-
zenarten wegzuleugnen oder zu erklären? Wie lange
das Menschengeschlecht auf Erden gewesen? das kann
keine Geschichte entscheiden! Jeder Erklärer der Kosmogenie mußte sich ein erstes Stammpaar denken, und
es kam auf seine Kenntnisse und Vorstellungen an,
wie weit er ihr Zeitalter zurücksetze. Die Frage:
ob alle Völker von einem schon cultivirt gewesenen
Volke, z. B. von den Noachiden, abstammen?

läßt sich, meinem Bedünken nach, wegen der gar großen Verschiedenheit der Sprachen, Religionen und Gebräuche, wol mit ziemlicher Gewißheit verneinen. Ob aber alle Geschlechter von einem Stammpaare herkommen, oder nicht? möchte sich wol bis jetzt noch nicht so leicht entscheiden lassen. Zwar nach den Bemerkungen der Anatomen findet sich bey allen Menschenarten eine große Uebereinstimmung; und so groß auch die Verschiedenheit der Eskimo, der Tscherkassen, der Nordländer, der Neger, der Pescheräys, der Patagonen, der Mallikolesen, der Taheiter, der Hurronen, der Hottentotten, der Irokesen, der Tataren und andrer Abarten, im Aeußerlichen seyn mag; so läßt sich doch in der That manche solcher Abweichungen schon jetzt nach den Bemerkungen einsichtsvoller Naturkenner erklären 4). Nur bleibt es für uns immer einerley, wie wir uns auch das Entstehn des Stammpaares der Menschen und Thiere vorstellen mögen, ob wir annehmen wollen, daß es nur einmal an einem Orte geschehn; oder ob wir zugeben, daß sich dasselbe vielleicht an verschiedenen Orten und zu verschiednen Zeiten habe zutragen können.

Zur Geschichte der Menschheit empfehlen sich:
Iselins Geschichte der Menschheit, vierte Auflage, Basel 1779. II Th. 8.
Rousseau sur l'inegalité des hommes Amst. 1755.
Lord Kaimes Versuch einer Geschichte des Menschen. Breßlau 1774.

Home

4) Ein treffendes Beyspiel: Die Farbe der Indianer erklärt James Abair, der sich über 40 Jahr bey ihnen aufgehalten, in seiner Geschichte der Amerikanischen Indianer, aus dem Engl., Breßlau 1782. 8. Denn wenn auch darin niemand mit ihm zufrieden seyn möchte, daß er ihre Abkunft von den Israeliten herleitet: so beruhet doch seine Erklärung ihrer Farbe auf Thatsachen, die sich nicht so geradehin wegleugnen lassen.

Home Geschichte des Menschen.
Entwurf zu der ältesten Erd- und Menschengeschichte Frf. und Leipz. 1773.
Goguets Ursprung der Geseze, Künste und Wissenschaften, übers. von Hamberger. Lemgo 1760 4. 3 Th.
A Ferguson's Essay on the History of civil Society. London 1768. 8.
Litterarische Briefe an das Publikum, 2tes Paquet, Altenburg 1774. 8.
Adelungs Versuch einer Geschichte der Cultur des menschl. Geschlechts Lpz. 1782.
Forsters Bemerkungen auf seiner Reise um die Welt, Berlin 1783. 8.
Herders Philosophie zur Geschichte der Menschheit. 1785.
Demeunier über Sitten und Gebräuche der Völker, übers. von Hißmann, Nürnberg 1784. 2 Th.

12. §.

Den ursprünglichen Zustand der Menschen erträumen sich viele als vorzüglich beglückt. Es ist, wie die allgemeine Erfahrung damit übereinstimmt, selbst der menschlichen Natur sehr angemessen, sich den vorigen Zustand besser, als den gegenwärtigen, zu denken. Insgemein erinnert uns ein neuerlich bemerktes Uebel, oder die Empfindung des Mangels eines sonst genossenen Guts, an die vorige Zeit. Wenn das männliche oder das spätere Alter an die Jugend zurückdenkt; so hört man häufig das Glück der Kindheit preisen. Der Wachsthum unsrer Leibes- und Seelenkräfte erweckt bey uns immer mehr Bedürfnisse, und diese erregen, zumal bey der spätern Abnahme unsrer Kräfte, Empfindungen des Man-

Mangels. Daher erheitert sich der Greis durch das Andenken seiner Jugendjahre. Schon der Mann hat die Noth seiner Kindheit vergessen, und erträumt sich beym Andenken seiner frühern Tage ein in der That ungenossenes Glück der mühe- und harmlosen Freude. Er täuscht sich so; indem er seine gemäßigte und dauerhafte Gemüthsart mit der, wegen der größern Reizbarkeit der Nerven, bald vorübereilenden Freude und Noth der Kindheit in Gedanken zusammenschmelzt. Und denken wir uns nicht alles das wichtig und groß, was wir aus den Schilderungen unserer Väter in unserer Kindheit kennen gelernt haben? Dies ist doch wol sicher der Grund von dem goldnen Zeitalter aller Völker? Jede Colonie hatte im Mutterlande ihr Paradies.

13. §.

Eben so liegt es in der Natur des Menschen, in steter Erwartung der Zukunft zu stehn. Bey allem Genuß der Freude und der Süßigkeit des Lebens wittert der Mensch ihm drohende Veränderungen seines Glücks, und bey allen Empfindungen der Schmerzen und Leiden nähret er Hoffnungen einer bessern Zukunft in seiner Seele. Diese Hoffnung besserer Zeiten wächst mit der Zunahme unsrer Kräfte, und erhebt sich mit der Erweiterung unsrer Kenntnisse zu erhabnern Gütern. Das Kind sehnt sich darnach, als Jüngling zu reifen, der Jüngling strebt, die Freuden der Liebe zu genießen, der Mann hofft noch als Greis in seinen Nachkommen zu leben, selbst der Leidende, ja sogar der Verzweifelungsvolle hofft im Tode Ruhe, wenigstens Linderung seiner Noth zu erlangen. Der Sterbende erleichtert sich seinen Abschied von denen, die er zurückläßt, durch eine frohe Aussicht für sie, und durch die Vorstellung seines

fort-

fortlebenden Andenkens. Und welch eine Tröstung erweckt es in seiner Seele, wenn er es sich denkt, wie ihn und die Seinen ein neues und freudenreiches Leben erwarte! Solche Vorstellungen eines künftigen Lebens erheitern uns bey traurigen Stunden, sie lindern dem Unglücklichen die Schmerzen, sie schrecken den Lasterhaften, sie stärken und erhöhen die Tugend, und führen eben dadurch den Beweis ihrer Göttlichkeit bey sich. Was Wunder, wenn es alle Rechtschaffene sich zur Pflicht machten, diese zu guten Thaten belebende Hoffnung besserer Zeiten unter allen Völkern und zu jeder Zeit auf mancherley Weise, und, daß ich so sage, im Namen der Gottheit, zu wecken und zu erhalten? Wer weiß aber nicht, daß sich die Vorstellungen des Großen, des Schönen, des Angenehmen, mit der jedesmaligen Beschaffenheit unsrer sinnlichen Werkzeuge, mit unsern Gewohnheiten und mit unserer Denkungsart zusammenschließen? So mahlt der Arkadier seine goldne Zeit anders, als der Hebräer, der Grieche und Römer sein Elysium, der Taheiter und Muhamedaner sein Paradies anders, als der Christ seine Freuden des künftigen Lebens.

14. §.

Das Aufkommen und die Fortschritte der Cultur scheinen dem, der in die Urwelt hinblickt, nahe an einander zu gränzen. Das Entfernte wird immer am meisten bewundert, und so lange man gewohnt ist, das Unerklärbare und Unbegreifliche Kräften höherer Wesen und einer unmittelbaren Wirkung der Gottheit zuzuschreiben; so lange wird es in der Urgeschichte an tausend Wundern nicht fehlen. Das kurzsichtige Auge eines Wanderers bemerkt bey einem fernen Horizont nicht die ganze Reihe der Gegenstände; nur das hervorstechende sieht es, ohne auf die an sich grossen Zwischenräume zu achten. Fast allenthalben täuscht sich der Wandrer, und glaubt schon das letzte Ziel seiner Wallfahrt zu sehn. Eben so ist es begreiflich, daß sich alle alte Nachrichten ins Unglaubliche verlieren, und daß uns die ganze Urgeschichte ins Unbegreifliche und Wundervolle verhüllt erscheint. Wenn Nacht und Dunkelheit verschwinden, so dämmert es erst, und nur nach und nach wird es helle. Sind doch selbst beym Schein der Morgensonne die Schatten noch lang. So wie man bisher fast immer den Ursprung der Sprache, wozu doch der Mensch, wie bey jedem Kinde hervorleuchtet, natürliche Anlagen genug hat, und die Kenntniß der natürlichen Dinge von unmittelbaren göttlichen Belehrungen herleitete; eben so schrieb man den Ursprung der Religion und der Gottesverehrung insgemein den übernatürlichen Offenbarungen der Gottheit zu. Man stellt sich vor, daß Gott das erste Menschengeschlecht eben so geleitet habe, wie ein Vater seine Kinder anführt, und man denkt dabey allerdings recht! Nur sollte man sich auch erinnern, wie es unmöglich ist, daß ein Vater sein noch zartes Kind auf einmal zu den Vollkommenheiten des männlichen Alters hinzaubere, und wie es dem Gange der göttlichen Vorsehung eben so wenig angemessen ist, das menschliche Geschlecht mit einem Mahl und sprungweis zur Vollkommenheit zu leiten.

15. §.

Von jeher und noch immer wecken Bedürfnisse den menschlichen Geist, Bemerkungen und nachahmende Versuche leiten ihn weiter, und Leidenschaften spannen seine Kräfte zu einem höhern Grad des Bestrebens. Die ersten Empfindungen sind Schmerzen, die erste Thätigkeit ist das Bestreben, die Schmerzen zu zu lindern, und dann erst führt Ruhe und Sättigung, beym Gefühl eigner Kräfte, zu anderweitigen Bemerkungen und zur Nachahmungssucht hin, bis endlich Leidenschaften auch das Abwesende vergegenwärtigen und das Unbegreifliche versinnlichen. Der aufkeimende Verstand reflektirt auf jedes ihm aufstossende Geräusch, er merkt auf jede ihm vorkommende Veränderung und Bewegung, und sucht die Ursachen davon zu erforschen. Das Thier, das bey ewiger Einförmigkeit und ohne Gesellschaft aufwächst, bleibt träge und dumm. Und so würde nur der sich allein überlassene Thiermensch so bleiben, wie Rousseau 5) ihn sehr treffend schildert. Wer aber im Schooße des gesellschaftlichen Lebens aufwächst, wird gewiß anders. Und wie höchst selten muß, vermöge der lange daurenden Schwächlichkeit des kindischen Alters, der entgegengesetzte Fall eintreffen: indem so viel Umstände zusammenkommen müssen, ein von andern Menschen verlassenes Kind dennoch beym Leben zu erhalten. Da es schon die Natur der menschlichen Gesellschaft mit sich bringt, daß es Väter, Lehrer, Beherrscher giebt; so wird eben durch sie das, was wir Menschlichkeit oder den Anfang der Cultur nennen, verbreitet und erhöhet, zumal wenn ein gemeinschaftliches Interesse mehrere mit einander verbindet, und wenn Ueberfluß und Leidenschaften unter sie mehrere Bedürfnisse erwecken. Da der Mensch so viele Arten lebendiger Wesen um sich her sieht; so werden natürlicher Weise auch die ihm unbekannten wirkenden Ursachen, schon vermöge seiner Sprache, personificirt. Witterung, Wachsthum, Fruchtbarkeit, Gewitter, Fluthen, Erdbeben, Träume, und alles, was ihm übermenschlich und unbegreiflich scheint, schreibt er so

sei-

---

5) Nicht leicht ist ein Schriftsteller öfter mißverstanden, als Rousseau.

seinen, ihm nun den Namen nach schon bekannten, überirrdischen Wesen oder Göttern zu, die ihm Furcht oder Sehnsucht versinnlicht. Dies mit andern Worten: Alle menschliche Gesellschaften haben Sprache, Sitten, Religion. Eben dies bestätigt die allgemeine Erfahrung. Alle uns bekannte rohe Völker, wie dumm sie auch sind, haben doch Sprache, zusammenstimmende Gebräuche, Feyerlichkeiten und Gottesdienst mit einander gemein.

16. §.

Diejenigen unter den Menschen, welche sich durch Macht oder Klugheit über andre erhoben, und sich durch ihr Ansehn und durch Gewaltthätigkeiten zu Schiedsrichtern aufwarfen, oder die den ihrigen durch Erfindungen Erleichterung verschaffen, und ihnen etwan durch Aussicht in die Zukunft 6), vielleicht wegen ihrer Kenntniß des Himmelslaufs, die bevorstehende Regenzeit, die Abwechselung der Jahrszeiten, die Finsternisse, ein Gewitter oder andre zukünftige Dinge vorhersagen, sie vor Unglücksfällen warnen, ihnen bey gemeinsamen Gefahren Rath ertheilen, oder bey Krankheiten Heilmittel verordnen konnten, wurden bald ein Gegenstand allgemeiner Verehrung. Gern oder aus Zwang brachte man ihnen Geschenke und Opfer, wenn man sich bey ihnen ein günstiges Urtheil oder einen guten Rath holen wollte. Und wie konnte man in den Kinderjahren der Menschheit seine Achtung und Liebe gegen solche anerkannte Väter anders zu erkennen geben, als wenn man sie an

allem

---

6) Vom Ursprung der Propheten, und insonderheit von der sich an einander anschliessenden Reihe der hebräischen Propheten, vergleiche man, was Herder im 2ten Theil der Briefe über das Studium der Theologie S. 290 ff. sagt. Auch Eichhorns Einl. ins A. T. §. 512. ff.

allem Theil nehmen ließ, was man nur angenehmes hatte? Was man auf der Jagd erlegte, oder im Kriege erbeutete, was man durch Glücksfälle erlangte, oder durch Bemühung und Arbeit einerntete, ja selbst was man aß und trank, davon bekam der Herr und Gebieter sein vorzügliches Theil. Hatte der Emir zum Behuf seiner Horde, weil man die Kunst, Feuer anzumachen, noch nicht verstand, ein beständiges Feuer zu unterhalten; so war ihm vorzüglich Fett und Oel dazu nöthig. Was Wunder, wenn man also diese Gaben vor allen andern dazu aussonderte? Hatte man jemals das Feuer auf eine außerordentliche Art, etwan durch Blitz, als ein Geschenk des Himmels, erhalten; so hielt man sich für befugt, es als eine Gottheit zu ehren. Die Sonne und die Gestirne nahmen an dieser Verehrung Theil, da man die Witterung, die Winde, die Fluthen und alle Naturereignisse, als ihre Wirkungen, ansah. Die Versorger und Unterhalter des Feuers ertheilten als Freunde und Diener der Gottheit für die ihnen dargebrachten Opfer, Rath und Orakel, und wurden dadurch Wohlthäter und Führer ihres Volkes. Man verehrte sie als solche auch noch nach ihrem Tode; zumal da man sie öfters in Träumen, die durch Sehnsucht nach den Verstorbenen so leicht erweckt werden, noch sah, oder auch wol ihre Zusprüche und Rathschläge noch hörte. Gern überredete man sich, daß sie nun ihren Wohnsitz in den Gestirnen aufgeschlagen hätten, die sie sonst so sehr liebten, und so oft betrachteten. Am leichtesten geschah dies in den Ländern, wo man die Leichname verbrannte, hier verbrannte man ihnen zu Ehren, was nur zu ihrer Achtung mit beytragen konnte. Da, wo man sie begrub, wurde der Begräbnißplatz die Stätte, wo man das heilige Feuer, die den Verstorbenen geweiheten Opfer oder

auch)

auch wol die Bildnisse derselben aufbewahrte, und die ihnen bestimmte Verehrung fortsetzte. Uebrigens erinnere man sich hier an die Sitte der Morgenländer, da es zu den feyerlichsten Ehrenbezeigungen gehörte, einen Gast zu beräuchern oder ihm einen angenehmen Geruch zu verschaffen. Nichts, glaubte man zum Beyspiel, könne einem Sieger so angenehm seyn, als das Blut (die Seele, das Leben) seiner erschlagenen Feinde. Jeder nahm endlich gern an den Opferfeyerlichkeiten und an dem Mahl der Himmelsbewohner Theil, um sich so nebst den Seinen mit ihnen zur vertraulichsten Freundschaft zu verbinden. Bey jeder Mahlzeit bekamen also die Götter ihr Theil, und wurde bey irgend einem Schmause eine Freundschaft oder ein Bündniß geschlossen, so wurden auch die als Zeugen dazu eingeladenen Götter dabey bewirthet.

17. §.

Es konnte bey der Verehrung überirrdischer Wesen nicht fehlen, daß man bald auf den Begriff eines obersten Gottes kam. Bald dachte man ihn als einen Herrn und König der andern Götter; dann ließ man ihn mit seinem Feinde, dem Urheber des Bösen, streiten und denselben besiegen. Bald dachte man ihn als den obersten Richter; dann ordnete man ihm einen Fürsprecher und Befreyer der Unschuldigen, so wie einen Büttel oder Ankläger und Executor bey den Strafen der Schuldigen, zu 7). Bald dachte man ihn als einen Vater der Wesen; dann gab man ihm etwa den Urstoff aller Dinge (das Chaos) zum Weibe, womit er alle andre Wesen erzeugte. Bald
                                                                    dachte

---

7) Man denke hier an den Bruma, Wischtnu und Schiwen (oder Ruthren) der Indianer, und überhaupt an die Mythologie der Alten, nach Belieben auch selbst an die Geschichte Abrahams und seiner drey Gäste.

dachte man ihn als den Formirer der Welt (den Schöpfer des Himmels und der Erde); dann hatte er seine Werkmeister unter sich, denen er bloß seine Befehle kund machen durfte. Bald dachte man ihn als den Lehrer und Zurechtweiser der Menschen, dann sahe man ihn als den Urheber der Prodigien, und die Aussprüche der Weisen, so wie alle Ausbrüche einer überspannten Phantasie, als sein Werk an. Bald dachte man ihn als den allgemeinen Regenten; dann hatte er seine Statthalter und Unterkönige unter sich, denen er bloß Boten und Befehle zu sandte.

18. §.

Wer sich aber einen andern als unumschränkt angesehen wissen wollte, der unterwarf sich, oder den, den er verehrte, bloß der Gottheit. So hießen die Könige Söhne der Götter, indem sie ihre Vorfahren zu dieser Würde erhoben. Wer über andre, ohne sie zu Sklaven zu machen, regieren wollte, der sprach mit ihnen im Namen der Götter, und führte Orakel, Augurien, Ordalien (die sogenannten Gottesurtheile der alten Deutschen), oder die Aussprüche der Sibyllen, Propheten, Chaldäer und dergleichen ein. Kann man es wol anders erwarten, als daß die, welche einmal, durch geheime Kunststücke, Ansehn und Verehrung bey ihren Zeitgenossen erlangt hatten, auch dafür gesorgt haben werden, diese reichen Quellen der Glücksgüter den Ihrigen mit zu eröffnen, und daher nur sie an ihren Geheimnissen Theil nehmen zu lassen? Je geheimnißvoller sie thaten, je mehr sie heilige Gebräuche und auffallende Cerimonien in Gang brachten, je gewisser man sie für Boten himmlischer Wesen, und ihre Einfälle für deren Orakel ansahe, je nachdrücklicher sie ihre Götter dem Haufen

fen vergegenwärtigen, Landplagen für ihre Strafen, auffallende Dinge für Wunderzeichen, glückliche Begebenheiten für Segnungen und Folgen ihrer Andacht ausgeben konnten; desto mehr Gaben konnten sie fordern, und desto zuverläßiger das Volk beherrschen. Sicher lassen sich die Gemüther roher Menschen durch Geheimnisse und Wunderdinge am ersten blenden und bezähmen, durch feyerliche Gebräuche und Gottesdienst am leichtesten beschäftigen, und durch Orakel und Andacht am sichersten leiten. Dies weiß und beobachtet jede Wärterin eines Kindes. So wie hernach der Luxus und die Hofhaltung der Könige zunahm, so vermehrte sich auch nach und nach die Pracht und Menge der Feyerlichkeiten und der dabey beschäftigten Personen. Inzwischen behielt man insgemein die alten Cerimonien und Gebräuche bey, und pflegte ihnen, wenn sich die Begriffe und Verhältnisse umänderten, nur andre Vorstellungen und Zwecke unterzuschieben.

19. §.

Diesem zufolge wird man sich gar nicht darüber wundern können, wenn man unter den verschiedenen Völkern so viel Verschiedenheit in der Sprache, in den Sitten und Gebräuchen, im Gottesdienst, in den Lehrmeinungen und Gesetzen; und doch häufig, selbst bey den entferntesten, so viel Uebereinstimmung antrifft. Will jemand die Urgeschichten einzelner Völker studiren und ihre Abstammung und Verwandschaft bemerken, der wird gern auf die ihm von den Alten in ihren Geschlechtssagen (Genealogien) gegebnen Winke Acht haben und sie zu benutzen suchen, übrigens aber sich Sprachforscher und Beobachter der Sitten und Gebräuche der Völker zu Wegweisern

fern wählen 8). „Die Sprache eines jeden Volks, heißt es in den litterarischen Briefen, 2ten Paq. S. 19. mit Recht, ist das Archiv für die älteste Geschichte, und zugleich stufenmäßiges Kennzeichen der Entwickelung der Kräfte der Menschheit. Dem Weisen, welcher die ältesten Monumente der Sprache lieset, deckt sich unendlich viel für die Geschichte auf." Es ist leicht zu begreifen, wie sich Lehrmeinungen und Religionssysteme von einem Volke zum andern fortpflanzen, und sich da, wo sie hinkommen, mit schon vorhandnen ähnlichen vermischen. „In Ansehung der Dinge, sagt Forster 9), die eine Anstrengung des Verstandes, Aufmerksamkeit und Ueberlegung fodern, und in lauter abgezogenen Begriffen bestehn, ist die Trägheit den Menschen so eigen, daß sie weit eher auf dem schon gebahnten Wege fortgehen, als selbst Bahn brechen, und ihre Seelenkräfte aus eignem Antriebe in Thätigkeit versetzen mögen." Die ersten bey den Völkern in Andenken erhaltenen Begebenheiten werden Unglücksfälle, Fluthen, Verheerungen, Schlachten, Ankunft der Fremdlinge, Prophetien und diesen ähnliche Dinge seyn. Wundert
man-

8) Man gebrauche hierbey:

Gatterers Einleitung in die synchronistische Universalhistorie. Göttingen 1771. S. 101—164.

Wahls allgemeine Geschichte der morgenländischen Sprachen und Litteratur. Leipzig 784. 8.

Rüdigers Grundriß einer Geschichte der menschl. Sprache. Leipzig 1782.

und der von ihnen angeführten Schriften. Auch des Lord Montboddo Geschichte der Sprache.

9) in den Bemerkungen über Gegenstände der phys. Erdbeschreib. Seite 463.

man sich darüber, woher es komme, daß sich selbst bey den entferntesten Nationen so manche Uebereinstimmung findet; so studire man nur desto eifriger die Geschichte der Menschheit. Sicher wird sich dadurch immer mehr von dem, was uns unerklärbar schien, aufklären lassen. Auch mir sey es erlaubt, hier wenigstens die Stufen in den Fortschritten der Menschheit, so viel es zu meiner Absicht erforderlich ist, vorzuzeichnen. Alles, was ich je von alten oder neuern Beobachtern der Menschheit gelesen habe, das, dünkt mich, dürfte ich hier als Beläge zu meinem Abriß ansehen.

20. §.

So lange der Mensch bloß nach seinen thierischen Trieben in Dummheit und im rohen Zustande lebt, geht er bloß der Befriedigung seiner Bedürfnisse nach. Er wohnt in Wäldern und Höhlen, schützt sich wenig gegen Hitze und Frost, lebt, ohne Eigenthum zu kennen, von dem, was er findet, einsam und träge, fühlt wenig, stammelt einige Töne, begattet sich, und nutzt sein Weib als Sklavin 10), um sich, so viel als er kann, das Leben zu erleichtern. Nur erst dann, wenn durch verengeten Raum erregte Bedürfnisse und durch Noth und Gesellschaft erzeugte Belehrung ihn wecken, erhebt er sich zu einem frohern Genuß des gesellschaftlichen Lebens. Nun gedeihen bey ihm Kenntnisse, Fertigkeiten, Sprache, Künste und Wissenschaften. Er fängt an, für seinen Unterhalt, Schutz, Kleidung, Wohnung, Waffen und dergleichen zu sorgen. Er ist dankbar und voll Ehrerbietung gegen seinen Wohlthäter, gehorsam gegen seinen Beherrscher,

---

10) Forster zeigt in seinen schon oft genannten Bemerkungen, daß man aus der Behandlung des weiblichen Geschlechts den Grad der Cultur einer Nation beurtheilen könne.

scher, gastfrey und milde gegen Frembe 11), ohne Eifersucht gegen fremde Sitten und Gebräuche, weich gegen alle Eindrücke des Sonderbaren und der Leidenschaft, rachsüchtig und grausam gegen seinen Feind, hartherzig und unempfindlich gegen alles, was er unter sich zu seyn glaubt, ehrlich, offen und treu gegen seines Gleichen, heimlich und versteckt bey vermeinter Gefahr. Er gewöhnt sich zu dem gemeinschaftlichen Genuß der Lustbarkeiten und Freuden. In diesem Zustande sorgt er schon für die Aufbewahrung des Seinigen und für Denkmahle seiner Thaten und seiner genossenen Freuden. So entspringen Gebräuche, Feyerlichkeiten, Verehrungen angestaunter höherer Wesen, Religion, Mythologie und Volkssagen. Geschichte und Fabel ist bey einer solchen rohen Nation noch einerley. Ihre Sprache ist melodisch, ihre Erzählung poetisch, ihre Lehrer sind Improvisatoren, sie lieben Wortspiele, Prodigien und Prophetien. Ihre Götter sind noch roh, ihre heiligen Orte bloß von der Natur gebildet, ihre Gebräuche kunstlos und ohne Pracht.

21. §.

Es läßt sich nicht anders erwarten, als daß die verschiedene Lage, worin die Natur die Menschen versetzt, auch verschiedene Wirkungen bey ihnen hervorbringt. Die, welche an fischreichen Ufern wohnen, werden Fischer, und nach und nach Erfinder der Schiffkunst. Die, welche in Wäldern wohnen, gewöhnen sich zur Jagd, und werden endlich Schützen. Sie lernen am ersten die Stimmen der Thiere und Vögel nachahmen und werden mit der Zeit Erfinder der Musik. Auf ihren Begräbnißplätzen pflanzen sie

---

11) Viele noch rohe Völker handeln gegen Frembe als offenbare Feinde, wie im Homer; vermuthlich weil sie solche nach vorher gehabten Erfahrungen als Invasores ansehn.

Bäume. Ihre Beute hängen sie in Bäumen auf. Wo übertretende Flüsse den Boden jährlich überschwemmen und doch auch fruchtbar machen, da muß am ersten der Kornbau gedeihen. Hier wird man auf Jahreszeit und Witterung bald aufmerksam werden. Die, welche in Höhlen wohnen, haben Veranlassung, die verschiednen Erdarten kennen und bearbeiten zu lernen. Ihnen kann der Thon und beym Gebrauch des Feuers das Metall nicht lange unentdeckt bleiben. Die, welche sich damit abgeben, Vieh und Heerden zu halten, müssen bald darauf fallen, periodisch von einem Ort zum andern zu ziehn, um so, bald auf kältern Anhöhen, bald in wärmern Thälern zu weiden. Sie suchen Quellen und beschattete Ruheplätze. Bey ihren nächtlichen Wachen konnte die Sternkunde, bey dem Ueberfluß in ihrem gemächlichen Leben und bey dem freyen Genuß der erhabenen Reize der schönen Natur konnten die sanfteren Gefühle der Menschheit, der Weisheit und Tugend am ersten gedeihen. Hier boten sich dem Führer tausend Gelegenheiten dar, seine horchenden Lehrlinge in mancherley Kenntnissen zu unterweisen, und sie zu den sanften und frommen Empfindungen der Rechtschaffenen zu erwecken. Aus seinen Zügen kannte der Nomade die Sitten verschiedener Völker, und durch die Produkte seiner Heerde kam er zu einem bey seinen wenigen Bedürfnissen ihn sehr bereichernden Handel. Die heitere Luft und die weite Aussicht von den Gipfeln der Berge, das Rauschen der sich herabstürzenden Ströme, der öftere Anblick der aufgehenden Sonne oder der einbrechenden Nacht, die sanfte Erquickung abkühlender Winde, die er unter bejahrten und majestätischen Bäumen (Terebinthen) genoß, die öftere Rückkehr zu den Begräbnißplätzen der Seinen erfüllten ihn mit schauerlichen und andachtsvollen Gefühlen. Das Verschwinden und

Wie-

Wiederhervorkommen der Gestirne erinnerte ihn an die verschiedenen Beschäftigungen seines Lebens 12). Das Aufmerken darauf weckte in ihm den prophetischen Sinn. Was Wunder, wenn man anfing, bey den Gräbern der Verstorbnen die Bilder ihrer Beobachtungen und Erfindungen 13) zu setzen? Sollte man nicht auch die Lieder, die sie den Ihrigen vorsangen, im Andenken behalten haben?

22. §.

Wenn sich mehrere solche Stände durch die Länge der Zeit an einander gewöhnten, oder wenn sie sich, durch gemeinsame Gefahren, zum Beyspiel durch Ueberschwemmungen oder feindliche Angriffe genöthigt, nach und nach mehr mit einander vereinten, kurz, beym Entstehen der Staaten mußten sich natürlicher Weise die Künste erhöhen, die Gewerke erweitern, die Bedürfnisse vermehren, die Stände absondern. Die Stifter und Beherrscher solcher vermischten und vereinten Haufen mußten nothwendig das Volk bey ihrer Muße durch öffentliche und gemeinsame Feyerlichkeiten und Lustspiele beschäftigen, sie durch geheiligte Gebräuche in ihren Verbindungen befestigen, durch Gesetze und Ordnung sie leiten, zu ihrer Sicherheit, Erhaltung und Bequemlichkeit Anstalten treffen 14). Ihre Rathgeber, Weise, Propheten, Priester, oder was sie für Namen führten, besorgten die Auswahl der

---

12) Die Schafschur, das Zulassen der Böcke, die Einsammlung der Baumfrüchte, des Honigs u. s. w.

13) Man denke hier an die alten Sabier, an die Otaheiten u. s. w.

14) Die Gründer der Staaten ließen sich zu ihren Unternehmungen durch Prodigien und Träume auffordern; sie suchten ihren Mitbürgern auch ihren Nachkommen durch Heiligthümer und Prophetien Muth zu machen. Sie führten, um die Ihrigen von andern abgesondert zu erhalten, besondere Gebräuche ein, und suchten auch wol die bey andern eingeführten als verdächtlich und abscheulich vorzustellen.

der Tage, die Einweihung geheiligter Orte, die Gebräuche bey Unternehmung wichtiger Geschäffte, die Auslegung der Gesetze 15). Die höheren Stände und die Reichen zeichneten sich durch Pracht der Kleider, der Palläste und des Gefolges aus. Mit der Verfeinerung ihres Geschmacks verfeinerten sich auch die Begriffe von ihren Gottheiten, und mit der Erhöhung ihres Luxus erhöhete sich die Pracht des Gottesdienstes, der Opfer, der Tempel und der heiligen Geräthe. Die lyrische Muse der Vorwelt erhob sich nun zu heroischen Gedichten und pries die Thaten der Helden, die Weisheit der Lehrer und die Wunder der Natur. So erzeugten und erweiterten sich die Theogenien der Vorwelt. Handel und Schiffahrt beförderte die Sprachkunde und erweiterte die Kenntnisse der Natur, die Geschichte stieg nun aus der Fabel hervor, die Sprache ward durch das gesittete Leben abgeschliffen, und zu mathematischen und philosophischen Untersuchungen fähig gemacht. Auch kamen nun Schulen und Sekten der Weltweisen, Theorien der Künste, und systematisch behandelte Religionslehren 16) auf.

Doch ich gehe von diesen allgemeinen Betrachtungen fort, die Urgeschichte und alten Urkunden der Hebräer zu erklären.

15) Hieher gehört die Bemerkung aus dem 2ten Theil der litterarischen Briefe. p. 24.

Bey den alten Deutschen, noch im 6ten Jahrhundert nach Christi Geburt, hieß ein Priester Ewardo. E oder Eh heißt in der alten Sprache Gesetz, und das Wort heißt also so viel als Gesetzwärter.

16) Diese konnten nur dann recht gedeihen, wenn sie mit den Staatsmaximen übereinstimmig (orthodox) waren. Forschbegierde und Ruhmsucht erzeugten oft neue abweichende Lehren, dann nahm man seine Zuflucht zur geheimnißvollen oder doppelten Lehrart, und schob den Ausdrücken älterer Lehrer neuere Vorstellungen und allegorische Deutungen unter.

Ein=

Einleitung

zur

Beurtheilung und Erklärung

der

ältesten Urkunden der Hebräer.

Apertam viam monstrare sufficit, incultam aperire opus est.

1. §.

Die Hebräer sind unläugbar eine in vieler Absicht höchst merkwürdige Nation des Alterthums. Sie stammen nebst einigen andern Völkern von Abraham her, der als ein Nomade von Chaldäa nach Kanaan ging, und da den Namen Hebräer 1) erhielt. Zu Jakobs und Josephs Zeiten begaben sich die Stammväter dieses Volks nach Egypten. Vor etwa viertehalb tausend Jahren entzog sich ihr zahlreiches Heer, unter sehr auffallenden Umständen, der Egyptischen Herrschaft. Ihr Anführer Mose, den sie wegen so vieler ganz sonderbar zutreffenden Vorherverkündigungen und anderer ihnen ganz unbegreiflichen Veranstaltungen, für einen Gesandten der Gottheit anerkannten, errichtete unter ihnen einen für sie passenden, mit vieler Einsicht und Klugheit durchdachten Gottesdienst. Indem er so ihren eigenthümlichen Charakter ausbildete, und sie dadurch zu einer ganz besonderen Statsverfassung fähig machte; so führte er sie nach verschiedenen nomadischen Zügen zur Besitznehmung des Landes Kanaan oder Palästina. Schon mehr als 400 Jahr vorher hatte ihr Stammvater Abraham die Seinen durch Einführung eines besondern Gottesdienstes, und durch Annehmung heiliger Gebräuche zur Rechtschaffenheit und verständigen Tugend anzuführen gesucht. Er hatte sie durch Einflößung einer vorzüglichen Achtung gegen sich selbst, und durch Vorspiegelung beträchtlicher Hoffnungen

dazu

---

1) Die verschiedenen bekannten Ableitungen dieses Namens findet man in Wahls allgem. Gesch. der Morgenländischen Sprachen Seite 435. gesammelt, und dabey die Vermuthung, die auch mit einleuchtend ist, daß Araber und Hebräer von einem Stammworte herkomme, und einen Nomaden bezeichne.

dazu angefeuert. Er hatte sie sogar schon im Voraus zur künftigen Besitznehmung dieses Landes gereizet, worin er sich damals als ein Nomade, und also noch ohne eigentlichen Besitz des Landes aufhielt. Ja er hatte für seine Nachkommen bereits eigne und ganz besonders für sie bestimmte Belehrungen besorgt, deren Aufbewahrung er aufs sehnlichste wünschte, und erwartete. (Man schlage hier 1. Mos. 18, 17. 18. nach). Seinen Wünschen und den Mosaischen Veranstaltungen gemäß, sollte das Volk, zufrieden mit der Einnahme und dem ruhigen Besitz dieses Landes, sein Glück in Frömmigkeit und Gottesfurcht suchen, und unter allerley Unfällen immer fortwährende Hoffnungen glücklicher Zukunft Jahrhunderte, ja Jahrtausende hindurch unterhalten. Dachten die Patrioten andrer Völker darauf, ihre Herrschaft zu erweitern, ihren Ruhm zu vergrößern, ihren Erwerb zu vermehren; so bemüheten sich die redlich denkenden und angesehensten dieses Volks mehr darum, ihre eigenthümlichen, sie von allen absondernden Gebräuche, aufrecht zu erhalten, sich und den Ihrigen zu dem Ende Unterricht zu verschaffen, bey jedem Anlaß ihre Hoffnungen von neuem zu beleben und weiter zu leiten. Freylich waren bey diesem Volke, wie bey jedem andern, nicht alle Bürger oder auch nur alle Regenten von wahrem Patriotismus belebt. Es näherte sich mehr oder minder seinem Ideale, ohne es jemals zu erreichen, behielt aber doch bey den mannigfaltigen Abänderungen des Aeußerlichen, in der Regierungsform und im Gottesdienste, diese Gesinnung bey, und kam nach mancherley Verirrungen zu derselben wieder zurück. Als es durch die Kriege der Meder und Babylonier aus seinem Lande vertrieben war, und, während seiner 70 jährigen Auswanderung, seine alte Sprache, vieles von den vormahligen Sitten, selbst

den

den alten Namen verloren hatte; so ermanneten sich doch die Zurückkehrenden, nunmehrigen Juden, eine der vorigen ähnliche Verfassung unter sich wieder herzustellen. Ja da sogar nun seit mehr als 1700 Jahren ihre Staatsverfassung zu Grunde gerichtet ist, und sie unter allerley Völker zerstreuet, oft verfolgt und im schmähligen Druck leben müssen; so zeigen sich doch bey ihnen noch die deutlichsten Spuren ihres ehemaligen Charakters.

Von der Wahrheit dieser Schilderung kann man sich am besten durch Lesung ihrer heiligen Bücher, und der Schriften des Josephus, sonderlich seines 2ten Buchs wider den Appion überzeugen. Auch sehe man die recht lesenswürdige Schrift: Versuch vom Reiche Gottes, von Heß.

2. §.

Die Geschichte der Stammväter der Hebräer verdient insonderheit alle unsre Aufmerksamkeit, da es aus der ganzen Geschichte zu erhellen scheinet, daß fast alle cultivirte Völker des Alterthums ihre Kenntnisse und Weisheit entweder von ihnen, oder doch mit ihnen aus einerley Quellen hergeholt haben 2). Die Chaldäer standen theils als Vorfahren, theils wie die Phönicier, als Nachbaren, mit den Hebräern in der genauesten Verbindung. Die Egyptische Staatsverfassung wurde einst dem Joseph unterworfen, und vielleicht hatte auch schon Abrahams Aufenthalt in Egypten auf die Gebräuche und Lehren dieses Volks Ein-

---

2) Schon Megasthenes schreibt im 3ten B. über Indien, beym Clemens von Alexandrien im 1sten B. Stromat. S. 305. „Alles, was man bey den Alten über die Natur vorgetragen findet, das wird auch von denen behauptet, die, außerhalb Griechenlands, Weisheit lehren, als in Indien von den Brachmanen, und in Syrien von den so genannten Juden."

Einfluß gehabt 3). Von den Phöniciern und Egyptern erhielten die Griechen ihre Cultur, von diesen die Römer, und von beyden kam sie fast auf alle andre Völker. Vielleicht ist selbst die Weisheit der Indianer 4) und Perser, ihrem Ursprung nach, mit der Weisheit der Hebräer verschwistert. Augenscheinlich haben jene großen Aufklärer der Welt, die ersten Ausbreiter des Christenthums, ihre Lehren den Vorstellungen der Hebräer angepaßt. Gründeten sie nicht auf die Trümmern der Jüdischen Staats-Religion jene allgemeineren Lehren und Hoffnungen, welche den Götzendienst und Aberglauben zerstörten? Auch die Muhamedaner behielten viel von der Weisheit und den Sitten der Juden. Werden nicht selbst auch unsre Zeitgenossen, vermöge der Anlage unsers Unterrichts, nach der Denkungsart der alten Anführer des jüdischen Volks geleitet, obgleich jene fast 4000 Jahr früher gelebt haben, als wir.

3. §.

Die Hebräer haben ihre Weisheit ganz unstreitig ihren heiligen Büchern oder den von ihren Vorfahren auf sie gekommenen Urkunden zu verdanken. Sie

---

3) So erzählt wenigstens Josephus (im 1sten B. der Alterthümer Kap 9.), Abraham habe den Egyptern Unterricht ertheilet.

4) In den ältesten Indischen Jahrbüchern findet man, wie Dow in der Vorrede zum Ferischta bemerkt, die Erzählung, daß ein Fürst, Namens Thura, von dort aus gegen Abend gezogen, dessen Sohn ein Stifter der jüdischen Religion geworden wäre. Gatterer (man sehe seine synchron. Universalh.) scheint nicht abgeneigt zu seyn, anzunehmen, daß Ur in Arachosien und also in Indien gelegen habe. Oder sollte diese Sage etwa von den Chaldäern eben so nach Indien hingebracht seyn, wie sich z. B. die Sage von der Sündfluth in verschiedene Länder verpflanzt und so zu sagen naturalisirt hatte?

Sie pflegten solche seit ihrer Zurückkunft aus dem Babylonischen Exil in das Gesetz, die Propheten und Hagiographa einzutheilen 5). Von diesen wurde von je her die Thora 6) oder das Lehrbuch, am meisten verehrt, weil es die von Mose, ihrem ersten Gesetzgeber und Gründer ihres Staats, verordneten Gesetze und Landeskonstitutionen enthielt. Von seiner Abtheilung führt es den Namen der fünf Bücher (Pentateuchus). Es enthält im ersten die Urgeschichten der Vorwelt und der Stammväter dieses Volks, im zweyten die Beschreibung von den Zügen ihres Heeres, im dritten eine Anweisung für die Priester, im vierten manche andere Anweisungen und im fünften eine zum Vorlesen für das Volk bestimmte Sammlung der Gesetze.

4. §.

Der erste Theil des von Mose benannten Lehrbuches enthält die Urgeschichte der Vorwelt und des Jüdischen Volkes, und wird daher Genesis (Urgeschichte) oder auch von seinem Anfangsworte Breschith genannt. Es enthält dieses Buch, wie bey hinlänglicher Aufmerksamkeit der Augenschein genugsam lehret, verschiedene aus dem frühesten Alterthum herrührende einzelne Stücke, die zum Theil durch besondere Titel gehörig von einander unterschieden sind 7),
zum

---

5) Man vergleiche Eichhorns Einleitung ins A. T. §. 5. 8. und beym folgenden S. 405—444.

6) Das Wort Thora, welches man durch Gesetz zu übersetzen gewohnt ist, heißt recht eigentlich das, was wir Lehre und Unterricht nennen. Nicht alle in diesem Buche entworfene Gesetze sind wirklich eingeführt und in Ausübung gekommen. Manche blieben vielmehr, was sie anfangs waren, Projekte. Man sehe Michaelis Mosaisches Recht.

7) Man sehe Cap. 2, 4. 5, 1. 6, 8. 25, 19. 36, 1. 37; 2.

zum Theil durch eigne Ausdrücke und Benennungen Gottes, so wie durch eine verschiedene Erzählungsart auch durch mancherley Aeußerungen von einander abweichender Begriffe und Vorstellungen ihren verschiedenen Ursprung deutlich genug zu erkennen geben; wenn uns gleich die Geschichte in der Angabe ihrer Verfasser gänzlich verläßt, und uns nur angiebt, wie man sie seit so langer Zeit unter dem Namen des Mose gekannt und verehrt habe 8).

5. §.

Ohne Zweifel wurden diese ältesten Urkunden, gleich bey ihrem Entstehen, gehörig geschätzt; da sie so interessante und wichtige Nachrichten, ja selbst Zeugnisse von göttlichen Belehrungen und so manche absichtlich für die Zukunft bestimmte nutzbare Winke enthielten. Insbesondere konnte wol der erste Gesetzgeber und Gründer des Israelitischen Staats, dessen Geist unstreitig durch solche Sagen und Vorstellungen seiner Vorfahren erweckt war, und der sich bey der Abfassung seiner Gesetze in so vielen Stücken durch diese Urkunden sichtbarlich leiten ließ, nicht umhin, sie seinen Zeitgenossen und Nachkommen, als einen unersetzlichen und auf immer aufzubewahrenden Schatz, anzuempfehlen. Warum hätte er dieser Sammlung von alten Urkunden, die nun mit seinen entworfenen Gesetzen zu Einem größern Werke angewachsen war, nicht eben die sorgfältige Aufbewahrung gönnen sollen,

---

8) So ist der kleine Katechismus allgemein unter Luthers Namen bekannt; aber man würde sich irren, wenn man daraus beweisen wollte, daß Luther der Verfasser der 10 Gebote und des Apostolischen Glaubensbekenntnisses wäre. Nennt man gleich das Vater unser das Gebet des Herrn; so giebt man doch wol mit Recht alte Jüdische Lehrer, nicht Jesum, als Verfasser dieses Gebets an.

len, die er nach 5. Mof. 31, 24. f. in Abſicht ſeiner Aufſätze verordnete? Und gewiß, ſo lange die von Moſe eingeführten Verordnungen und Anſtalten beobachtet wurden, ſo lange achtete man auch auf dieſe Quellen ſeiner Weisheit und Geſetze.

6. §.

Die ganze Geſchichte der Hebräer beſtätigt, daß man dieſe alten Urkunden als einen Nationalſchatz, ſo wie das geſammte von Moſe benannte Lehrbuch, in der That ungemein geſchätzt und nach der Ausbreitung der darin enthaltenen Kenntniſſe geſtrebt habe. Wie rühmt nicht ein David (z. B. Pſ. 119.) den Werth dieſes Lehrbuchs! So heißen die Moſaiſchen Lehren 1. Chron. 16, 40. und 2. Chron. 35, 26. Lehren Jehovens. Zur Verbreitung und Aufbewahrung ſolcher Lehren konnte das Vorleſen deſſelben im Erlaßjahre und die zu Samuels Zeiten errichtete Prophetenſchule allerdings behülflich ſeyn. Dieſe Bücher waren allen ſpätern Schriftſtellern die Quelle, woraus ſie ſchöpften, und das Muſter, welches ſie nachahmten, ſo daß ſich die Bücherſprache der Hebräer in mehr als 1000 Jahren nie ganz umwandelte 9).

Alle

---

9) Man denke daran, was Luthers Ueberſetzung der Bibel zur Feſthaltung der Sprache bey einem weit aufgeklärteren, mit fremden, vermiſchten, ſo nachahmungsſüchtigen und vielzüngigen Volke gethan hat; ſo hat man ein ſehr ſchwaches Bild, was Abrahamitiſche und Moſaiſche Urkunden bey den Hebräern thun konnten. Aber die Sprache der Hebräer, wird man ſagen, hat ſich doch für einen ſo langen Zeitraum, und ſonderlich, wenn man an ihren Aufenthalt in Egypten denkt, zu wenig verändert! Allein wer kann wol nach unſrer heutigen Punktation genau und richtig darüber urtheilen? Man erinnere ſich hier an die Geſchichte, da ein Jude, wie uns Michaelis in der Einleitung zur Syriſchen Chreſtomathie S. 2. erzählt, das Chaldäiſche für Syriſch hielt.

Alle bürgerliche und Religionsideen wurden daraus hergeholt, und entwickelten sich aus demselben nur weiter. Eben daher lassen sich die so häufigen Anspielungen in den spätern Schriften auf Stellen dieses Buches erklären 10).

7. §.

Als nach der Auswanderung der 10 Israelitischen Stämme, die in den Kriegen mit den Medern erzwungen war, verschiedene Colonien von fremden Völkern in dieses Land geführet waren (man benannte sie nach der Hauptstadt Samariter 2 König. 17, 28.); so wurden auch diese nach dem Lehrbuche Mosis unterwiesen. Sie unterhielten diesem gemäß einen Gottesdienst, der noch bey der Rückkunft der Juden aus dem Babylonischen Exil damit übereinstimmte. Der große Haß der Juden gegen die Samariter, und die Abweichung, daß diese die übrigen, von den Juden als heilig verehrten Schriften nicht annahmen, sondern bloß das Mosaische Lehrbuch, bürgt uns für das Alterthum und für die unverfälschte Aechtheit dieser Schriften im Ganzen, indem der noch bis jetzt uns aufbehaltene Samaritanische Text nur wenig von dem Hebräischen abweicht.

8. §.

Bey der Zurückkunft der Juden aus ihrer Babylonischen Gefangenschaft leuchtet die gar große Achtung ihrer heiligen Schriften, und sonderlich des Mo=

---

10) Man vergleiche Ps. 8, 7—9. mit 1 Mose 1, 26—28. Ps. 33, 6. mit 1 Mose 1, 2. Jes. 1, 9. 10. mit der Erzählung 1 Mos. 14. Josua 1, 7. 8. 22, 23. Richter 3, 4. 1 Sam. 12, 6. 8. 1 König. 8, 9. 53. 56. 2 König. 14, 6. 23, 25. 1 Chron. 16, 14. 2 Chron. 17, 9. Ps. 99, 6. 103, 7. 77, 104, 105, 135. Jes. 63, 11. 12. Jerem. 15, 1.

Mosaischen Lehrbuchs, aus allen Umständen sehr deutlich hervor. Sie waren die einzigen Ueberreste ihrer verlornen Herrlichkeit, die ihnen nun eben durch den Verlust und durch die Ferne der Zeit in einem desto hellern Glanz erschien; zumal da sie selbst mit ihrer vorigen Lage unbekannt geworden waren. Man belegte daher z. B. bald darauf Esra, den Wiederhersteller ihres Staats und Gottesdienstes, der doch ein sehr angesehener Priester war, mit dem Beynamen des Schreibers; Nehem 8, 1. Wie hoch man in spätern Zeiten diese Urgeschichten der Hebräer bey ihrem Volke achtete, wie sorgfältig man sie von andern, zum Beyspiel den sogenannten apokryphischen, unterschied, auch wie man sie verstand und erklärte, erhellet aus den Schriften des Philo und Josephus 11) genugsam. Schon 285 Jahr vor Christi Geburt hatte man vom Pentatevchus eine griechische Uebersetzung, welche so wie die chaldäische, die wahrscheinlich bald nach der Zurückkunft aus Babylon verfertigt wurde, bey den Juden, welche ihrer vormaligen Sprache nun entwöhnt waren, immer mehr in Gebrauch kam und selbst bey andern Völkern bekannt wurde.

9. §.

Da nachher Jesus und seine Apostel als Lehrer einer allgemeineren und erhabeneren Geistesreligion bey dem jüdischen Volke auftraten; so mußten sie nothwendig — wenn sie anders ihren Vorträgen Eingang und Beyfall verschaffen wollten — ihre Vorstellungen und Lehren denen, die sie bey ihren

Zeit-

---

11) Dieser beruft sich im ersten Buch wider den Appion auf ältere Nachrichten.

Zeitgenossen antrafen, und den Erwartungen und hoffnungsvollen Aussichten derselben, so viel es thunlich war, anpassen. Daher kam es, daß auch die Christen diese heiligen Bücher der Juden als göttliche Schriften verehrten, und sie als die Quellen und Grundlagen ihrer Religion ansahen. Je mehr sich also das Christenthum ausbreitete, und je mehr die Juden in fremde Länder zerstreuet wurden; um desto mehr wurden auch diese alten Bücher in allerley Sprachen übersetzt und unter allerley Völker als göttliche Schriften verbreitet.

10. §.

Als die Juden, zumal nach gänzlicher Zerstörung ihres Staats und Gottesdienstes, immer weiter zur Barbarey herabsanken, und überdas von der Bekehrungssucht der Christen manches zu dulden hatten; so verfielen sie immer mehr auf die schon längst bey ihnen hergebrachte Gewohnheit 12), in ihren alten Schriften alles zu suchen und zu finden, die darin vorkommenden Bilder ihrem orientalischen Geschmack gemäß weiter auszumalen, und überall geheimen Sinn und übermenschliche Weisheit hineinzutragen. Ich glaube wenigstens, daß man viele Fabeleyen, die man in den Schriften der Rabbinen und im Talmud antrift, und die man auch wol bey den christlichen Kirchenvätern, sonderlich bey den morgenländischen vorzüglich arabischen Schriftstellern, als alte Sagen, und selbst im Koran wieder findet, nicht sowol als buchstäbliche Erzählungen, sondern vielmehr als

Aus=

---

12) Mancher denkt vielleicht hier an den Verfasser des Briefs an die Hebräer. Ich erinnere nur an die Hermenie des Josephus und Philo.

Ausgeburten ihrer orientalisch-barbarischen Hermenie ansehen sollte 13).

11. §.

Auch bey den Christen, die doch im Hebräischen fast immer Juden zu ihren Lehrern wählen mußten, fand die Behandlungsart dieser alten Schriften, daß man darin alles suchte und auch fand, sonderlich nach den Zeiten des Origenes, starken Eingang. Die Verehrer dieser Alterthümer fanden überall lauter Offenbarungen der Gottheit. Die Zeitrechner und Geschichtschreiber sahen die darin vorkommenden dichterischen Schilderungen als lauter Thatsachen an, die Dogmatiker fanden allenthalben die Bestätigung ihrer Lehrsätze, die Mystiker allenthalben geheime Bilder der Nachahmung, jede Sekte fand ihre besondere Lehrmeinungen, und jeder Lehrer seine Lieblingsideen. Wie konnte es also bey der großen Verschiedenheit menschlicher Vorstellungen jemals an Streitigkeiten über den richtigen Verstand dieser Urkunden fehlen?

Ich erwähne hier nur eines einzigen Streits, der unter den Christen schon einige Jahrhunderte fortgedauert hat, und so manchesmal mit großer Hitze erneuert ist. Ich meine den Streit über die im ersten Buch Mose aufgefundenen vermeinten Beziehungen in Vorbildern und Weissagungen auf Christum, der zwar jetzt unter den Gelehrten ziemlich beygelegt, oder doch nur einer Parthey

als

---

13) Eben so fanden die spätern Griechen alles in ihrem Homer, und malten [dir] bey ihm nach ihrer Meinung gefundenen Ideen stark und weitläuftig aus. Man sehe z. B. Heraklides Ponticus über Homers Allegorien, aus dem Griechischen von Schulthes, Zürch 1779.

allein überlaßen zu seyn scheint. Hugo Grotius fing an, diese vermeinten Beziehungen mit kritischer Genauigkeit zu beleuchten und zu bezweifeln. Ihm folgte Johann Spencer, Johann Lorenz Schmidt, Anton Collins, Samuel Parvisch und andre. — Die Namen der neuern mag ich nicht herschreiben. — Gegen sie zog Abraham Calov, Joachim Lange, Richard Kidder, Joachim Opporinus, Eduard Chandler, Friedrich Eberhard Rambach, Theodor Christoph Lilienthal und andre rüstig zu Felde. Doch genug hievon.

12. §.

Erst in spätern Zeiten, nachdem man bey Juden und Christen so weit gegangen war, daß man alle in diesen Büchern aufgeführte Personen als Heilige, alle ihre Reden als untrügliche Orakel, ja selbst ihre Schandthaten und Laster als von Gott begünstiget, vorstellte, fing man an, das göttliche Ansehn dieser Schriften, und selbst ihr Alter zu bezweifeln. Isaak Peyrer, Thomas Hobbes, Benedict Spinoza, Richard Simon, Clericus, Tindal, Morgan, Bolingbroke, Voltaire und andre, ließen sich theils durch Untersuchungsgeist, theils durch Leidenschaft und Bitterkeit wider die Lehren der Juden und Christen, verleiten, diesen Urkunden ihr hohes Alter abzusprechen und sie als erdichtet und untergeschoben zu verschreyen. Die durch diese Streitigkeiten veranlaßten Untersuchungen haben augenscheinlich zur Wiederherstellung einer verständigen Erklärung und richtigen Beurtheilung dieser alten Urkunden das meiste beygetragen.

Bey einer entstandnen Gränzstreitigkeit pflegt ein billiger Richter die dabey vorkommenden Schimpf=

Schimpfworte und Thätlichkeiten, denn leider bleiben sie auf beyden Seiten nicht leicht aus, gegen einander aufzurechnen, und allenfals den, welcher zuerst zu weit gegriffen hat, als den Urheber zu bestrafen, dann aber, nach aufgenommenem Zeugenverhör, und selbst angestellter Untersuchung, die gehörigen Gränzen wieder herzustellen.

13. §.

Man hat nunmehr, durch das Studium der Kritik, in diesen Urkunden selbst die unumstößlichsten Beweise für ihre Aechtheit und das ihnen zugeschriebene Alter aufgefunden. Je mehr man mit unbefangenem Sinn, und mit kritischer Aufmerksamkeit, die Geschichte der Vorwelt durchforscht, und je sorgfältiger man die in diesen Urkunden enthaltenen dichterischen Vorstellungen und Geschichten damit vergleicht: je mehr man also auf die darin herrschende, dem kindischen Alter der Menschheit so nahe kommende Sprache und Erzählungsart, auf die darin abgezeichneten alterältesten Sitten, auf die damals noch geltenden rohen und fast kindischen Begriffe von Gott, Tugend und Natur, auf die darin entworfenen Gemälde aus der ältesten Völker- und Familiengeschichte, auf die darin beschriebene stufenweis erfolgte Abnahme der Roheit und Einfalt, auf die so genaue Bestimmtheit und dazu passende Verschiedenheit der darin geschilderten Charaktere Acht hat: um desto gewisser und lebhafter wird man sich von ihrer Aechtheit und von ihrem Alter überzeugen. Unwiderleglich ist es, wie schon Jerusalem, Lilienthal, Michaelis, Heß, Niemeyer, Eichhorn, Leß und andre genugsam erwiesen haben, daß es von uns, bis auf Mose zurückgerechnet, zu keiner Zeit möglich gewesen wäre, eine solche Sammlung von Urkunden abzufassen.

14. §.

Die bemerkte unleugbar große Uebereinstimmung des mosaischen Gesetzes mit diesen Urkunden hat viele veranlasset, zu glauben: Mose habe diese Nachrichten aus der Vorwelt zum Behuf und zur Einleitung seiner Gesetze entworfen 14). Merken wir auf die durch besondre Titel von einander unterschiedenen Abschnitte, auf die von mehreren Kritikern schon bemerkte Verschiedenheit der Schreibart in einzelnen Stellen 15), auf die recht auffallende Abwechselung der verschiedenen Namen Gottes 16), welche unmöglich von ungefähr kommen kann, da sie mit einer merklich verschiedenen Erzählungsart gleichmäßig zusammen stimmt: so werden wir offenbar zugeben müssen, daß Mose nicht der erste Concipient dieser Urkunden seyn kann. Erinnern wir uns, daß schon Abraham den Vorsatz gefaßt hat, seinen Nachkommen Belehrungen zu hinterlassen, wie sie den Jehova verehren sollten: so wird es höchst wahrscheinlich, daß die Geschichte der Patriarchen größtentheils von gleichzeitigen Verfassern aufgesetzt ist 17). Es bliebe aus-

---

14) Man sehe Jerusalems Briefe über die mosaischen Schriften und Philosophie. Braunschw. 1762. 8.

15) Michaelis erinnert, daß die Schreibart, Cap. 23 und 24, ganz protocollmäßig ist.

16) Man sehe Michaelis Anmerkungen und Eichhorn Einl. ins A. T.

17) Dies vermuthete schon Vitringa aus der oben angeführten Stelle 1. Mose 18, 17. 18. und aus den Titeln, die sich Cap. 2, 4·5, 1. 6, 8. finden. Man sehe seine Obseruatt. S. libr. I. c. IV. p. m. 35. Wer hier wegen des Alters der Buchstabenschrift bedenklich seyn sollte, den verweise ich auf die höchst lesenswerthe Anmerkung, welche sich l. c. p. 37 — 40. findet. Ich setze hinzu: Man findet auch selbst in diesen Urkunden Spuren einer sehr alten Schreibkunst. Joseph erhält nach 1. Mos.

ausserdem ein unauflösliches Räthsel, wie von Abraham bis auf Mose jede Stufe des zunehmenden Luxus und der abgeänderten Begriffe bey ihrer Verehrung Jehovens, und Aussicht auf die Zukunft in so charakteristischen Zügen hätte ausgemalt und merklich gemacht werden können, wie es geradehin für einen spätern ganz anders erzogenen Nachkommen, der zwar in den nomadischen Sitten nicht unerfahren, aber doch in seinen Kenntnissen von Tugend, Gott und göttlichen Dingen offenbar schon weiter gekommen war, und überdas damit umging, sein Volk während ihrer nomadischen Züge zu einem eigentlichen Staatskörper umzubilden, völlig unmöglich war. Es bliebe ein unauflösliches Räthsel, wie sich so viele selbst abweichende Spuren von jenen alten Nachrichten vor Abraham fast bey allen alten Völkern hätten verbreiten können; zumal da sie zum Theil eine wörtliche Kenntniß derselben 18) voraussetzen. Gewiß, wer diese alten Urkunden mit gehöriger Aufmerksamkeit durchsieht, und sie mit den andern alten Nachrichten vergleicht, der wird zugeben müssen, daß sie nicht erst von Mose oder in seinem Zeitalter aufgesetzt sind 19).

Dies

Mos. 41, 41. 42. vom Pharao, da er Großvisir wird, zum Zeichen der ihm übergebenen Macht, seinen Siegelring. Sollte dies nicht, nach unserer Art zu reden, zu unterschreibende Edikte voraussetzen? Auch Juda trug einen ähnlichen Ring am Halse 1 Mos. 38, 18. Die protokollmäßigen Beschreibungen Cap. 23 und 24 habe ich schon angeführt. Ein mehreres findet sich bey der Uebersicht des Ganzen.

18) Beyspiele finden sich unter andern bey Cap. 9, 20. und v. a. Mehrere finden sich in der Schöpfungs- Verführungs- und Sündfluths-Geschichte.

19) Ich berufe mich, um ganz unpartheyisch zu gehn, hier auf den im Ganzen anders denkenden Jerusalem. Man lese den 2ten und 3ten seiner genannten Briefe, und urtheile alsdenn, ob die hier angeführten Beweise nicht mehr sagen, als er daraus herleitet.

Dies leuchtete schon mehreren ältern Auslegern gewissermaßen ein 20), bis endlich Astruc diese ganze Sammlung von Urkunden in ihre einzelne Fragmente zerlegte. Ihm stimmen Döderlein, Dathe und Leß bey. Um die auffallende mit merklich veränderter Erzählungsart zusammenstimmende Abwechselung der Namen Gottes erklären zu können, sahe sich Eichhorn 21) veranlasset, die sehr sinnreich ausgedachte Hypothese anzunehmen, daß Mose, gleich einem Variantensammler, aus zwey schon vorhandenen Urkunden, deren eine sich immer des Namens Jehova, die andre aber des Namens Elohim bedienet, mit kritischer Genauigkeit, und mit Einschaltung einiger andern Urkunden, dieses sein erstes Buch zusammengesetzt habe 22). Ich hoffe, dies wird hinlänglich seyn, meine Leser im Voraus auf den Gebrauch der verschiedenen Namen Gottes, und auf den Geist und Charakter jedes Stücks dieser Urkunden aufmerksam zu machen, um so hernach, bey der Uebersicht derselben, von ihrem Ursprunge ein freymüthiges Urtheil fällen zu können.

15. §.

Pflegte man sonst, aus Unwissenheit und übertriebener Hochachtung gegen diese Schriften des Alterthums, auch ihre äußerliche Form, den Charakter ihrer Buchstaben, die Vocale und Puncte, die Accente und

---

20) Man findet ihre Namen von Eichhorn S. 416. seiner Einl. ins A. T. gesammelt.
21) Man sehe seine Einl. ins A. T. S. 417. — 427.
22) Herder scheint hiemit einzustimmen. Er geht (in seinem Geist der hebr. Poesie) gar so weit, daß er die Erzählungen 1. Mose 12, 10—20. und Cap. 20, so wie Cap. 18, und 17, 3—22. für einerley hält.

und Abtheilungen, die Anmerkungen der Masora und dergleichen, als ursprünglich und göttlich zu verehren; so hat es sich doch bey mehrerer Ausbreitung der Sprachkenntniß und Aufklärung der Kritik gezeigt, daß dies alles ein Werk der spätern Zeit ist 23). Vertheidigte man sonst eine durch so viele Jahrhunderte fortwährende, ganz ungedenkbare Unveränderlichkeit solcher alten Schriften; so macht man sich jetzt billig, nach den Grundsätzen einer vernünftigen Kritik, alles das zu Nutze, was die Gelehrten zur Berichtigung und Erklärung des Textes 24), aus der Vergleichung der Handschriften und alten Uebersetzungen und aus den Anmerkungen der Masorethen, so wie aus den Bemerkungen und Vermuthungen der Ausleger gesammelt haben.

16. §.

Brachten die vorigen Zeiten, ihren Kenntnissen und ihrem Geschmack gemäß, bloß wörtliche Uebersetzungen hervor 25), und suchte sonst jeder Ausleger die darin vorkommenden Geschichten und Lehren dem Lehrbegriffe seiner Parthey und seinen Vorstellungen an-

---

23) Man sehe Eichhorns Einl. ins A. T. S. 58—138.

24) Um die Wiederherstellung der Richtigkeit des Textes haben sich durch Sammlung der Varianten Joh. Bened. Michaelis, Houbigant, Kennikot, de Rossi, durch Beurtheilung und Bestimmung der Lesearten J. D. Michaelis, Eichhorn, Dathe, Bruns, Herder und andre, in Rücksicht dieses 1sten Buchs verdient gemacht.

25) Ein Verzeichniß der Uebersetzungen findet man in Bibliotheca sacra post Jacobi le Long et C. F. Boerneri iteratas curas ordine disposita, emendata, suppleta, continuata ab Andr. Gottl. Masch P. II. Halae 1785.

anzupaſſen 26); ſo kann man jetzt, nachdem man in der Sprachkunde, Geſchichte, Weltweisheit, Menſchens

26) Von den jüdiſchen Auslegern ſind unter den Chriſten R. Salomo Jarchi, Aben Esra, David Kimchi, R. Moſes Ben Nachman und R. Levi Ben Gerſchon vorzüglich bekannt.

Dem katholiſchen Lehrbegriffe gemäße Auslegungen lieferten Thomas de Vio (Cajetanus), Thomas Malvenda, Joannes Mariana, Cornelius a Lapide, Robert Stephanus, (Franciscus Vatablus) und andere, ſo wie die Sammlungen die Biblia ſancta, Biblia magna und Biblia maxima heißen. Ueber das gehören als beſondere Schriften über die Bücher Moſis bieher: Hieronymi ab Oleaſtro Commentaria litteralia et moralia Lugd. 1529. Fol.

Jacob Bonfrerii Pentateuchus Moyſis commentario illuſtratus. Antwerp. 1625. Fol.

Alph. Toſtati Commentarius in Pentateuchum.

Bened. Pererii (Hiſpani e ſoc. Jeſu) Commentarius in Geneſin. Colon. 1685. fol. 4. tom.

Von den Proteſtantiſchen Schriften nenne ich hier, da man die Bibelwerke unter andern in Nöſſelts Bücherkenntniß aufgeführt findet, nur die beſondern Schriften über die Bücher Moſis:

Mart. Lutheri Enarrationes in Geneſin. Vitemberg. 1544—54. IV. Fol.

Pauli Fagii Exegeſis in Pentateuchum. Jenae 1540. Ej. Collectio praecipuarum quarundam translationum cum hebraico textu libri Geneſeos.

Jo. Merceri Commentarius in Geneſin. Genev. 1598. fol.

Auguſtini Marlorati expoſitio Geneſeos eccleſiaſtica Morgiis 1583.

Andr. Riueti CXC. exercitationes in Geneſin, im erſten Theil ſeiner Werke.

Otho Gualtperii collatio praecipuarum Geneſeos tralationum. Witteberg. 1602. 8.

Henry Ainsworth Annotations upon the five books of Moſes &c. Lond. 1627. und hernach 1639. fol.

Chriſtoph. Cartwrighti Electa targumico-rabbinica ſ. adnotationes in Geneſin. Lond. 1648. 8. ſo im 1ſten Tom. der ſupplement. criticorum S. S. eingerückt iſt.

Richard

schenkenntniß und Kritik weiter gekommen ist, und dadurch theils den ächten Lehrbegriff wahrer Weisheit berichtiget, theils aber auch diese Urgeschichten selbst aufgekläret hat, in der That weiter gehn. Zu früh für ihre Zeiten erschienen die Schriften eines Grotius und le Clerc. Ihnen folgte die Werthheimer Ueber‍setzung. Ihr Verfasser wurde für seine erst von der Nachwelt anerkannten Verdienste von seinen Zeitge‍nossen verfolgt 27). Michaelis, dessen Anmerkungen

ver‍

Richard Kidder Commentary on the five books of Moses. London 1694. II. 8.

Simon Patrik Commentary upon the first book of Moses 3te Ausgabe. London 1704.

Seb. Schmidii Adnotationes super Mosis librum primum. Argentorat. 1697. 4.

Polyc. Lyseri vitae patriarcharum. Lips. 1604.

Heideggeri historia patriarcharum.

Joachim Langens Mosaisches Licht und Recht. Halle und Lpz. 1732.

Ein Verzeichniß vieler hierher gehörigen Schriften findet sich in der Vorrede zum zweiten Theil der allgemeinen Welthi‍storie.

Nach den jetzt wieder beliebten Grundsätzen der mystischen Theo‍logen sind:

Jacob Böhmens Mysterium magnum oder Erklärung über das erste Buch Mosis von der Offenbarung göttlichen Worts durch die 3 Principia göttl. Wesens ꝛc. Amsterdam 1682. 8.

J. D. Crügers Realübersetzung der 2. ersten Capitel des 1sten Buchs Mose gr. 8. Berlin 1784.

Den Weg zu einer freyern Kenntniß bahnten.

Grotii Adnotationes in V. et N. T.

Joh. Clerici commentarius in Genesin nova versione paraphrasi perpetua et notis criticis instructus. Amstelod. 1710.

Die göttlichen Schriften vor den Zeiten des Messia Jesus. Werthheim 1735. 8.

27) Miller schreibt in seiner Anleitung zur Kenntniß auserlesener Bücher S. 177. Durch ein unprotestantisches Inquisitionsver‍

fahren

vernünftigen Bibelforschern unschätzbar bleiben, ging in seiner Uebersetzung von diesem gebahnten Wege einer freyen, verständlichen und nach unserer Erzählungsart eingerichteten Uebersetzung wieder zurück 28). Die Verdienste eines Heß, Niemeyer, Hezel, Herber, Grynäus, Dathe, Bahrdt und andrer um die Uebersetzung dieses Buchs, werden von jedem unpartheyischen Forscher dieser alten Urkunden, billig geschätzt.

Ich rede hier von folgenden Schriften:
(Heß) Geschichte der Israeliten vor den Zeiten Jesu 1. und 2ter Band. Zürich 1776. 8.

Nie-

fahren wurde die Fortsetzung und ein guter Kopf unterbrückt, der durch eine weise Leitung ein vortreflicher Uebersetzer hätte werden können. In den fliegenden Blättern S. 66. heißt es: Es gelang der Verfolgungssucht so weit, daß die Fortsetzung unterbrückt, und Deutschland um eine der vortreflichsten Uebersetzungen gebracht ward, die es aufzuweisen gehabt haben würde.

28) Sein Vorsatz war, allen alles zu werden. Er wollte es mit keiner Parthey verderben, und verdarb es daher fast mit allen. Für einen wörtlich genauen Uebersetzer ist er zu frey, zumal wenn es darauf ankommt, eigne Einfälle in den Text hineinzutragen. Für einen freyen Uebersetzer ist er zu sklavisch. Um in seiner Nachzeichnung einer alten Münze den Rost nicht zu verwischen (wie er in der Vorrede zum ersten Buch Mose sagt), trägt er so viel Schmutz auf, daß man darüber das Gepräge kaum sieht. Sicher ist er doch in vielen Stellen für Ungelehrte, und solche, die das Original nicht vergleichen können, unverständlich und mißfällig. Sollte es bey der gar großen Abweichung der im Grundtext und in unserer Sprache gewöhnlichen Erzählungsart für einen, der des Hebräischen unkundig ist, nicht natürlicher seyn, eine ganz wörtliche Uebersetzung mit der freyern — die doch an sich allein verständlich seyn kann — zu vergleichen? Ich würde dazu, wenn Luthers Bibel kein Genüge thut, die im englischen Bibelwerk befindliche oder die lateinische Uebersetzung von Seb. Schmid oder Tremellius und Junius vorschlagen.

Niemeyers Charakteristik der Bibel 2ter Theil.
Halle 1778. 8.

Hezels Bibel erster Theil. Lemgo 1780. 8.

Herders Geist der hebräischen Poesie. Dessau
1782. 2. Th. 8.

Die heilige Schrift, übersetzt von S. Grynäus.
Basel 1776.

Dathii Pentateuchus. Halae 1781. 8.

Bahrdts kleine Bibel erster Band. Berlin 1780. 8.

17. §.

Es läßt sich bey Lesung uralter Geschichten, die sich in einem von dem unsrigen weit entfernten Zeitraum, unter einem ganz andern Himmelsstrich, bey Menschen von ganz andern Kenntnissen, Vorstellungen, Meinungen, Sitten, Gebräuchen und von ganz andrer Lebensart, vorgefallen sind, gar nicht anders erwarten, als daß man allenthalben auf Schwierigkeiten stößt; zumal wenn sie auf eine uns ganz ungewöhnliche Art, in einer fremden, ja sogar in einer ausgestorbenen, von der unsrigen weit abweichenden Sprache, erzählt werden. Je mehr wir uns mit der darin herrschenden Erzählungsart, mit dem Geiste der Sprache, mit den Sitten und Gebräuchen des Landes und des Zeitalters, mit dem Charakter und der Denkart der handelnden Personen bekannt machen; desto mehr werden uns diese Schwierigkeiten verschwinden. Fehlt es uns hie und da an erforderlichen Kenntnissen und Hülfsmitteln, so bleiben uns auch nothwendig manche dieser Schwierigkeiten zurück. Wie oft werden wir uns in solchen Fällen mit Vermuthungen behelfen müssen, und wie leicht ist es, bey Vermuthungen zu fehlen! Gewiß, wer in einem kalten Klima geboren, in einem längst cultivirten Staate erzogen, von Jugend auf an gesittete

Lebensart und Luxus gewöhnt ist, wer sich so seine Begriffe bloß aus einer durch Philosophie schon aufgeklärten Sprache, und aus dem Umgang gleichdenkender Menschen gesammelt hat; der kann sich kaum eine Vorstellung machen, wie man unter ganz andern Umständen gesinnet seyn würde und handeln müßte. Um also die, aus den ältesten Zeiten uns überlieferten Urkunden der Vorwelt lesen und verstehen zu können, muß man sich nicht nur mit dem Volke, bey dem sie entstanden und aufbewahrt wurden, sondern auch mit der darin vorkommenden Sprache und Erzählungsart, so wie mit dem Geiste ihres Zeitalters, und also mit den damaligen Sitten und Gebräuchen, und mit der zu jener Zeit gewöhnlichen Denkungsart und Lebensart gehörig bekannt machen. Ueberdas weiß man, wie viel bey aller Geschichte darauf ankommt, die Zeit, den Ort, die Völker und die handelnden Personen gehörig zu kennen. Wer sieht nicht, welch ein weites und unermeßliches Feld sich hier dem Forscher dieser Urkunden eröffnet? Unmöglich wird es seyn, jetzt alles zu benutzen! Ich werde mich bloß auf das nothwendigste einlassen.

18. §.

Die hebräische Sprache lernt man aus den gewöhnlichen Wörterbüchern und Grammatiken nicht hinlänglich. Man muß vielmehr dem Wege nachgehn, welchen Michaelis in seiner Beurtheilung der Mittel, welche man anwendet, die ausgestorbene hebräische Sprache zu verstehen, Göttingen 1757. 8. vorzeichnete, und den Schultens, Michaelis, Simonis, Bonsen, Eichhorn, Knapp, Dathe, Hezel, Froriep, Tychsen, Wahl und andre betraten [29]. Einem

---

[29] Die Geschichte der hebräischen Sprache und ihre Bearbeitung findet man in Hezels Geschichte der hebräischen Sprache. Halle

nem Erklärer dieser Urkunden muß es wichtig seyn, Bemerkungen über die Sprache, und Erzählungsart roher Menschen, z. B. der Kinder, der Wilden, der Vorwelt und sonderlich der alten Morgenländer zu sammeln 30). Vorzüglich wird es ihm nöthig seyn, sich mit dem Geiste der morgenländischen Dichtkunst bekannt zu machen 31).

19. §.

Die in diesen alten Urkunden vorkommende Sprache ist die Sprache der Kindheit, des Alterthums, und kurz der rohen Menschen.

Sie ist natürlicher Weise arm und eingeschränkt an Begriffen, daher sind fast alle ihre Ausdrücke sinnlich, optisch, tropisch. Die vordere Seite auch bey leblosen Dingen heißt das Gesicht, der obere Theil der Kopf, der untere der Fuß. Die Aufmerksamkeit Auge oder Ohr; die Aeußerung der Kraft, Hand; Gedanken veranlassen heißt sprechen; so müssen Thiere, Naturwirkungen, Traumbilder, selbst leblose Dinge, Bäume, Steine und dergleichen sprechen.

Sie ist voll Leben, und wortreich in ihren Beschreibungen! Er hob die Augen auf und sahe, Er stand auf und ging, Sie ward schwanger und gebar.

Sie

Halle 1776 8. und in Wahls Geschichte der morgenländischen Sprachen. Lpj. 1784. 8.

30) Hiezu sind vorzüglich brauchbar:
Leß vermischte Schriften.
Woods Versuche über den Homer deutsch. Frnkf. 1773. 8.
Glaßii Philologia sacra.

31) Die beste Anleitung hierzu geben:
Lowth de poesi sacra hebraeorum.
Herders Geist der hebräischen Poesie. Dessau 1782. 2.Th. 8.

Sie ist einförmig in ihren Verbindungen: Es findet sich ein beständiges und, und, und.

Sie ist umständlich in Hererzählung der einzelnen Dinge und Personen, wo man sonst allgemeine Ausdrücke gebraucht. So Tage und Nächte, Knechte und Mägde, Himmel und Erde, Schafe und Rinder, Menschen und Vieh, Söhne und Töchter, zur Rechten und linken, Spät und früh, Morgen, Abend, Mittag, Mitternacht, Gutes und böses, Kraut, Korn und Bäume, Vieh, Gewürme und Wild.

Sie ist weitläuftig in Wiederholung der Namen und Beschreibungen, wo man sonst Fürwörter (Pronomina) gebraucht.

Sie ist unermüdet in Beysätzen, Zeits und Ort Angaben. Vögel des Himmels, Fische im Meer, land Kanaan, Isaak der Sohn Abrahams.

Sie ist regellos bey Zeitbestimmungen. Es findet der Unterschied noch nicht statt, da wir die frühere Zeit von der spätern, die vergangene von der künftigen und gezenwärtigen genau unterscheiden. (Praesens Imperfectum Perfectum Plusquamperfectum Futurum primum, secundum &c.) Es ist vielmehr offenbar, daß die jetzt in den alten Urkunden der Hebräer vorkommenden Unterschiede (man denke hier an das auch den ersten Anfängern schon bekannte Vav conuersiuum futurorum) nur in der Punktation und also in weit spätern Zeiten ihren Grund haben.

Sie ist frey im Gebrauch des Namens Gottes. Zwar auch in unsern Sprachen nennen wir das Erhabne und Unbegreifliche göttlich und reden von göttlicher Tugend, von göttlichen Erfindungen, von göttlichen Führungen der Menschen; der Hebräer aber nennt auch da Gott, wo wir, ohne eine Person zu nennen, zu reden gewohnt

wohnt sind. Es regnet, es blitzt (il neige, il fait tonnerre), es kommt jemand, es fiel mir ein, heißt hier: Gott läßt regnen, Gott schauet oder Gott fährt herab, Gott schickt einen Boten, Gott sprach zu mir.

Der Hebräer erzählt immer so, daß er eines jeden Worte selbst anführt (in stylo recitatiuo), da wir doch in andern Sprachen eine andere Erzählungs= art (in stylo relatiuo) gewohnt sind und die Personen nur etwa da selbst reden lassen, wo Gespräche oder vorzüglich merkwürdige Worte vorkommen.

Die Abgesandten führten im Morgenlande, so wie noch jetzt in China, die Sprache ihrer Gebieter; und eben so werden den Gesandten Jehovens Reden in den Mund gelegt, als ob er es selbst wäre. Man vergleiche 1 Mose 18, sonderlich v. 24.

20. §.

Die Denkmaale des Alterthums und die neuern Reisebeschreibungen schildern uns ganz von den unsri= gen abweichende Sitten, Gebräuche, Vorstellungen und Denkungsarten roher Völker. Es mußte aus denselben natürlicherweise auch eine ganz andre Art des Lebens, des Verhaltens, der Sittlichkeit und der Religion herfließen. Will man daher das Ver= halten und den Charakter der in diesen ältesten Ur= kunden uns aufgestellten Personen beurtheilen; so muß man sich dabey die Bemerkungen derer zunutze machen, die aus der Lesung der Alten, und aus den Beobachtungen der Neuern, das aufsammelten, was

zur

zur Erklärung und Beurtheilung alter Sitten und Gebräuche dienlich ist. So haben sich Luft, Eskuche, Carsten, Harmar, Faber, Paulsen, Michaelis, Niebuhr, Sonnerat, Forster, Lübeke und andre in dieser Absicht verdient gemacht. Gerne werde ich also denen folgen, welche, wie ein Jerusalem, Michaelis, Heß, Niemeyer, Tobler, Hezel, Herder, Dathe und andre diese alten Erzählungen in ihr gehöriges Licht zu setzen suchen.

21. §.

Zu den Zeiten Abrahams, und schon früher, gab es unter den cultivirten Nationen zwey ganz verschiedene Lebensarten. Die Stadtbewohner hatten feste Wohnplätze, und trieben den Ackerbau. Bey ihnen konnte Cultur, aber auch Despotismus und Weichlichkeit leichter Wurzel schlagen, als bey den umherziehenden Zeltbewohnern, die sich mit der Viehzucht oder Jagd beschäftigten. Daß man bey den Städtern die Lebensart der Hirtenvölker äußerst verachtete, erhellet schon aus 1 Mose 43, 33. und 2 Mose 8; 26. Aber auch die herumziehenden Horden legten ihrem Geschlechte einen höhern Rang bey, als denen, welche in Städten wohnten und das Land baueten. Dies sehen wir nicht bloß daran, daß sich noch jetzt die Beduinen gegen andre erheben, als ob sie von vornehmerem Stande wären; sondern es erhellet auch aus der ganzen Anlage der Erzählungen im ersten Buch Mose. Adam wird zur Strafe aus dem Paradiese vertrieben und zum Ackerbau bestimmt. Des Hirten Abels Opfer wird angenommen und das Opfer des Landbauers Kains verworfen. Er muß als Brudermörder aus dem Lande der unumschränkschränkten Freyheit hinweg, und wird ein Stadtbewohner. Erst Lamechs Söhne erfinden unter Kains Nachkommen die Lebensart der Nomaden und Beduinen. Der auf Ham erzürnte Noa kündigt dem Kanaan Knechtschaft, dem Sem und Japhet aber Freyheit und Hüttenwohnungen an. Abraham und Isaak suchen nichts so sehr zu verhüten, als die Vermischung ihres Geschlechts mit den Stadtbewohnern. Die ganze Geschichte Lots ist absichtlich dazu aufgestellt, einen Abscheu gegen die städtische Lebensart zu erwecken; und eben so ist sie ganz eigentlich gegen die Vermischung oder Verheyrathung mit Stadtbewohnerinnen und gegen die Annahme ihrer Sitten und Gebräuche gerichtet.

22. §.

Die Städte waren anfangs natürlicherweise nur klein, und jede hatte ihren Beherrscher oder König. So wohnten in dem einen Thale, wo jetzt das todte Meer ist, fünfe, 1 Mose 14, Josua bezwang in wenig Jahren 31. In Macedonien wohnten einst 150 solche Könige. So wie diese Beherrscher erst nach und nach ihre Gränzen und ihre Macht erweiterten; so nahm auch allmählich ihr Ansehn und Luxus zu. Schon frühzeitig erhob sich der Babylonische und Egyptische Staat. Die große Fruchtbarkeit, welche das Uebertreten des Nils über Egypten verbreitete, und die weiten Gränzen dieses Reichs veranlaßten, daß der Egyptische König schon früh einen förmlichen Hofstaat führte, 1 Mose 12, 14. 15. so wie zu Josephs Zeiten schon die bey uns sogenannten Erzämter eingeführt waren, 1 Mos. 40. Der König zu Salem und Abimelech zu Gerar 31), lebten

mehr

---

31) Auch dieser führte jedoch bey der Familie Abrahams einen größern Luxus ein 1 Mos. 20, 16.

mehr noch als Privatpersonen, wie etwa die Könige im Homer.

23. §.

Bey denen, die in Zelten umherzogen, erhielt sich eine größre Einfalt der Sitten weit länger, als bey den Städtern. So findet man selbst noch heut zu Tage zum Theil bey den Tartarischen und Mogolischen Völkern, vorzüglich aber bey den Arabischen Horden, die schon zu Abrahams Zeiten gewöhnlichen Gebräuche. Man suche bey solchen Horden nicht die bey uns eingeführte Feinheit der Sitten und des Geschmacks, oder den in jetzigen Morgenländischen Staaten gewöhnlichen Pomp. Es findet sich bey ihnen kein weiterer Unterschied der Stände, als zwischen Herren und Sklaven. Der Emir, seine Frau und seine Kinder, lassen sich, eben so wie die alten Könige beym Homer, auf die geringsten Beschäftigungen bey Besorgung einer Mahlzeit für Fremde oder bey den Angelegenheiten ihrer Heerde ein. Bey ihrer Liebe und bey der Schließung ihrer Heyrathen findet sich eben so, wie bey ihrer Gottesverehrung, noch nicht die beruhigende Fülle und die zärtliche Vereinigung der Herzen, die jeden andern Gegenstand der Liebe und Verehrung ausschließt und zu entfernen sucht. Man kaufte sich seine Ehegenossin, sahe sie als ein Eigenthumsstück an, und, was jeder bezahlt oder gelohnt hatte, das konnte er nach dem damaligen Gebrauch rechtmäßig nutzen, wie er nur wollte. Man wußte von keinem größern Glück, als von einer zahlreichen Nachkommenschaft, kinderlos zu leben wurde für so schimpflich gehalten, daß sich die unfruchtbaren Weiber gern, wenigstens durch

Unterschiebung einer Beyschläferin, als einer damals üblichen Viceehe, zu helfen suchten. Bey Schliessung der Freundschaften und Bündnisse gaben sie sich einander Geschenke und hielten ein gemeinschaftliches Mahl, wobey es Ehrenbezeigung war, recht viel aufzutragen. Von Gott und göttlichen Dingen hatten sie überaus eingeschränkte Begriffe. Sie wußten nichts bestimmtes von der Unsterblichkeit der Seele, nichts von der, durch die Gewißheit der Vergebung der Sünden erlangten Ruhe und Freude vor Gott, nichts von der Allgegenwart und alles umfassenden Vorsorge des einigen Gottes, dessen Verehrung den Dienst aller andern vermeynten Götter ausschließt. Sie ließen sich vielmehr durch jeden Traum lenken, und sahen jedes vermeynte Wunderzeichen für ein Werk und für eine Erscheinung Jehovens an. — Aber wir sollen doch nach der Lehre Christi und seiner Apostel dem Glauben Abrahams folgen? — Ja wir sollen, ohne viele Künste und weit hergeholte Kenntnisse zu suchen, in wahrer Einfalt des Herzens mit offener Seele, in kindlichem Vertrauen, unsern Gott und Vater verehren, und uns gradehin auf seine Zusagen verlassen! Wer nicht umkehret und wird wie die Kinder, der kann nicht zum Wohlgefallen Gottes gelangen. Jesus selbst lehrt: Je mehr der Mensch sein Herz zur kunstlosen Einfalt zurückführt; desto gegründetere Ansprüche auf wahre Seligkeit des Geistes erhält er. Die Vorträge dieses göttlichen Lehrers zeigen es aus dem Beyspiel des ungerechten Haushalters, des treulos gewesenen Sohnes, des im Bitten ungestümen Weibes, so wie der Brief an die Hebräer Cap. 11. aus den (in andrer Absicht fehlerhaften) Beyspielen der Vorfahren, wie man jenen offenen und zutraulichen Sinn nachahmen soll. Doch um darüber richtig zu urtheilen, muß man erst die alten Erzählungen und die Geschichte der so genannten Erzväter (Urväter) aus den alten schriftlichen Nachrichten selbst lesen, und so seine Vorstellungen von ihrer Lebensart, Religion und Charakter näher bestimmen.

Die Urgeschichten der Vorwelt
nach den
ältesten Urkunden der Hebräer.
Cap. 1. bis 11.

Ardua res est, vetuſtis nouitatem dare, nouis auctoritatem, obſoletis nitorem, obſcuris lucem, faſtiditis gratiam, dubiis fidem, omnibus vero naturam et naturae ſuae omnia.

(Kosmogenie.)

Zuerst schuf Gott den Himmel und die Erde. 1.
Noch war die Erde wüst' und leer, 2.
Mit Dunkelheit umhüllt der obre Raum:
Da regte Gottes Kraft sich in den Wogen.
Gott sprach: Es werde Licht! — Es ward. 3.
Er sah, das Licht war gut, und setzte Gränzen an, 4.
Zu wechseln Licht und Finsterniß.
So rief er Licht zum Tag, und Finsterniß zur Nacht. 5.
Der Abend wich nunmehr, der Morgen kam,
Vollendet war der erste Tag.

Gott sprach: Es sey nun mitten in den Wogen 6.
Ein weiter Teppich ausgespannt!
Er sondere von Wogen Wogen ab;
Den Teppich machte Gott. Es sollten 7.
Die obern Wolken nun vom untern Wasser
Durch ihn geschieden seyn. — So wards.
Es war auf sein Geheiß der Himmelsteppich da. 8.
Der Abend wich nunmehr, der Morgen kam,
Vollendet war der zweyte Tag.

(Die eckigten Klammern enthalten Parenthesen des Textes, die runden aber Einschaltungen zur Erklärung.)

Ich setze hier zwey Uebersetzungen neben einander. Bey der metrischen strebte ich mehr nach Genauigkeit und Treue eines Uebersetzers, als nach den Vorzügen eines Dichters, Wohlklang und Schönheit. Bey der andern brängte ich theils andre Uebersetzungsarten, theils kurze Erläuterungen des Gesagten zusammen. Letztere ist also nicht sowol eine für sich bestehende Uebersetzung, als vielmehr Zusatz und Erklärung der Ersten.

Gott

I. (Urgeschichte der Welt.)

1. Anfänglich schuf Gott Himmel und Erde
2. (die Welt). Die Erde war (einst) wüste und leer, eine mit dickem Nebel umhüllte See.
3. Gewaltige Winde stürmten darüber her. Gott
4. sprach: Es werde Licht! (helle), und es ward Licht. Zufrieden mit dem Lichte, ließ er es
5. mit der Finsterniß abwechseln, und so Tag und Nacht entstehn. Es wurde Abend, und wieder Morgen, und so verfloß Ein Tag.
6. Gott sprach: Es werde ein Teppich in den Wogen, und scheide sie von einander! Gott
7. machte den Teppich, um dadurch die untern Wogen (das Wasser) von den obern (den Wol-
8. ken) abzusondern. Es geschah. So ließ Gott den Himmel (den Luftkreis) entstehn. Es wurde Abend, und wieder Morgen, und so verfloß der zweyte Tag.

9. Gott

---

1. *Himmel und Erde.* Die Hebräer haben kein anderes Wort, das zu benennen, was bey uns Welt heißt.

2. *Der obere Raum.* Was von Luthern durch Tiefe, und von Michaelis, so wie hier in der zweyten Columne, durch See übersetzt wird, scheint mir die obere Region zu bezeichnen. Man vergleiche Cap. 7, 11. und erinnere sich dabey, daß die Ausdrücke Fenster des Himmels und Brunnen der Tiefe, vermöge des Parallelismus, einerley sagen.

2. *Wogen:* ich wußte kein schicklicheres Wort, welches das Wasser, und die sich hernach daraus erhebenden Wolken zugleich anzeigen könnte.

6. *Teppich.* Dies ist hier wol das schicklichste Wort. Es bezeichnet, wie Michaelis bemerkt, Hesek. 1, 22. 23. einen Fußboden. Den hier v. 6. beschriebenen Fußboden der Gottheit läßt der Dichter v. 8. zum Himmel werden, vergl. Ps. 104. v. 3.

Gott sprach: Es gieße sich das Wasser 9.
Hinfort an einen Ort hinab!
Das Trockne komm' empor! Es kam.
Es ward auf sein Geheiß das Trockne — Land, 10.
Die Wassersammlung — Meer! Gott sah mit
Beyfall zu.
Er sprach: Land bringe Kraut u. saamenreiches Korn 11.
Und Bäume, voller Obst, mit eigner Saat
Fürs Land hervor! So ward's. Die Erde brachte
Kraut 12.
Und saamenreiches Korn, und Bäume voller Obst
Mit eigner Saat hervor. Gott sah mit Beyfall zu.
Der Abend wich nunmehr, der Morgen kam, 13.
Vollendet war der Dritte Tag.

Gott sprach! Kommt nun, ihr Leuchten, 14.
Am Himmelsteppiche hervor,
Zu scheiden Tag und Nacht! und werdet Zeichen
Für Monat, Tag und Jahr! Vom Himmelstep-
pich her 15.
Gebt nun der Erde Licht! — So ward's.
Gott machte so, zwey große Leuchten, 16.
Die große für den Tag, die kleine für die Nacht.
Nebst Sternen setzt' er sie am Himmelsteppich hin, 17.
Der Erde Licht zu seyn, zu ordnen Tag und Nacht 18.
Und Licht und Finsterniß. Gott sah mit Beyfall zu.
Der Abend wich nunmehr, der Morgen kam, 19.
Vollendet war der Vierte Tag.

Gott sprach: Nun rege sich im Wasser 20.
Lebendiges! Es fliege von der Erde
Der Vögel Schaar zum Himmelsteppich auf!
So

---

14. Monat: Andre übersetzen Jahreszeiten. Man vergleiche Ps. 104, 19.

20. Und Vögel fliegen. Andre übersetzen: Es wimmele das Wasser von lebenden Thieren und Vögeln, die da fliegen s. Ich folge dem Samaritanischen Text und dem Syrer. vergl. Cap. 2, 19.

9. Gott sprach: Es sammele sich das [untere] Waſſer an einen Ort; ſo daß man das Trockene
10. ſehe. Es geſchah, und ſo ließ Gott das trockne Land, und das Meer entſtehen. Zufrieden
11. damit ſprach er: Das Land bringe Kräuter, ſaamentragende Pflanzen (Kornarten), verſchiedne Fruchtbäume, die ſich ſelbſt, durch ihren in den Früchten enthaltenen Saamen auf Erden fortpflanzen können (Obſtarten) hervor.
12. Es geſchah. Die Erde brachte Kraut hervor, verſchiedene ſaamentragende Pflanzen (Kornarten) und verſchiedene ſich durch den Saamen auf der Erde fortpflanzende Fruchtbäume (Obſtarten). Gott war damit zufrieden. Es wurde
13. Abend und wieder Morgen, und ſo verfloß der Dritte Tag.
14. Gott ſprach: Es ſollen Leuchten am Himmelsteppich ſeyn, Tag und Nacht zu begränzen,
15. die Monate, Tage und Jahre zu bezeichnen, und vom Himmelsteppich der Erde zu leuchten.
16. Es geſchah. Gott machte zwey große Leuchten, die größte (die Sonne) ſollte den Tag, die kleinere, (der Mond) ſollte die Nacht beherrſchen,
17. und auch Sterne. So ſetzte ſie Gott am Him-
18. melsteppich hin, der Erde zu leuchten, Tag und Nacht zu beſtimmen, Licht und Finſterniß zu be-
19. gränzen. Gott war damit zufrieden. Es wurde Abend und wieder Morgen, und ſo verfloß der Vierte Tag.
20. Gott ſprach: Es wimmele das Waſſer von lebenden Thieren, und Vögel fliegen auf der Erde

am

---

9. Das [untere] Waſſer: Die Wogen unter dem Himmel nennen wir allein Waſſer und die Wogen über dem Himmel nennen wir gewöhnlich Wolken.

So schuf nun Gott des Meeres Ungeheuer, 21.
Und was von aller Art im Wasser lebt und schwimmt,
Auch das Beflügelte von aller Art.
Gott sah's mit Beyfall an, rief ihnen Segen zu. 22.
Und sprach: Seyd fruchtbar, mehret euch
Und füllet so die Meere an!
Ihr Vögel mehret euch auf Erden!
Der Abend wich nunmehr, der Morgen kam, 23.
Vollendet war der Fünfte Tag.

Gott sprach: Die Erde bringe 24.
Lebendiges von aller Art hervor
An Vieh und an Gewürm! die Erde sey
Von ihren Arten voll! So ward's.
Gott machte viele Arten Thiere, 25.
Und alles Vieh, und alles Landgewürm.
Er sah mit Beyfall zu, und sprach: Es sey 26.
Der Mensch nun unser Werk! An unsrer Statt,
      uns gleich
Beherrsche er die Fisch' im Meer,
Die Vögel in der Luft, das Vieh, und alles Land,
Und was zu Lande lebt. Und Gott erschuf an seine
      Statt 27.
Den Menschen nun zu seinem Stellvertreter.
Er schuf ihn Mann und Weib, und rief ihm Segen zu: 28.
Seid fruchtbar, mehret euch, erfüllt die Erde,
Sprach er, macht sie euch unterthan,
Beherrscht die Fisch' im Meer, die Vögel in der Luft,
Und was zu Lande lebt und kriecht!
Gott sprach: Ich gebe euch das saamenreiche Korn, 29.
Und was die Erde trägt, die Bäume voller Obst,
Mit ihrer Saat, zum Unterhalt.
Was auf der Erde ist, dem Vogel in der Luft 30.
Und was das Land betritt und lebt,
Dem geb ich alles Gras und Kraut zum Unterhalt.

Es

21. am Himmelsteppich (unter den Wolken). Gott schuf die großen Meerungeheuer und allerley im Waſſer lebende Thiere, auch allerley Geflügel.
22. Er war damit zufrieden und gab ihnen Fruchtbarkeit ſich zu mehren und das Meer anzufüllen. Auch die Vögel ſollten ſich vermehren auf Erden.
23. Es wurde Abend und wieder Morgen, und ſo verfloß der Fünfte Tag.

24. Gott ſprach: Das Land bringe verſchiedene Thiere hervor, allerley Vieh, Gewürme und
25. wilde Thiere. Es geſchah. Gott machte allerley Landthiere (Wild), Vieh und Gewürme. Er war damit zufrieden und ſprach: Laſſet uns
26. Menſchen machen, die an unſrer Statt uns gleich die Fiſche, die Vögel, das Vieh, das ganze Land und was auf dem Lande lebt beherrſchen.
27. Gott ſchuf den Menſchen zu ſeinem Stellvertreter, ſo ſchuf er Mann und Weib (ein Men-
28. ſchenpaar). Er gab ihnen Fruchtbarkeit. Sie ſollten ſich vermehren, die Erde erfüllen, ſie ſich unterwürfig machen und die Fiſche, die Vögel
29. und alle Landthiere beherrſchen. Gott überließ ihnen alle ſaamentragende Pflanzen (alles Korn) und alle Fruchtbäume mit ihren ſaamenreichen
30. Früchten (alles Obſt) zum Unterhalt. Den Landthieren, den Vögeln, dem Gewürme und allem, das auf dem Lande lebt, überließ er das Kraut und die Gewächſe zum Unterhalt. So

31. ge-

Es ward nun so. — Gott sahe jedes Werk, 31.
Das er gemacht, mit großem Beyfall an.
Der Abend wich nunmehr, der Morgen kam;
Vollendet war der Sechste Tag.

So war denn nun der Himmel und die Erde, 2.
Und all' ihr Zugehör, vollbracht.
Am sechsten Tag vollbrachte Gott sein Werk, 2.
Das er gemacht. Und ruhte nun
Am siebenten von dem, was er gemacht.
Da rief er diesem Tag den Segen zu, 3.
Und heiligte ihn so, weil er von allem Werk,
Das er erschuf und machte, nun geruht.

[Dies ist die Urgeschichte des Himmels 4.
und der Erde bey ihrer Schöpfung.]

2. *Am sechsten Tag*: Hier folge ich mit Houbigant der Leseart des Samaritanischen Textes, der Alexandrinischen und Syrischen Uebersetzung des Josephus und Philo, vergl. Cap. 1, 31. Nach der Leseart anderer müßte es heißen, am siebenten Tag. Man sieht leicht, wie diese letztere Leseart, aus Verwechselung mit den Worten in der andern Hälfte dieses Verses, entstanden ist.

3. *Das er erschuf und machte*: Michaelis will hier statt bara lieber bada lesen. Oriental. Bibl. B. IX. S. 172. Allein man sehe was Dathe (im Pentateucho p. 17.) dagegen erinnert.

31. geschah es. Gott war mit allem, was er gemacht hatte, sehr zufrieden. Es wurde Abend und wieder Morgen, und so verfloß der Sechste Tag.

2. So wurde Himmel und Erde (die Welt) und
2. alles ihr Zugehör vollendet. Gott hatte am sechsten Tag dies sein Werk vollendet, und feyerte
3. so am siebenten Tag. Er heiligte den siebenten Tag, und sonderte ihn aus, indem er an demselben von (mit) seinem Schöpfungswerke ruhete (feierte, aufhörte).

4. Dies ist die Schöpfungsgeschichte des Himmels und der Erde (der Welt) (die Kosmogenie).

Erläuterung der Kosmogenie.
Cap. 1, 1. 2, 4.

Ich darf es nicht erst umständlich erweisen, daß diese Urkunde ein für sich bestehendes Stück ist. Der Augenschein lehrt es zu deutlich. Cap. 2, 4. findet sich ein eigner dazu gehöriger Titel, der es von dem Folgenden absondert. Von da an herrscht ein ganz andrer Gang in der Erzählungsart, in den Ausdrücken, in der Benennung Gottes. Dies vor uns liegende Stück selbst ist sichtbarlich nach einem besondern Plan bearbeitet. Alle Vorstellungen darin nehmen einen absichtlich abgemessenen Gang, und laufen endlich gleichsam in einen Punkt zusammen. Kurz wir haben hier Ein Ganzes, ein Schöpfungslied, oder soll ich sagen, ein Sabbathslied, vor uns.

Dies vorausgesetzt quäle ich mich nicht mit tausend Grillen solcher Ausleger, die diese Urkunde bloß nach ihrem Sinn und Gedanken mißhandeln. Ich lasse sie in jedem Worte Belehrungen der Gottheit, über das Entstehn des Weltalls und der Ausbildung der Natur, finden; lasse sie bey jedem Worte Geheimnisse der vielleicht erst ihnen wieder bekannt gewordenen, oft noch dazu ganz irrigen Naturkunde ausspähen; lasse sie planmäßige Bestreitungen Egyptischer Irrlehren darin entdecken. Mag doch jeder seine Vorstellungen vom Ursprung der Welt nach Belieben in diese Schilderung hineintragen, oder darnach formen. Ich finde in dieser Urkunde nicht den Ton eines belehrenden, dogmatisirenden Weisen, nicht die Künsteley eines Geheimnisse entdeckenden Naturkundigen, nicht den schlauen Plan eines pole-
mi-

mifirenden Gesetzgebers 1). Ich finde den simplen und kraftvollen Gang eines Dichters der Vorwelt, der nach seinem Zeitalter anpassenden Vorstellungen die Schöpfung in unnachahmlich edler Einfalt mahlt, und so mit eindringendem siegenden Feuer die Seinen anreizt, jeden andern Tag der Arbeit, den Sabbath aber der Ruhe zu weihen.

Ich muß, bey Erklärung dieses Stücks, die bloß dem frühesten Alterthum angemessene kunstlose Erhabenheit des Dichters bewundern, mit der er uns den unsichtbaren Gott als Schöpfer versinnlichet. Er läßt ihn bloß sprechen, und denn seinen Willen, unbekümmert durch was für Mittel, geschehen. Er schildert ihn, wie er, als Herr seiner Werke, ihre Namen bloß nennt, um sie zu ihren Bestimmungen zu leiten. Erst bringt er den Wohnplatz in Ordnung; denn bepflanzt und bevölkert er ihn für jetzt und auf folgende Zeiten mit stufenweise erhabnern Geschöpfen, bis endlich der Mensch, als das Hauptwerk seiner Schöpfung, als sein Statthalter und als ein Herr der andern Geschöpfe, feyerlich dargestellt wird. Billig richten wir bey Erklärung dieser Urkunde unser Augenmerk auf die darin vorkommenden nach damaligen Kenntnissen abgemessenen Classificationen der Dinge, auf die entgegengesetzten sich einander erklärenden Wiederholungen (Parallelismus membrorum) als die Stanzen alter Dichtkunst, und auf die dabey

F   an-

---

1) Ich finde nach meinem Gefühl in diesem Gedichte nicht die mahlerische Beschreibung des werdenden Tages, wie Herder nach seiner Erklärung der ältesten Urkunde des Menschengeschlechts. Der Dichter hat freylich wol seine Ausdrücke, Bilder, Gedankenfolge daher genommen, aber er hat sie doch sichtbarlich zur Kosmogenie übergetragen. Noch weniger finde ich hier den Ursprung der Sprache, den ein neuerer Ausleger sinnreich hineinträgt.

angebrachten Zwischendichtungen, welche die Stelle unsrer Strophenabtheilungen oder Pausen vertreten. Durch diese Abtheilung in Tagewerke rückt uns der Dichter seinem Ziele der Schilderung einer beruhigenden uns zur Aehnlichkeit der Gottheit führenden Freude über eine durch die Sabbathsfeyer beendigte Arbeit stufenweise entgegen.

Und nun noch einige Bemerkungen über einzelne Stellen dieses so planen und eben dadurch so erhabenen Gedichtes.

Der Titel dieser Urkunde ist hier Cap. 2, 4. derselben nachgesetzt. Es ist dies bey den Hebräern gar nicht ungewöhnlich. Man sehe zum Beyspiel Cap. 10, 20. 31. 32. 36, 19. 30. Ps. 72, 20. Doch dies geschahe überhaupt wol bey allen rohern Völkern. Wir finden es selbst in den Handschriften des Mittelalters.

Der Ausdruck Zuerst (im Anfang) ist fast von allen Auslegern so gedeutet, wie er offenbar den damaligen Zeiten und Kenntnissen gar nicht angemessen seyn würde; wenn man nämlich, wie schon Basilius will, hier an den Anfang der Zeiten und des Seyns gedenken soll. Augenscheinlich ist dieser Ausdruck in Beziehung auf die folgenden 7 Tagewerke zu nehmen.

Wüste und leer: Wenn einige Ausleger, z. B. Hezel S. 20. seiner Bibel, hier den alten Dichter an die neuere Bemerkung der Weltweisen denken lassen: daß die Erde vor ihrer jetzigen Form schon eine andre gehabt haben müsse; so vergessen sie das Alterthum dieser Erzählung ganz, oder erdichten dabey eine zwecklose göttliche Offenbarung.

Got-

Gottes Kraft (der Geist Gottes): Theodoret schon erklärt diesen Ausdruck vom Winde, und bemerkt, daß Pf. 147, 18. eben diese Bedeutung vorkomme (Quaest. 8. in Genes. Edit. Sirmond. Paris. 1642).

Gott sprach es werde Licht, und es ward Licht: Schon Longin c. 6. bewundert das Erhabene dieses Ausdrucks.

Licht: Wer hier an Aether denkt, vergißt das Zeitalter, worin der Dichter lebte, eben so wie Abarbanel, der hier an die Schechina erinnert.

Die obern und untern Wasser machen den Auslegern, die sich in die eingeschränkten Vorstellungen des Dichters nicht finden können, viel zu schaffen. Viele umgeben die ganze Welt mit einer Wassersphäre. Crusius läßt sich darin die Gestirne spiegeln und so die Milchstraße entstehen.

Saamenreiches Korn: Hezel denkt hieben an den befruchtenden Blumenstaub; aber wol sicher nicht der alte Dichter, der jedoch Kraut, Korn und Obst schon unterschied, so wie hernach v. 25. Vieh Gewürm und Wild.

In dem Ausdruck: Laßt uns Menschen machen, wo neuere Dogmatiker die Dreyeinigkeitslehre, andre aber die vornehme Hofsprache finden, herrschet noch nicht die Mosaische Vorstellung von dem Einzigen alles unmittelbar wirkenden Jehova.

Gott schuf den Menschen an seine Statt (zu seinem Bilde): Die Ausleger, sonderlich die Dogmatiker wissen uns hier von einer verlornen Gleichförmigkeit mit Gott viel zu erzählen. Die alten Urkunden wissen davon nichts. Man sehe die Geschichte Noas Cap. 9, 6. vergl. Cap. 3, 22. und was ich bey Cap. 5, 1 — 3. zu erinnern habe.

Es ist eine bey den alten Weltweisen überall angenommene Meinung, daß der Mensch unter den lebenden Geschöpfen zuletzt erschaffen worden. Man sehe beym Plato (Protag. p. 320. 321. nach Serrani Ausgabe.) u. s. w.

Gott sahe, was er gemacht, mit Beyfall an (daß es gut war): Auch beym Plutarch (in vita Lycurg. p. 57) heißt es: Plato sagt: die erschaffene und ihre erste Bewegung erhaltende Welt belustigte Gott.

Die dichterische Einkleidung dieser Schöpfungsgeschichte in Tagewerke, welche Zachariä nachahmte, da er die Schöpfung der Hölle besang, und sein Gedicht nach Klopstocks Wink in 3. Nächte abtheilte 2), hat fast alle Ausleger veranlaßt, sich eine wirkliche sechstägige Schöpfung zu denken, und entweder die Schöpfung der ganzen Natur oder des Sonnensystems oder auch die Umbildung unsrer Erde in eine solche Zeit zu vertheilen 3). Daher kam die eitle Frage: Wie lange ein solcher Schöpfungstag gewähret habe. Whiston (in seiner New Theory of the Earth) ließ sie ein Jahr dauern. Silberschlag berechnet (in seiner Geogenie) ihre Dauer aus mechanischen hierher gar nicht passenden Grundsätzen.

Die Zählung der Tage nach der Zahl Sieben muß von der ältesten Zeit her üblich gewesen seyn. Man sehe 1 Mos. 8, 10–12. 29, 27. 4 Mos. 12,

---

2) Auf eine ähnliche Weise vertheilt Hesiodus (in seinem Gedicht Werke und Tage) die Beschreibung des Herabsinkens der Menschen von ihrem ursprünglichen Glück in vier Zeitalter. Ihm folgt hierin Ovid in seinen Verwandlungen und andre.

3) Die Beschreibung einer Umbildung der Erde finden hier Jackson, Whiston, Rosenmüller, Hezel, Dathe, Döderlein und andre.

12, 5. Ueberdas erzählt Dio Cassius in seiner Römischen Geschichte, daß es bey einigen Völkern, sonderlich bey den alten Griechen und Römern, abgekommen wäre, die Tage nach Wochen zu rechnen. Unstreitig hatte die Bemerkung der sieben vermeinten Planeten, und der Glaube, daß diese die Tage beherrschten, solche Rechnung veranlaßt, wie solches auch schon Dio Cassius (B. 37.) bemerkt, und Herodot (B. 2, Cap. 82.) diese Erfindung den Egyptern zuschreibt.

Will man diese Kosmogenie der Hebräer beurtheilen; so vergleiche man sie mit den Kosmogenien anderer Völker der Vorwelt 4), und der neuern Zeit, oder auch mit den mehr systematisch ausgedachten Theorien älterer und neuerer Weisen. Gewiß jeder, der je kunstlose Erhabenheit, reine Simplicität, und geistvolle Belehrung in Freude versetzt und zur Andacht erhebt, stimmt in den freudigen Dank der Tausende ein, die dem Urheber menschlicher Weisheit, für die Erhaltung dieses Gedichts der frühen Vorwelt, Lob und Anbetung darbringen. Was ist mir ein Cartesischer, auch von Mendelssohn berichtigter Beweis vom Daseyn Gottes, wenn ich ihn gegen dieses Gedicht nach der Wirkung, die beyde auf mein Herz machen, abmesse? Mögen doch Celsus, Sim-

---

4) Man vergleiche zum Beyspiel die Ueberreste, welche uns aus den Schriften des Berosus und Sanchuniathon, der den Jahrbüchern des Taauts gefolgt war, noch aufbehalten sind. Die Theogenie des Orpheus, die von Egypten herstammt und die wir aus den Schriften der Pytagoräischen und Platonischen Weltweisen kennen, und was wir beym Aristoteles, Epicur, Hesiodus, Ovidius und andern alten Weltweisen und Dichtern finden, scheint daher und aus ähnlichen Quellen geschöpft zu seyn.

plicius s), und von den neuern Bolingbroke, Edelmann und andre diese Schilderung der Schöpfung verachten! Ich glaube hier sagen zu dürfen: Ihr, die ihr in Beurtheilung dieses Stücks anstehet, höret nicht auf die Verdrehungen der Ausleger! Ihr, die ihr es verachtet — Ihr habt vereckelte Sinne!

5) Celsus verwarf es als unvernünftig, wie uns im 6ten Buch des Origenes wider ihn p. 309. erzählet wird. Simplicius behauptete, es sey aus Egyptischen Fabeln hergenommen. libr. 8. in Phys. Aristotelis Sect. 11.

(Urgeschichte des ersten Menschen.)

4. Als Gott Jehova Erde und Himmel bereitete:
5. da war noch kein Gesträuch auf Erden, es sproßte noch kein Kraut auf dem Felde hervor; denn Gott Jehova ließ noch nicht auf den Erdboden regnen, und es waren noch keine Men-
6. schen da, ihn anzubauen. Nun aber stieg ein Nebel auf von der Erde, und befeuchtete alles
7. Land. Gott Jehova bildete den Menschen (Adam) aus Staub von der Erde (Adama) und theilte ihm den Odem [in seine Nase] mit, so daß er anfing zu leben.
8. Gott Jehova hatte vormals in Eden (Wolluft) eine Lustgegend bereitet, den neugebildeten
9. Menschen dahin zu setzen. Er hatte daselbst allerley schöne und fruchtbare Bäume wachsen lassen. Es war auch der Baum des Lebens (der Gesundheit, des Heils), und der Baum der Prüfung (der Weisheit) darin. Aus (Um) Eden

---

6. Stieg ein Nebel: Der Alexandriner übersetzt: Es brachen Quellen aus der Erde hervor," und feuchteten ꝛc.

8. Vormals (ehedem): Andre übersetzen, gegen Morgen. Bekanntermaßen kann der hier vorkommende Ausdruck beydes heißen. Hier kann wol nicht von der Weltgegend die Rede seyn. Man vergleiche Pf. 139, 5. Jes. 2, 6. 1 Mos. 10, 30. 11, 2. 5 Mos. 33, 15. 27. Pf. 68, 34. 44, 2. 74, 12. 78, 2. Mich. 5, 1.

8. Den neugebildeten Menschen: den Menschen, welchen er gebildet hatte.

9. Und der Baum der Prüfung: Die mehresten Ausleger denken sich hier nach Cap. 3, 22 — 24. zwey verschiedne Bäume. Es kann aber auch heißen der Baum des Lebens, der auch ein Baum der Prüfung war. So übersetzt Bahrdt in der kleinen Bibel. Berlin 1780. 8. Seite 4.

10. Eben her ergoß sich ein Strom, der diese Gegend bewässerte und sich daselbst in 4. Arme
11. (Hauptwasser) vertheilte. Der eine Fischon
12. umfloß das ganze Land Chavila, wo man vortrefliches Gold, Perlen und Onychstein fand.
13. Der andre Gihon umfloß das ganze Land Kosch.
14. Der dritte Hidekel floß auf der Morgenseite von Assyrien, der vierte war der Phrath.

15. In diese Gegend Edens brachte Gott Jehova den Menschen, sie anzubauen und zu bewahren,
16. mit der Vorschrift: Er dürfe von allen Bäu-
17. men der Gegend essen; nur nicht von dem Baum der Prüfung (der Weisheit) denn wenn er davon äße, so würde er sterben (sein Glück verscherzen).

Gott

9. Der Baum der Prüfung: Wörtlich: der Baum der Erkenntniß des Guten und Bösen, d. i. der Baum der Weisheit, denn Gutes und Böses erkennen lernen heißt bey den Hebräern so viel, als zur Reife des Verstandes gelangen. Vergl. Jes. 7, 15.

9. Darin: Wörtlich: Mitten im Garten (in der Gegend).

10. Aus Eden: Michaelis übersetzt: Es quollen auch Flüsse aus Eden hervor, den Garten zu wässern, und sie gingen immer weiter von einander und hatten 4 Ursprünge oder Quellen.

12. Vortrefliches Gold: W. Daselbst war Gold, und das Gold dieses Landes war schön.

13. Kosch oder Kusch das Land der Midianiter gegen Egypten zu.

17. Wenn er davon äße: W. Am Tage seines Essens.

18. Gott Jehova hielt es nicht für gut, den Adam allein zu lassen. Er beschloß, ihm eine Gattin zu geben, die sich für ihn schickte. Er ließ
19. allerley Thiere und Vögel, die er aus Erde gebildet hatte, vor Adam kommen; um zu sehn, wie er sie nennen würde: denn wie er jedes Thier benennen würde, so sollte es heißen (um zu sehn, wozu er sie bestimmen würde, denn das sollte
20. ihm frey stehen). Adam gab auch jedem Vieh, Vogel und Thier seinen Namen (Er beherrschte alles): aber es fand sich keine Gattin für ihn.
21. Nun ließ ihn Gott Jehova in eine Entzückung fallen, er nahm seine Seite, die er wieder zu-
22. wachsen ließ, und bildete ein Weib daraus, das
23. er ihm zuführte. Adam sprach: Dies ist mein Fleisch und Bein! (Er merkte, es sey seiner Art und gehöre ihm zu.) Daher benannte man das Weib (Ischa), nach dem Mann (Isch). Daher muß sich das Weib nach dem Mann richten); denn von dem ist es genommen (es gehört mit ihm

18. Gattin: Dies Wort drückt genau das Hebräische aus, das so viel als Hülfe, aber dem Arabischen zufolge auch Jungfrau heißen kann.

19. Allerley: eigentlich Alle. Wer wird aber, wie Hermann von der Hardt (in epist. ad Noltenium, de vocatis ab Adamo animalibus. 1705. 8.) jedes Thier einzeln kommen und vom Adam beurtheilen lassen?

21. Entzückung: So übersetzt schon der Alexandriner.

21. Seite: Das lateinische Wort costa heißt Seite, wie bey den Franzosen das Wort côté.

23. Fleisch und Bein vergl. Cap. 29, 14.

24. ihm zusammen), und daher verläßt auch ein Mann seine Eltern und hält sich zu seiner Frau (Es ist keiner an seine Eltern so sehr gebunden, als an seine Frau), mit der er zusammen gehöret (mit der er gleichsam eine Person ausmacht).

25. Adam und seine Frau waren beyde nackend,
3, 1. aber sie lebten in Unschuld. Der Nachasch (die Schlange), der an Einsicht über alle Landthiere, die Gott Jehova gemacht hatte, erhaben war, sprach einst zur Frau: Sollte euch Gott untersagt haben, von allen Bäumen der Gegend zu essen?

2. Die Frau gab zur Antwort: Von allen Bäu-
3. men der Gegend dürfen wir essen, nur von dem Einen hat Gott zu essen und ihn zu berühren bey Todesstrafe verboten.

4. Der Nachasch: Ihr werdet sicher nicht ster-
5. ben, Gott weiß es vielmehr, sobald ihr davon esset, werden euch eure Augen aufgehn (ihr werdet Wollust empfinden), Ihr werdet gleich Gott Glück

---

24. Mit der er zusammen gehört: W. Sie sind ein Fleisch.

25. In Unschuld. Man denke hier nicht an hohe Reinigkeit in der Moralität, sondern an physische Unerfahrenheit. Wörtlich: Sie schämten sich nicht, d. i. sie empfanden keine Leidenschaft. Der Gegensatz ist das, was v. 5. die Augen öfnen (Wollust empfinden) heißt.

1. Nachasch: Dieser Ausdruck wird von den Zauberern, vergl. 4 Mose 24, 1. 1 Mose 30, 27. 44. 5. 1 König. 20, 33. aber auch in guter Bedeutung gebraucht v. Deylingii observat. S. P. 3. c. 10.

Glück und Unglück unterscheiden (Weisheit erlangen).

6. Da nun die Frau sahe (vernahm), daß er gut zum Essen (eßbar) wäre, und daß er nicht nur schön von Ansehn, sondern auch angenehm wäre, weil er Einsicht verschafte: so aß sie davon, und ließ auch ihren Mann davon essen. Nun
7. empfanden sie Wollust, sie bemerkten ihre Blöße, und flochten daher Feigenlaub zusammen, womit sie sich umgürteten.
8. Darauf hörten sie in ihrer Gegend am Abend die Stimme des Gottes Jehova (den Donner), und Adam verbarg sich nebst seiner Frau vor seinem Anblick (vor dem Blitz) in den Bäumen
9. der Gegend. Gott Jehova rief nun: Adam, wo
10. bist du? Adam: Ich hörte hier deine Stimme und verbarg mich, da ich mich scheuete, indem ich meine Blöße empfand.
11. Gott Jehova: Wer hat dir deine Blöße entdeckt? Hast du nicht von dem Baum gegessen, den ich dir verboten hatte?
12. Adam: Die Frau, die du selbst mir zugeführet hast, gab mir davon, und ich aß.
13. Gott Jehova zur Frau: Warum thatest du das?

Die Frau: der Nachasch verführte mich dazu, daß ich aß.

Weil

7. Feigenlaub: vergl. Nehem. 8, 15. Andre übersetzen Blätter von Feigenbäumen.

8. Am Abend: W. beym Winde des Tages. Dies ist der morgenländischen Witterung gemäß ein Gegensatz von der Hitze des Tages vergl. K. 18, 1. und Hohelied 2, 17.

14.
Weil du denn dies gethan;
So setz ich dich herab
Zum Vieh, zum Erdgewürm!
Zum Boden hingestreckt,
In Staub gelegt, sollst du
Ihn küssen immerdar!

15.
Nie hört die Feindschaft nun,
Ich selber stifte sie,
Bey dir und bey der Frau,
Auch bey den deinen nicht
Und ihrem Anhang auf!
Er stellet deinem Kopf,
Du seiner Ferse nach!

16.
Auf dich, sprach er zur Frau,
Leg ich viel Last und Schmerz —
Bey deiner Schwangerschaft —
Bey deiner Niederkunft!
Und dennoch rege sich
In dir die Lust zum Mann,
Daß er dir Gatte sey!

17.
Und du! sprach er zum Mann,
Du folgtest deiner Frau.
Von dem verbothnen Baum
Nahmst du! Nun sey dafür
Das öde Feld für dich!
Mit Mühe nähre dich
Dein lebelang davon!

14. Gott Jehova zu diesem: Weil du das gethan hast, so sollst du mehr verabscheuet werden, als die Thiere und das Vieh (der verabscheuungswürdigste seyn). Kriechen sollst du und Staub lecken, so lange du lebst (du sollst erlegt werden und immerdar zu Boden liegen).

15. Ich errege Feindschaft zwischen dir und der Frau, deiner und ihrer Nachkommenschaft, die wird deinem Kopfe, du aber ihren Fersen nachstellen. (Ich errege eine dauerhafte Feindschaft zwischen dir und der Frau. Man wird dir die Macht zu benehmen suchen, doch deine List wird sich dagegen setzen).

16. Zur Frau sprach er: Dir lege ich viel Beschwerden mit deiner Schwangerschaft auf. Mit Schmerzen wirst du Kinder gebähren, und doch wieder Begierde nach deinem Mann empfinden, daß er dir beywohne.

17. Und zum Adam sprach er: Weil du (nicht mir sondern) deiner Frau gefolgt bist, und von dem verbothenen Baum gegegessen hast; so sey das öde Land für dich. Da nähre dich mit Mühe lebenslang. Es wird dir Dorn und

---

14. **Mehr als die Thiere**: Dathe übersetzt: von allen Thieren, und beruft sich auf Cap. 4, 11. 34, 19. um zu beweisen, daß die andern Thiere dem Fluche nicht mit unterworfen worden.

14. **Staub lecken**: Vergl. Jes. 49, 23. Mich. 7, 17. Pf. 71, 9. 102, 10. Hiob 19, 25.

15. **Nachstellen**: Vergl. was Dathe bey dieser Stelle sagt.

16. **Daß er dir beywohne**: Insgemein übersetzt man: Er soll dein Herr seyn, das war er aber vorher schon vergl. 2, 23. 24. Das hier vorkommende Wort zielet auf den Beyschlaf. Vergl. Funccii Symbolae ad interpr. S. C.

Wenns Dorn und Disteln trägt, 18.
So iß des Feldes Kraut,
Und such im Schweiß dein Brodt! 19.
Auf immer kehrst du nun
Zu deinem ersten Land!
Von seinem Staub wardst du,
Dahin kehrst du zurück!
(Und such im Schweiß dein Brodt, 19.
Bis dich das Erdreich einst,
Davon du kamst, umhüllt!
Von seinem Staub kamst du,
Dahin kehrst du zurück.)

18. und Disteln tragen, und du wirst die Gewächse des Feldes essen (von Kraut leben
19. müssen). Im Schweiß deines Angesichts (mit vieler Mühe) sollst du deinen Unterhalt suchen, bis du zur Erde wiederkehrest, davon du genommen bist; denn du bist Staub und wirst dazu zurückkehren.

19. Bis: Da dies Wort vergl. Hiob 20, 4. Jes. 9, 5. 45, 17. 57, 15. 65, 18. immer heißt, so kann man auch übersetzen: Auf immer kehre zu dem (öden) Lande zurück, wo du herkommst, denn du bist vom Staube (dürren Felde) her, und dahin kehre nun zurück. Adam war nach Cap. 2, 7. im dürren Felde erschaffen, und wurde nach v. 8. und 15. ins Paradies gesetzt vergl. v. 23. Die Construction Schubcha (Reuertere tibi) ist im Arabischen sehr gebräuchlich und auch im Hebräischen nicht unbekannt.

Adam

20. Adam gab seiner Frau den Namen Eva (Chava Beleberin), da sie Mutter aller Lebenden
21. seyn sollte. Gott Jehova ließ sie sich in Thier-
22. felle kleiden. Er sprach: Adam ist nun uns gleich geworden, er kennet das Gute und das Böse (besitzt Beurtheilung). Doch nun soll er auch seine Hand nicht ausstrecken von dem Lebensbaum zu essen, um ewig zu leben. Er ließ
23. ihn daher aus der Lustgegend Edens, sein ursprüngliches Land zu bauen. So trieb er ihn
24. aus, und lagerte seinen Cherub (Donnerwagen) mit hin und her fahrenden Blitzen über die Lustgegend Edens, um den Zugang zum Lebensbaum zu verwahren (Er verscheuchte ihn vom Lebensbaum durch die Schrecken eines Gewitters).

21. Ließ sie sich in Thierfelle kleiden.: W. machte ihnen Röcke von Fellen (noch andere für die Haut), und zog sie ihnen an.

22. Ist nun uns gleich geworden: Andre übersetzen: Ist uns gleich gewesen, zu wissen, was gut und böse ist.

24. Donnerwagen: Warum Herder gegen diesen Ausdruck in seinem Geist der hebräischen Poesie so eifert, weiß ich nicht: da es meines Wissens weder Michaelisen, gegen den er zu streiten scheint, noch irgend einem andern eingefallen ist, sich hier einen mit Pferden bespannten Wagen zu denken. Jeder nimmt, wie Herder, eine Sphyngische Gestalt an. Der Ausdruck Donnerwagen ist bloß aus der Mythologie der alten Deutschen und von unsern Kinderbegriffen hergenommen. Nur der Name ist beybehalten, der Begriff hat sich umgeändert, wenn man ihn auf morgenländische Mythologie anwendet.

Erläuterung der Urgeschichte der Menschen.
Cap. 2, 4. und 3, 24.

Sehr sichtbar ist es, daß auch dieses Stück eine für sich bestehende Urkunde ist, die weder mit dem Vorhergehenden noch mit dem Folgenden in unmittelbarer Verbindung steht. Schon der hier beständig und sonst nie vorkommende Name Gott Jehova (Jehova Elohim) lehrt dieses. Es findet sich hier eine besondre, diesem Stück allein eigenthümliche Sprache und Erzählungsart. Allenthalben zeigen sich einander ähnliche, zusammenstimmende, sinnliche, in starken Zügen ausgedrückte, oder, soll ich sagen? emblematische Vorstellungen. Ich werde nicht nöthig haben, mich zu vertheidigen, daß ich von der sonst üblichen Abtheilung abgegangen bin. Gehn doch die Ausdrücke des vorigen und dieses Stücks merklich genug von einander ab. Hier heißt es: Jehova Gott bereitete Erde und Himmel, im Schluß des Vorigen bey der Schöpfung des Himmels und der Erde.

Viele Ausleger finden hier eine kahle nackende Erzählung lauter wirklich geschehener Dinge, und glauben, durch diese vermeinte unmittelbare Belehrung der Gottheit, manche ihnen sonst unauflösliche Fragen vom Ursprung des Menschen und seinem ersten Zustande, so wie vom Ursprunge des Bösen und der Wiederherstellung des Glücks der Menschen, gehörig enträthseln zu können 1). Andre

---

1) Fast alle ältere Ausleger, auch Heß und Lilienthal, denken bey der Verführung an eine besessene Schlange. Abarbanel, Sime on

dre glauben in dieser Erzählung eine Allegorie zu finden 2), oder sie lassen sich durch die Behauptung eines bloß historischen Sinnes dieser Erzählung blenden und durch andere Bemerkungen verleiten, in diesem uralten Gedicht nur Widerspruch und Unsinn zu sehen 3). Um richtig darüber urtheilen zu können, halte ich es bey diesem mehr zusammengesetzten Stück für billig, erst die darin enthaltenen einzelnen Theile und Schilderungen genauer anzusehn, und dann zu ver-

meon de Muis, Clericus, der Verfasser der Wertheimer Bibel, Eichhorn, Döderlein, Dathe, Hezel, Leß, der Verfasser des Versuchs einer neuen Aussicht über die Geschichte vom Fall, Gotha 1785. finden eine bloß natürliche Schlange; Cajetanus, Becker, Joachim Lange und Tennisson dagegen einen bloß geistigen Teufel. Die Ophiten dachten bey der Schlange gar an den Sohn Gottes, wie Wegleiter und Klemm bemerken. Viele, z. B. Delany, Barrington, halten den Prüfungsbaum für eine giftige Pflanze. Andre, sonderlich Ernesti (in Opusc. Theolog. p. 230.), streiten wider diese Meinung. Einige denken bey der Prüfung des Menschen durch den Baum der Weisheit an den Reiz zur Wollust. Ich wünschte, daß sich meine Leser dabey an die Talmudischen Grillen von der Lilith und Chava erinnerten. Die hieher gehörigen, zum Theil schmuzigen Schriften sind: Der Baum der Erkenntniß des Guten und Bösen mit philosophischen Augen betrachtet von einem Weltbürger. Berlin, 1760. 8. Beverlands Peccatum originale. Eleutheropoli 1678. 8. Philosophische Untersuchung von dem Zustande des Menschen in der Erbsünde aus dem frz. übers. v. M. Frnkf. und Lpz. 1746. Helmont, Agrippa, Burnet, Clericus, Edelmann und andre stimmen ihnen bey.

2) Schon unter den Alten finden sich viele, die dieses Gedicht allegorisch erklären, zum Beyspiel Philo (de mundi opificio), Maimonides (in More Nevochim). Ihnen treten, außer den Mystikern, auch Middleton, Jerusalem und andre bey. Was der Verfasser des Buches über Irrthümer und Wahrheit eigentlich davon sagen will, verstehe ich nicht weiter, als daß er diese Erzählung auch zur Hieroglyphe macht.

3) z. B. Bolingbroke, Tindal, Blouet, Voltaire, Parvisch.

versuchen, ob sich das Ganze vielleicht in einen Blick zusammen fassen läßt.

Die Schöpfung des Menschen.

Zuerst schildert der Dichter den Zustand der Welt bey der Schöpfung des Menschen. Die Erde war noch ohne Gewächse und Fruchtbarkeit, als Gott durch aufsteigende Nebel den Staub der Erde anfeuchtete, den Menschen daraus zu bilden, den er nachher belebte. Die hier herrschende Vorstellung von Erzeugung des ersten Menschen ist völlig den ältesten Zeiten angemessen. Er wird aus angefeuchteter Erde, gleich als vom Töpfer, geformt. Ließen doch die Alten alle ihnen unbekannte Zeugungen aus dem Schlamm an den Ufern der Flüße und Meere hervorgehn.

Nachdem es der Dichter geschildert, wie Gott den Menschen belebt habe: so läßt er ihn auch Wohnung, Unterhalt, Belehrung und Gesellschaft für denselben besorgen.

Das Paradies.

Die Schilderung der goldnen Zeiten der ersten Menschen ist ganz so, wie sie sich aus dem Alterthum von dem Geschmack eines morgenländischen Dichters erwarten läßt. Die Beschreibung des Paradieses ist der Schilderung des Sommeraufenthalts eines morgenländischen Fürsten nicht ungleich. Eine Gegend von Strömen gewässert, mit schattigen fruchtbaren Bäumen besetzt. Vorzüglich findet sich ein Gesundheits- oder Glückseligkeitsbaum darin zur Panacee wieder alle Gefahren. Dabey steht der durch äußerliche Reize an sich lockende Baum der Prüfung, der in dem Genuß seiner Früchte zwar Klugheit und höhere Einsicht darbietet, eben dadurch aber Gefahr,

fahr, Unglück und Tod unvermeidlich macht. Hier lebt der Mensch als ein Herr der Erde ohne Sorge und Mühe, und erhält vom Jehova selbst Unterricht und Belehrung.

Die Ausleger haben sich sehr viel Mühe gegeben, aus den hier vorkommenden Namen die Lage des Paradieses zu errathen. Da aber fast jeder dabey seine besondern Einfälle hat, und da überbas, wie schon oben bemerkt ist, auch eine Verschiedenheit in der Uebersetzung statt finden kann: so treffen ihre Vermuthungen ganz und gar nicht zusammen. Die ältern Meinungen findet man beym Bochart, Heidegger, Reland, in der allgemeinen Welthistorie, im englischen Bibelwerk und bey andern gesammelt. Michaelis findet Eden in der Gegend vom Euphrat und Tiger (Hidekel) bis zum Araxes (ehemals Fischon oder Phasis genannt) und Oxus (der Gihon geheißen haben soll und von den neuern Abi Amu oder Amudaria genannt wird), wo jetzt Armenien, Ghilan, Dailem und Chorasan liegt, und schließt daraus, daß die Sündfluth nicht viel geändert haben müsse. (Man sehe seine Anmerkungen zu dieser Stelle.) Gatterer in der Einleitung zur synchronistischen Universalhistorie, denkt bey dem Hidekel an den Fluß des Hindu oder Indus. Hezel meint (S. 38. s. Bibel), es ließe sich kaum erwarten, daß man nach einer so langen Zeit die Flüsse und die Gegend noch so fände. Herder bringt in den Geist der hebräischen Poesie tiefer ein. Das Paradies ist bey ihm (S. 151.) „Schönheit und Ruhe, Gesundheit und Liebe, „Einfalt und Unschuld." Er wirft (S. 153.) die Frage auf: „Hat jemals ein Paradies existiret? und „ist nicht alles poetische Sage? Moses giebts offen= „bar als ein weit entlegenes, ihm unbekanntes Feen= „land an, und setzt es grade in die fernen Gegenden,

„dahin

„dahin die Fabel alles Wunderbare setzte. An die
„Goldflüsse, den Phasis, der Kolchis umfließt, den
„Oxus, der Kaschmir umgiebt, den Indus und Eu-
„phrat. In diesem weiten Lande, das er Eden, ein
„Land des Vergnügens nennt, läßt er Gott einen
„Garten pflanzen. S. 154. heißt es: das Fabelland
„ist, wohin die Nationen der alten Welt ihre schönsten
„Zauberideen, das goldne Vließ, die goldnen
„Aepfel 4), das Gewächs der Unsterblichkeit u. s. f.
„setzten. Es war der Garten ihrer schönen Götter
„und Genien, der Osinns, Peris und Neris nebst
„andern Zauberwesen."

Ich werfe hier bloß die Frage auf: Sollte man
das Eden der Hebräer wol nicht mit dem κοσμος der
Griechen oder dem mundus der Lateiner vergleichen,
und es, da bey allen diesen Worten der Begrif des
Angenehmen und Schönen zum Grunde liegt, von
der bewohnbaren Welt der Alten verstehen können?
So scheint mir wenigstens Josephus den Sinn davon
genommen zu haben, wenn er in seinen Alterthümern
B. I. c. 2. sagt: „Dieser Garten wird gewässert und
„befeuchtet von einem Wasser, welches rings um die
„ganze Erde läuft und sich dann in 4 Flüsse verthei-
„let. Der erste Phison (welches eine Vielheit und
„Menge bedeutet), bey den Griechen Ganges genannt,
„hat seinen Lauf in Indien, und ergießt sich ins dortige
„Meer. Der Euphrat und Tiger fließen in das
„rothe Meer. Der Euphrat heißt auch Phora (das

heißt

---

4) Ich kann hier nicht unterlassen, an das zu erinnern, was Wi-
tringa in seinen Observatt. libr. IV. c. 12, §. 15. p. 990.
über den Ausdruck goldne Aepfel gesammelt hat. Er zeigt daß
goldne Aepfel bey den alten Dichtern schöne gelbe Aepfel heiße.
Auch erklärt Athenäus das Stehlen der goldnen Aepfel aus den
Gärten der Hesperiden vom Verpflanzen der Orangerie nach
Griechenland aus Africa durch Hercules."

„heißt eine Blume). Der Tiger heißt sonst auch Di=
„glat (das heißt enge und schnell). Der Gihon aber,
„den die Griechen Nilus nennen, fließt mitten durch
„Egypten (dies heißt so viel als der Anfang oder der
„Ursprung)." Diesem gemäß könnte man v. 10.
deutlicher so übersetzen: (Ein Strom ging vor Eden)
Ein Gewässer (beströmte) begränzte Eden und befeuch=
tete diese Gegend, innerhalb aber war es vertheilt
und (wurde zu) bestand aus vier Hauptquellen. Diese
ganze Beschreibung stimmte mit der Unerfahrenheit
der Alten in der Erdkunde überein.

Die Schöpfung des Weibes.

Adam als ein Herr der Thiere empfindet, nach
der Schilderung des Dichters, Sehnsucht nach einer
Gattin, und erhält solche während einer Entzückung;
da sie Jehova aus einem von ihm abgeschnittenen
Stücke 5) zur innigsten Verbindung mit ihm hervor=
bringt. Gedenkt man dabey an die Gewohnheit der
Alten, bey zerstückten Opferthieren die genauesten
Bündnisse zu schließen: so wird man ohne Zweifel das
Absichtliche der Dichtung eben so errathen, wie es
vom Dichter dem Adam selbst in den Mund gelegt
wird.

Die Verführung.

Der Mensch blieb nicht in diesem Stand der
rohen Natur, wo er nackend und ohne Gefühl der
Bedürfnisse, die Mühseligkeit der Arbeit in dem An=
bau des Landes, und die traurigen Folgen der zügel=
losen Leidenschaften noch nicht empfand. Jehova
hatte

---

5) Man erinnere sich hier an die Dichtungen der Alten von ehe=
maligen Zwittermenschen, und denke an die Mythologie der In=
dianer vom Entstehen des Wischtnu und Schieb, aus der Seite
des Brama.

hatte zwar selbst Anstalt dazu gemacht, ihn auf einem angenehmen Wege zu höhern Kenntnissen zu leiten; doch hatte er es, unter einer ihm gegebenen Warnung, seiner eignen Wahl überlassen, welches von dem zwiefachen ihm vorgehaltenen Lose — rohe Wildheit nebst der damit verknüpften Gesundheit und Stärke, oder Cultur nebst der damit verknüpften Mühseligkeit, Schwächlichkeit und Unruhe auf der andern Seite — er für sich ziehen wollte.

Der Verführer wird zwar vom Dichter mit dem Namen einer Schlange belegt, aber doch ausdrücklich (Cap. 3, 1.) von allen vom Jehova erschaffenen abgesondert und als erhaben über diese geschildert, so wie ihn hernach das göttliche Orakel v. 14. unter die Thiere und Gewürme herabwürdiget, und ihm, nebst denen, die ihm folgen, beständig fortwährenden vergeblichen Kampf mit dem Menschen androhet. Erst wurde das lüsterne Weib gereizt, und denn von ihr auch der Mann hingerissen! Die meisten Ausleger finden hier im Verführer den Teufel, und ich wundere mich darüber nicht; da es von jeher gewöhnlich gewesen ist, die Erfindungen und Fortschritte in der Cultur, so wie die neuen Moden, dem Teufel zuzuschreiben. Wer sich unter dem Verführer nicht bloß Verschlagenheit und List, sondern eine natürliche Schlange denkt, der muß ihr entweder, wie Josephus durchs göttliche Orakel, die langen Beine und die Sprache benehmen, oder hier wenigstens eine Allegorie gestatten.

Die Folgen.

Der Mensch, durch Lüsternheit gereizt, sieht sich zwar nun über den Stand der rohen Wildheit erhaben; aber er fühlt auch die beschwerlichen Lasten, welche das Gefühl der Bedürfnisse auf ihn gewälzt haben. Er sieht nun, daß er nackend ist, er versteckt sich voll Angst beym Anblick Jehovens, der ihn zur Rechenschaft fordert, ihm zwar Hoffnung giebt, durch steten Kampf die Lüsternheit zu besiegen; aber auch — so wie der Frau schmerzhafte Folgen der Wollust — Mühseligkeit und Tod ankündiget, ihn vom Genuß ungestörter Glückseligkeit verscheucht und aus dem Wohnsitz der Freude, dem Paradiese in einem milden Clima, das ihn ohne Arbeit mit Baumfrüchten nährte, entrückt, wiewol er ihm dabey durch Nachweisung der Thierfelle zu Kleidern, und des Landbaues zu seinem Unterhalt gegen kommende Beschwerlichkeiten in Sicherheit setzt.

Uebersicht des Ganzen.

Ich werde nun nicht erst mühsam zu erweisen haben, daß in diesem Gedichte emblematische Vorstellungen, nicht Erzählungen bloßer Thatsachen enthalten sind. Man hat die Naturgeschichte zu ernstlich studirt, als daß man aus bloßem Mißverstand dieser Urkunde sich verleiten lassen könnte, zu glauben: die Gottheit habe den Menschen als ein unsterbliches Geschöpf auf die Erde gesetzt, und habe ihm, um diese Unsterblichkeit erreichen zu können, eine Universalarzeney aus dem Pflanzenreiche zu Hülfe gegeben. Gehört nicht der Mensch seinem Leibe nach in die Classe der andern Thiere? Oder waren auch diese zur Unsterblichkeit bestimmt, und verloren sie solche nur durch den, wegen der verbotenen Mahlzeit des Menschen, auf die Erde gelegten Fluch? Und sollte denn das Essen einer Frucht die Natur des Menschen, und insonderheit des Weibes, so ganz verändert haben? Hier in diesem Gedicht soll der einsame Mensch, so wie er aus der Hand seines Schöpfers gekommen ist, sein Majestätsrecht gegen die Thiere ausüben;
indem

indem er, auch ohne Theilnehmer seiner Freude und Verwunderung zu haben, ihre Namen ausruft. Indem er von der Gottheit unmittelbare Belehrung erhält, was er essen soll und was nicht; so wird ihm der Tod gedrohet, den er so doch unmöglich hätte kennen können. Der Mann empfindet von selbst eine Sehnsucht nach einer Frau. Er fällt in eine Entzückung, weiß aber doch, was inzwischen mit ihm vorgeht, und hält sich beym Empfang seiner Gattin eine sehr künstliche Traurede, darin Namennennung und spät zu erlangende Begriffe vorkommen. Ich sage hier nichts von den Unterredungen der Schlange und der Gottheit mit dem Menschen, nichts von der doppelten Garderobe aus eigner und göttlicher Fabrik, nichts von der Erscheinung Jehovens beym kühlen Abendwinde, nichts von der vermeinten Spottrede Jehovens „Adam ist worden, als unser „einer", nichts von dem Weibssaamen, nichts von der Vertreibung des Menschen aus dem Paradiese und der himmlischen Besatzung des Gesundheitsbaumes: denn wer kann allen den Labyrinthen nachgehn, in welche sich die Ausleger dieser Urkunde verwickelt haben? Vielleicht denkt mancher meiner Leser hier lieber mit mir an die schöne Xenophontische Erzählung von der Wahl des Herkules (in den Memorab. Socratis II. 1. 21. f.) oder an die nach griechischer Art eingekleidete Versuchungsgeschichte von der Pandora (Hesiodi opera et dies libr. I. v. 47.) 6) oder an die

---

6) Ich kann nicht umhin, hier eine Anmerkung zu übersetzen, die sich in Schrevels Ausgabe des Hesiodus (Lips. 1713. 8. p. 9.) findet: „Er (Hesiodus) erzählt eine lange Geschichte von der „Pandora, des Inhalts: Der erzürnte Jupiter verbarg das „Feuer, das heißt die Wahrheit, die in der Natur so ganz „versteckt liegt. Da aber Prometheus die Menschen Recht-

Geschichte vom Osiris 7), und vergleicht sie mit dieser. Sollten wir uns irren, wenn wir dieses Gedicht als ein Ehestandslied ansehn, darin wir gewarnet werden, nicht der Lüsternheit unsrer Sinne zu folgen, indem sie uns oft verleite, ein schlechteres Loos zu wählen, als uns bey graber Befolgung der schlichten Natur zu Theil werden würde?

In dem Ausspruch Gottes Cap. 3, 15. dämmert die bey den Menschen schon früh sich regende Hoffnung besserer Zeiten, man nennt daher diese Stelle das erste Evangelium. Die Juden richteten alle ihre Erwartungen auf den Messias, die Christen finden ihre Hoffnungen in dem Erlöser erfüllt. Insgemein

"schaffenheit und Tugend lehrte; so schickte Jupiter die Pan-
"dora, das heißt die Wollust, die viele Bedürfnisse hatte und
"täglich den Luxus vermehrte, aber bey noch so mannigfaltigen
"Reizen die Quelle alles Uebels und der Krankheiten war.
"Promethus, das heißt irgend ein weiser Rathgeber, oder die
"Ueberlegung, widerrieth, die Wollust anzunehmen, Epime-
"theus aber, das heißt die Sinnlichkeit, die der Ueberlegung
"nicht folgt, nahm unvorsichtiger Weise die verderbliche Wol-
"lust auf; aber zu spät gereuete es ihn, sie aufgenommen zu
"haben. Einige erklären diese Geschichte etwas anders. Pro-
"metheus, so wie προμηϑόμενος, heißt ein Weitsehender, Aem-
"siger, Geistvoller, und darunter versteht man nach einigen
"die Schärfe des menschlichen Geistes (das Genie)." Ich setze
hinzu: das hebräische Wort Nachasch kann, wie aus der Anmerkung bey Cap. 3, 1. erhellet, gerade so wie das griechische
Epimetheus, Sinnlichkeit und Gelüsten heißen.

7) Plessing sagt im Osiris und Sokrates (Berl. und Stralf. 1783. S. 41): "Sollte die Geschichte des Osiris, wenn sie erklärt "wird, nicht Aehnlichkeit mit der Vorstellung haben, die vom "Fall der ersten Menschen im 1sten B. Mosis enthalten ist? Man sehe auch, was er in der Anmerkung und S. 419. f. darüber sagt. Es ließe sich aber über diese Sache weit mehr sammeln, als Plessing angeführet hat.

gemein deutet man daher diese Stelle auf ihn. Inzwischen erklären Collins (im Scheme of literal Prophecy Cap. 6. p. 225. sq.), der Wertheimische Bibelübersetzer (in der Beantwortung versch. Einwürfe gegen das W. B. W. p. 5. sq.), Eichhorn (im Repertorium der bibl. und morgenländischen Litteratur Th. IV.), Zachariä (im 2ten Th. der bibl. Theol. S. 318. f.) und andre diese Stelle bloß von der natürlichen Schlange.

In der Erzählung Cap. 3, 21. da Gott den Menschen Anweisung giebt, sich in Thierfelle zu kleiden, finden viele Ausleger den göttlichen Ursprung der Opfer. Man sehe Ernesti opuscula Theolog. S. 243.

(Zusätze zur Urgeschichte.)

1. Adams Frau gebar ihm einen Sohn und nannte ihn Kain (Erlangter, Erzielter), da sie nach ihrer Meinung den zum Herrscher bestimmten erzielt hatte.
2. Sie gebar zugleich noch seinen Bruder Abel (Habel, Vergänglichkeit, Traurig). Dieser wurde ein Hirte, jener aber bauete das Land.
3. Einst gegen Ablauf ihrer (Jugend) Zeit (vermuthlich im 99sten Jahre) brachte Kain dem Jehova ein Geschenk von den Früchten des Landes,
4. Abel aber von seinen besten Schafen und ihrer Milch. Abels Opfer wurde vom Jehova genehmigt (durch den Blitz ausgezeichnet).
5. Jehova blickte nicht auf Kains Opfer hin. Und Kain zürnte sehr, und schlug sein Antlitz nieder.
6. Jehova sprach zu ihm: Was zürnest du? Warum schlägst du dein Antlitz nieder?

7. Ist

---

1. Wörtlich: Und Adam erkannte sein Weib Eva, und sie ward schwanger und gebar den Kain, und sprach: Ich habe den Mann den (vom) Jehova bekommen.

2. Zugleich noch: Andre übersetzen ferner. Wörtlich heißt es: und sie fuhr fort, zu gebären.

3. Von seinen besten Schafen: W. Von den erstgebornen seiner Heerde.

3. Milch: Andre wollen lieber Fettstücke, vergl. Heidegger Exerc. 15. de cibo antediluuiano. Ich übersetze, wie Grotius, le Clerc, der Werthheimer und andere. Man könnte, wie jene auch richtig bemerken, kürzer sagen: von der Milch der besten Schafe.

4. Durch den Blitz ausgezeichnet: Schon Theodotion übersetzte so.

7. Ist es nicht so? Wer recht thut, kommt (sieht)
empor!
Wer unrecht thut, den drückt sein Unrecht nieder!
Sey ruhig nur! Er steht noch unter dir,
Und du wirst Herrscher seyn!
8. Drauf redte (zankte) Kain einst mit Abel, sei=
nem Bruder.
Sie waren auf dem Feld, da überfiel er ihn,
9. Und bracht ihn um. — Jehova rief
Dem Kain zu: Wo ist dein Bruder?
Ich weiß es nicht, sprach er, bin ich sein Hüter?
10. Jehova rief: Sag! Was hast du gethan?
Die Stimme deines Bluts
Schreyt zu mir von der Erd empor!
11. Und nun verbannt seyst du von jenem Lande,
Das deines Bruders Blut aus deiner Hand
empfing!
12. Denn du wirst nun dem Erdreich fröhnen.
Und doch nicht Herrscher seyn! Verworfen
Und rastlos wirst du seyn auf Erden!
13. Und Kain sprach: Zu groß ist meine Strafe;
14. Ich

8. Redte: Der Samaritanische Text, die Samaritanische, Alexan=
drinische und Syrische Uebersetzung, die Vulgata, Aquila und
Targum des Jonathan und von Jerusalem haben hier die Ein=
schaltung: Er sagte zu Abel, wir wollen aufs Feld gehn.

12. Herrscher seyn: Daß Koach dies heiße, sieht man, wenn man
Cap. 49, 3. und 1 Chronik 29, 14. mit dieser Stelle vergleicht.

12. Verworfen und rastlos: Die mehresten übersetzen: unstät und
flüchtig. Ich folge dem Alexandriner, und mit ihm dem genauen
Zusammenhang des Texts vergl. v. 16. Nod heißt das Exilium.
Er wird zum mühsamen Ackerbau und zum Stadtleben verwie=
sen, worauf die Sceniten immer voll Mitleid und Verachtung
herabsahen.

13. Zu groß 2c.: Unerträglich ist meine Strafe. Man kann auch
übersetzen: Zu groß ist meine Sünde, als daß sie mir vergeben
werden könnte.

14. Ich soll von diesem Land — Ich soll von dir
(vom Regiment)
Verstoßen seyn! Ich soll verworfen
Und rastlos seyn auf Erden!
Wer mich nur antrift, wird mich tödten!
15. Jehova sprach: Nicht so! Wer Kain tödtet,
Wird siebenfach bestraft!

Und Jehova wies ihm eine Gränze an, wie
16. weit er vor allem sicher seyn sollte. So wohnte er im Lande Nod (Elend, Verbannung), wo vormals Eden (das Land der Freude) war.

17. Kain bekam von seiner Frau einen Sohn Henoch (Chanoch, Geweihet). Nach ihm benannte er die Stadt (den Wohnsitz), welche er erbauete.
18. Henoch zeugte einen Sohn Irad (Zierde oder Herrscher der Stadt), dieser den Mechujael (starker Schmerz), dieser den Metuschael (große Schwachheit), dieser den Lamech (Starker). Die-
19. ser nahm sich zwey Frauen, Ada (Schmuck), und Zilla (Beschattet, erquickend). Die erste ge-
20. bar ihm den Jabal (Ausfluß), von dem die herumziehenden Hirten, die bey ihren Heerden in Zelten wohnen (die Nomaden), herkommen.
21. Sein

---

15. **Wie weit ꝛc.** Wörtlich: Wo ihn nicht jeder, der ihn fände, erschlagen könnte.

16. **So wohnte:** Wörtlich: So ging Kain vom Angesichte Jehovens weg, und wohnte ff.

17. **Kain bekam:** Kain beschlief seine Frau, die ward schwanger und gebar.

20—22. Jabal, Jubal, Tubal wird von einigen von einem Stammwort hergeleitet. Der Fluß ist oft ein Bild einer großen Menge, vergl. Jes. 8, 7. Jerem 46, 7. 8. 47, 2. und der starken Vermehrung Jes. 48, 1. 4 Mos. 24, 7.

21. Sein Bruder hieß Jubal (Fluß), von ihm kommen die Hornbläser und Bogenschützen (die Be-
22. duinen) her. Die andre, Zilla, gebar, ihm den Schmied, Tubal (Abfluß), der alles zu hämmern versuchte, Kupfer und Eisen. Seine Schwester hieß Naema (Angenehm). Dieser Lamech
23. sprach einst zu seinen Frauen (Er ist es, von dem das Triumphlied bey Erfindung des Schwerds herkommt):

Auf! Ada, Zilla, auf! Hört meine Rede,
Vernehmet jetzt mein Lied, ihr, die ihr Lamech liebt!
Den Mann, der mich verwundt, den Jüngling, der mich schlägt,
24. Ertödte ich, so wahr! Kommt einst für Kains Mord
Die Rache siebenfach; So kommt sie sicher einst
Auf Lamechs Mord noch siebenzig mal mehr (77 fach).

25. Adam bekam von seiner Frau noch einen Sohn, den nannte sie Seth (Scheth, Ersatz), weil ihr Gott den von Kain erwürgten Abel dadurch
26. ersetzt habe. Seth bekam einen Sohn, den nannte er Enosch (Niedriger). Damals fing man an, sich nach Jehova zu benennen (sich als Statthalter Jehovens und Alleinherrscher anzusehn).

21. Hornbläser: Andre übersetzen Pfeifer und Harfenisten. Der bespannte Bogen diente wol anfänglich zu beyden, zum Schießgewehr und zur Musik, wie Geßner artig in einer Idylle gezeigt hat.

26. Sich nach Jehova zu benennen: Wörtlich: Den Namen des Jehova zu nennen. Vergl. Jes. 44, 5. 48, 1. wo es als ein ausserordentlicher Vorzug angegeben wird, sich nach Jehova nennen zu dürfen.

[Ge-

5. [Geschlechtsregister Adams.

1. Als Gott Adam (den Menschen) erschuf;
2. machte er ihn sich gleich. Er schuf einen Mann und eine Frau (Ein Paar). Er gab ihnen bey ihrer Schöpfung die Kraft, sich zu vermehren, und den Namen Adam (Irrdisch. Er bestimmte sie zu Erdbewohnern).
3. Adam war 130 Jahr, als er seinen Sohn ihm gleich an seine Statt setzte. Er gab ihm dabey den Namen Seth (Ersatz). Darnach lebte er noch 800 Jahr, und bekam mehr Kinder, so war er im Ganzen 930 Jahr alt, als er starb.
6. Seth war 105 Jahr alt, als ihm Enoch geboren wurde. Darnach lebte er noch 807 Jahr, und bekam mehr Kinder, so war er im Ganzen 912 Jahr alt, als er starb.
9. Enosch war 90 Jahr alt, als ihm Kenan geboren wurde. Darnach lebte er noch 815 Jahr, und bekam mehr Kinder, so war er im Ganzen 905 Jahr alt, als er starb.
12. Kenan war 70 Jahr alt, als ihm Machalaleel geboren wurde. Darnach lebte er noch 840 Jahr, und bekam mehr Kinder, so war er im Ganzen 910 Jahr alt, als er starb.
15. Machalaleel war 65 Jahr alt, als ihm Jared geboren wurde. Darnach lebte er noch 830 Jahr, und bekam mehr Kinder, so war er im Ganzen 895 Jahr alt, als er starb.
18. Jared war 162 Jahr alt, als ihm Henoch geboren wurde. Darnach lebte er noch 800 Jahr, und bekam mehr Kinder, so war er im Ganzen 962 Jahr alt, als er starb.

21. He-

21. Henoch war 65 Jahr alt, als ihm Metuschelach geboren wurde. Darnach wandelte er mit Gott noch 300 Jahr, und bekam mehr Kinder, so war er im Ganzen 365 Jahr alt.

24. Er wandelte mit Gott, und war nicht mehr. Denn Gott nahm ihn hinweg!

25. Metuschelach war 187 Jahr alt, als ihm Lamech geboren wurde. Darnach lebte er noch 782 Jahr, und bekam mehr Kinder, so war er im Ganzen 969 Jahr alt, als er starb.

28. Lamech war 182 Jahr alt, als ihm ein Sohn geboren wurde.

29. Er sprach, da er ihn Noa (Noach Ruhe, Trost) nannte:
Der schaffet uns einst Trost! bey unsrer Mühe,
Bey unsrer schweren Last, und bey dem Fluche,
Den jetzt Jehova selbst auf unser Land gelegt!

30. Darnach lebte er noch 595 Jahr, und bekam mehr Kinder, so war er im Ganzen 777 Jahr alt, als er starb.

Noa war 500 Jahr alt, als ihm Sem, Ham und Japhet geboren wurden.]

6, 1. Da sich aber die Unterthanen im Lande sehr

2. vers

---

24. Gott nahm ihn hinweg: Viele glauben, er sey lebendig gen Himmel gefahren, doch davon steht hier nichts.

29. Trost: Der Alexandriner übersetzt: Der schaft uns Ruhe einst.

1. Unterthanen. Wörtlich: Kinder der Menschen.

1. Regenten. Wörtlich: Kinder Gottes.

2. vermehrten, und es auch viel Töchter gab, mit denen sich die Regenten, durch ihre Schönheit gereizt, blos nach ihrem Gefallen verheiratheten;
3. so sprach Jehova:

Nicht immerdar soll nur mein sanfter Geist
Der Menschen Führer (Richter) seyn; denn sie
sind Fleisch!
Noch geb ich ihnen Frist, auf hundert zwanzig Jahr!

4. Es gab zu dieser Zeit auch Weltbezwinger
(Empörer),
Von der Regenten (Vom Götter-) Stamm erzeugt aus Bastardsehen,
Berühmt durch ihre Macht! der Vorwelt Helden!
5. Jehova sah: wie groß auf Erden
Der Menschen Bosheit war! Was sie nur dichteten,
Und was ihr Herz ersann, war immer bosheitsvoll.
6. Nun reuete es ihn, daß er einst Menschen
Auf Erden schuf! Dies schmerzte ihn —
7. Ich will, sprach er, die Menschen, die ich schuf,
Vertilgen von der Erd! Es soll mit ihnen
Vieh und Gewürm und Vögel untergehn!
Denn es gereuet mich, daß ich sie schuf!
8. Nur Noa fand allein noch bey Jehova Gnade.

3. Richter: Alle alte Uebersetzer drücken dies Wort durch beständig bleiben aus. Sie lasen vielleicht statt Jadun Jalun.

Erläuterung der Zusätze zur Urgeschichte.
Cap. 4, 1. — 6, 8.

Es ist sichtbar, daß mit dem Anfang des vierten Capitels eine ganz andere Erzählungsart anfängt. Nun kommt nicht mehr der Name Gott Jehova vor. Da aber doch dieses Stück mit dem Vorhergehenden in Verbindung gesetzt ist; so nenne ich es, wie mich dünkt, mit Recht Zusätze dazu.

Kain und Abel.

Hier ist zuvörderst die Benennung merkwürdig. Der erste Sohn wird Kain (Geschlecht, Erwerb), der andre Abel (Vergänglichkeit) genannt; und wem sollte nicht schon aus diesen Namen eine zweckmäßige Anlage hervorleuchten? Noch itzt ist es bey den Arabern gebräuchlich, daß man den Erwachsenen, oft schon den Verstorbenen erst noch neue Namen beylegt 1). Abel wird ein Hirte, Kain ein Landbauer. Es wäre zwar höchst unwahrscheinlich, daß schon von den ersten Söhnen des ersten Stammvaters eine völlig verschiedne Lebensart gewählt werden sollte: aber daran denkt der Dichter des Alterthums natürlicher Weise nicht. So floß bey ihm die Vorstellung vom Entstehn des ersten Menschen und des ersten Königs zusammen. Modelt doch fast jeder Dichter die Gegenstände nach dem Costum seines Zeitalters. Beyde Kain und Abel werden hier als Zwillingsbrüder beschrieben 2). Man vergleiche, um sich hievon zu

---

1) Eben so im Ossian.
2) Dies bemerkt schon Calvinus. Auch die Rabbinen verstanden es so.

überzeugen, mit dieser Erzählung nur Cap. 29, 32 — 35. wo immer ausdrücklich jede neue Schwangerschaft erwähnt wird. Als Kain und Abel herangewachsen waren; so konnte nun, wie bey Esau und Jakob die Frage entstehn, wer von ihnen die Oberherrschaft haben sollte? Sie bereiteten zu dem Ende, so wie dort Esau von seiner Jagd und Jakob von seinen Lämmern, jeder nach seiner Lebensart, dem Jehova ein Gastmahl. Der Dichter läßt hier den Jehova durch einen Bliß entscheiden, und diese Entscheidung durch ein Orakel rechtfertigen. Als dieser Ausspruch Jehovens ähnliche Gesinnungen hervorbrachte, wie dorten Isaaks Ausspruch Cap. 27, 41. 42. so läßt die Erzählung den Mord hier wirklich geschehn und macht den Jehova zum Bluträcher, der den Kain aus dem Lande der Erscheinungen und göttlichen Belehrungen ins Elend, in Mühe und Unruhe versetzt. So wird der ehemalige Wohnsitz der Freude und Ruhe, das ehemalige Eden nun eine unsichere und mühevolle Arbeitsstäte, ein Nod. Jedem muß hier einleuchten, wie der Dichter seine scenitische Denkungsart hervorblicken läßt. Er mahlt den Ackerbau und festen Wohnsitz als ein elendes Leben ab. Ist doch jedem das Ungewohnte fürchterlich. Wir mahlen den Teufel schwarz, die Schwarzen mahlen ihn weiß. Mir ist übrigens bey dem Gange dieser Erzählungen auffallend, wie die Fortschritte der Cultur merklich gemacht werden. Erst empfand der Mensch Blöße, dann kleidete er sich anfangs in Blätter, hernach in Thierhäute. Erst empfand er Unsicherheit, dann kamen Gränzzeichen (Gehege) und bestimmte Wohnsitze (Hütten, Gebäude) auf. Erst theilten sich die Menschen, in solche, die vom Vieh, und in solche, die von Gewächsen lebten, dann kam die bey weiterer Cultur entsprungene Verschiedenheit der Lebensbensart auf, so wie sie in den Morgenländern gewöhnlich wurde; die Lebensart der mit ihren Zelten und Heerden herumziehenden Hirten (Nomaden) und der mit dem Jagdhorn versehenen Bogenschützen (Beduinen). So war einst Isaak vom Ismael, und Jakob vom Esau unterschieden. Die Erfindung und der Gebrauch des Metalls gab endlich dem Menschen Waffen, und verschafte ihm so eine ungleich größere Sicherheit, als Kains erfundene Gehege, deren schon Josephus in seinen Alterthümern (B. 1. C. 3.) erwähnt.

Seths Nachkommen.

Seths Sohn hieß Enosch. Armer, Niedriger, Mensch. Zu seiner Zeit heißt es, fing man an, sich nach Jehovens Namen zu benennen, oder sich als gewaltige Oberherren anzusehn.

Das Cap. 5 enthaltene Geschlechtsregister ist wol hier mit Recht als eine Einschaltung anzusehn. Denn es findet sich ein vollkommener Zusammenhang, wenn man es in Gedanken wegläßt. Es hat auch seinen besondern Titel, Eingang und Schluß, und kann also billig als ein besonderes Ganze behandelt werden.

Wenn hier gesagt wird: Gott machte den Adam sich gleich: so kann man an keine moralische Gleichförmigkeit mit Gott, oder an das von den Theologen sogenannte göttliche Ebenbild gedenken. Denn es wäre ihrem eignen System widersprechend, daß der Mensch noch nach der Sündfluth Cap. 9, 6. ein Bild Gottes genannt würde. Man muß diesen Ausdruck vielmehr so verstehn, wie er in der Urkunde Cap. 1, 28. 29. erklärt wird. Da nun dort offenbar von der Herrschaft an Gottes Statt die Rede ist; so kann man auch hier am schicklichsten den Sinn aus nehmen, wie Gott den Adam, an seine Statt, zum Oberherrn, und gleichsam zur Regierung eingesetzt habe. Wenn es daher heißt, Adam bekam einen Sohn, der ihm gleich, und nun sein Bild (sein Statthalter) ward; so kann man vernünftiger Weise wol nicht die physikalische Anmerkung erwarten, daß Adams Sohn auch menschliche Natur an sich gehabt habe, oder die Bemerkung, daß er seinem Vater ähnlich gewesen sey 3). Schon vor seiner Geburt hatten sich Kain und Abel über das Recht der Herrschaft gestritten. Der eine war durch Mord, der andre durch Landesverweisung aus dem Wege geräumt. Der bald darauf dem Adam geborne Sohn wurde nun hier, durch Erneuerung seines schon damals erhaltenen Namens, von Adam zu seinem Statthalter angesetzt: Du bist mein Ersatz, mein Statthalter, mein Nachfolger, mein Kalife.

Man erlaube mir hier noch eine Bemerkung: Das Wort, welches wir gewöhnlich durch zeugen übersetzen, kann offenbar auch so viel heißen, als einsetzen, bestellen (constituiren). Und wenn ich hier auch keine Stelle weiter als Pf. 2, 7. nebst der Anwendung, die Paulus auf die Himmelfahrt Christi davon macht, (Apostelgesch. 13, 33.) vor mir haben sollte; so wäre dies genugsam entschieden. Ich gedenke diese Bemerkung bey der Zeitrechnung zu gebrauchen.

3) Eine solche Anmerkung ließe sich nur dann erwart⸗, wenn diese Erzählung (wie doch niemand behaupten wird) von Adams Zeiten wirklich herkäme.

Beschrei-

Beschreibung der Verwirrung zur Zeit des Noa.

Cap. 6, 1 — 8.

Die hier genannten Söhne Gottes sind offenbar die Ursache des einreißenden Verderbens, man thut also dem Text Gewalt an, wenn man darunter fromme Menschen verstehen will. Es ist bekannt, daß mit diesem Namen Könige und Fürsten belegt werden, die man in den alten Zeiten auch als Abgeordnete oder Bothen der Gottheit ansah. Man vergleiche 5 Mos. 32, 8. Hiob 1, 6. 38, 7. Ps. 29, 1. auch Richt. 13, 5 - 8. Nehem. 1, 24. 36.

Die Benennung Kinder Adams drückt schon Luther Ps. 49, 3. richtig durch die Worte gemeine Mann so wie Adam (Mensch) Jes. 2, 9. durch Pöbel aus. Vergleicht man hier Ps. 14, 2. 22, 7. 80, 18. 82, 7. Jes. 31, 3. 52, 14. Prov. 8, 4. 2 Samuel 7, 14. so wird man wol nicht daran zweifeln können, daß darunter geringe Leute und Unterthanen zu verstehen sind (Eben so nennt sich Christus oft des Menschen Sohn, um seine Niedrigkeit zu bezeichnen). Aus den ungleichen Heirathen der Großen mit den Geringen entstanden Empörer und Tyrannen. Die Griechen nennen sie Titanen, und beschreiben sie allegorisch als Riesen, die den Himmel bestürmen und sich gegen den erhabenen König Jupiter empören. Das Orakel Cap. 6, 3. erklären Josephus (Alterth. 1. K. 4.) und Eichhorn (in der Einl. ins A. T.) so, als ob dadurch das Ziel des menschlichen Lebens auf 120 Jahr herabgesetzt seyn sollte. Andre verstehen es, und, wie mich dünkt, dem Folgenden besser angemessen, so, daß dadurch die bevorstehende Ueberschwemmung angezeigt wird. In diesem Fall müßte dies Orakel im 480sten Lebensjahre des Noa, bekannt gemacht seyn. Dies Orakel und die fürchterlichen Folgen der Empörungen veranlaßten den Noa sich außer Landes zu begeben. So sagt Josephus (Alterth. B. I. K. 4. zu Anfang): „Da er „sahe, daß er nichts bey ihnen (seinen Zeitgenossen) „ausrichten konnte, weil sie in allen sündlichen Wol„lüsten ersoffen waren und zu besorgen stand, daß „sie ihn, seine Frau und Kinder nebst seinen Leuten „umbringen möchten, so ging er nebst diesen von ih„nen aus dem Lande hinweg."

Geschichte Noas.

6, 9. Noa war ein frommer und untadelhafter Mann zu seinen Zeiten, und wandelte mit Gott (Er war
10. der Oberherr). Er hatte drey Söhne, Sem,
11. Ham und Japhet. Die Erde (das Land) war allenthalben verderbt und voll Frevelthaten.
12. Gott sahe dies; denn alle Sterbliche waren aus-
13. geartet. Er sprach daher zu Noa: Es kann mit den Sterblichen nicht länger Bestand haben; denn

Es wird niemand gereuen, mit dieser Geschichte die Schilderungen zu vergleichen, die uns Hesiodus und Ovidius von dem goldnen, silbernen, ehernen und eisernen Zeitalter machen. Sollte man das Zeitalter des Adams, des Kains, des Lamechs und des Noa darin verkennen können?

13. Es kann mit den Sterblichen nicht länger Bestand haben: Wörtlich: Das Ende alles Fleisches ist vor mich gekommen (beschlossen).

denn die Erde (das Land) ist ihrer Frevelthaten voll. Ich will sie, mit samt der Erde, (dem
14. Lande) verderben. Baue von starken Bäumen ein Schiff mit Abtheilungen. Bestreiche es von innen und außen mit Harz. Mache es 300 Fuß
15. lang, 50 breit und 30 hoch, und eine Wölbung
16. daran, so daß es oberwärts bis auf einen Fuß abnimmt. Die Thüre setze an die Seite, und mache außer dem Fußboden noch ein zweytes und
17. drittes Stockwerk. Denn ich lasse eine Wasserfluth kommen auf Erden (im Lande); alles, was lebt und einen Oden hat unter dem Himmel, zu vertilgen. Alles, was auf Erden (im Lande) ist,
18. soll sterben! Mit dir aber errichte ich den Vertrag: Du sollst mit deinen Söhnen, mit deiner
19. und ihren Frauen ins Schiff gehn. Es soll auch von allem, was lebt, ein Paar, ein Männchen und Weibchen, ins Schiff kommen, mit dir erhalten zu werden. Von allen Arten der Vö-
20. gel, des Viehes und der Gewürme soll ein Paar
21. zu dir kommen und erhalten werden. Nimm aber auch einen Vorrath von allerley Nahrungsmitteln zu dir, dir und ihnen zum Unterhalt.
22. Noa that dies alles nach dem Befehl Gottes.
7, 1. Einstens sprach Jehova zu Noa: Gehe mit deinem ganzen Hause ins Schiff; denn dich allein finde ich zu dieser Zeit unschuldig. Nimm
2. von allen reinen (eßbaren) Thieren sieben Paar,
3. von allen unreinen ein Paar, von allen Vögeln sieben Paar, damit von ihnen das Land wieder
4. besetzt werden kann: denn über eine Woche lasse ich einen Regen auf Erden kommen von 40 Tagen [und Nächten], und vertilge alles, was darauf ist, und was ich gemacht habe.

H 5 5. Noa

19. Was lebt? W. Fleisch.

5. Noa that dies alles, wie es Jehova befohlen hatte.
6. Noa war 600 Jahr alt, als die Wasserfluth
7. auf Erden kam. Er ging mit seinen Söhnen, mit seiner und ihren Frauen, ins Schiff, ehe
8. die Fluth kam. Von allem reinen und andern Vieh, von den Vögeln und von allem Gewürm
9. kam ein Paar zu Noa ins Schiff, so wie ihm Jehova befohlen hatte, und nach einer Woche
10. brach die Wasserfluth auf Erden ein. Im
11. 600sten Lebensjahre des Noa am 17ten Tage des 2ten Monats (Novembers); an diesem Tag eröffnete sich die große Tiefe allenthalben,
12. überall ergoß sich der Himmel, so daß es 40 Tage [und Nächte] sehr stark regnete. An ei=
13. nem Tage ging Noa, seine Söhne, Sem, Ham und Japhet, seine Frau und die Frauen seiner drey Söhne ins Schiff, mit ihnen auch
14. alle Arten des Viehes, der Thiere und der Gewürme, so wie auch alle Arten der Geflü= gel, allerley Vögel und allerley Beflügeltes.
15. Von allem, was lebte, kam ein Paar zu Noa
16. ins Schiff, jedes immer Männchen und Weib= chen, wie es Gott angeordnet hatte. Und Jehova schloß das Schiff hinter ihm zu.
17. Innerhalb 40 Tagen wurde die Erde (das Land) überschwemmt, und das Wasser stieg so, daß es das Schiff erhob, und über die Erde
18. forttrug. Das Wasser wuchs noch stärker an über der Erde, so daß das Schiff umherschwamm.
19. Endlich wuchs es so sehr, daß es alle hohe Berge unter dem Himmel (so weit man sehen konnte)

8) Von allen (reinen) Vögeln: Der Samaritanische Text, der Syrer und der Alexandriner haben den Beysatz.

20. konnte) bedeckte und 15 Fuß über sie herauf
21. stieg. So starb alles, was auf dem Lande lebte, Vögel, Vieh, Wild, Landgewürm, auch alle
22. Menschen. Alles, was Odem hatte und auf dem
23. Lande lebte, kam um. Alles wurde vertilget, was nur auf dem Lande war, Menschen, Vieh, Gewürme, Vögel. Nur Noa, und was mit
24. ihm im Schiffe war, blieb übrig. Das Wasser stand 150 Tage lang so hoch über der Erde.

8, 1. Endlich nahm sich Gott des Noa und der Thiere, die mit ihm im Schiffe waren, an.
2. Er ließ einen Wind über die Erde wehen. Das Wasser nahm ab. Es hörte auf zu regnen; da sich bisher allenthalben die große Tiefe eröffnet,
3. und überall der Himmel ergossen hatte. Das Wasser verlief sich nach und nach, und nahm
4. 150 Tage ab. Am 17ten Tage des 7ten Monats (April) legte sich das Schiff auf dem Ge-
5. birge Ararat (Schiffsruhe) an. Das Wasser nahm weiter ab bis zum 10ten Monat (Julius). Am ersten Tage dieses Monats ließen sich die Gipfel der Berge wieder sehen. Nach 40 Ta-
6. gen öffnete Noa die Decke, so er am Schiff ge-
7. macht hatte, und ließ einen Raben hinaus, der flog hin und her, bis das Wasser auf Erden
8. abtrocknete. Er ließ auch eine Taube hinaus, um zu erfahren: Ob das Wasser von der Erde
9. wegwäre? Da sie aber keinen Ort fand, wo sie sich setzen konnte, so kam sie wieder zu ihm an das Schiff, denn noch war das Land überall bedeckt. Er nahm sie also mit der Hand wieder
10. in das Schiff herein. Eine Woche nachher,
11. ließ er von neuem eine Taube hinaus, die kam gegen Abend wieder zurück, und hatte ein fri-
sches

ſches Oelblatt im Schnabel. Daran merkte er, daß ſich nun das Waſſer verloren hatte. Eine
12. Woche nachher ließ er von neuem eine Taube hinaus, die kam aber nicht wieder zurück. Im
13. 601ſten Jahre, am erſten Tage des erſten Monats (Oktobers) war das Land vom Waſſer
14. entblößt. Dies ſahe Noa, da er die Decke des Schiffs eröffnete. Am 27ſten Tage des 2ten Monats (Novembers) war die Erde abgetrocknet.
15. 16. Nun ſprach Gott zu Noa: Gehe aus dem Schiffe mit deinen Söhnen, mit deiner und
17. ihren Frauen. Laß auch alles Lebendige, was bey dir iſt, Vögel, Vieh und Landgewürm heraus; damit ſie ſich auf Erden ausbreiten, indem ſie ſich paaren und vermehren! So ging
18. Noa mit ſeinen Söhnen, ſeiner und ihren Frauen, aus dem Schiffe heraus, nebſt allem
19. Vieh, Gewürm, Vögeln und allen Arten der Landthiere.
20. Noa bauete nun dem Jehova einen Altar, und brachte ihm darauf von allen reinen Thieren und
21. Vögeln ein Brandopfer dar. Dies Opfer genehmigte Jehova. Er beſchloß: Er wolle die Erde nicht wieder, um der Menſchen willen, verwüſten; da all ihr Begehren und Sinnen von Jugend auf zum Böſen geneigt wäre. Er wollte nicht wieder alle ſeine lebenden Geſchöpfe vertil-
22. gen. So lange die Erde ſtünde, ſollte Saatzeit und Erndte, Kälte und Wärme, Sommer und Winter, Tag und Nacht ununterbrochen

9, 1.

21. Genehmigte: W. Er roch den verſöhnenden Geruch.

21. Er beſchloß: Er wollte. W: Er ſprach bey ſich ſelbſt: Ich will. —

9,1. abwechseln. Gott segnete Noa und seine Söhne (setzte sie zu Herrschern ein) und sprach: Bevölkert nun die Erde [indem ihr euch begattet und
2. mehret]! Alle Thiere, Vögel, Gewürme und Fische sollen nun Furcht und Schrecken vor euch haben und euch überlassen seyn (eurer Macht völlig unterworfen seyn)! Was nur lebt, soll
3. euch zu Nahrungsmitteln dienen, so wie die
4. Kräuter überlasse ich es euch alles. Aber lebendig
5. sollt ihr, was blutet, nicht essen. Wenn euer Blut durch Mordthat vergossen wird; so will ich alle, die da leben, dafür ansehn (zur Rechenschaft fordern). Jeden, der ihm am nächsten ist, will ich dafür zur Rechenschaft fordern.
6. Wer einen Menschen umbringt, der soll von Menschen umgebracht werden; denn sie sind an
7. Gottes Statt gesetzt. Ihr aber begattet und mehret euch! Breitet euch aus auf der Erde, und erfüllet sie!
8. Gott sprach einst zu Noa und seinen Söh-
9. nen: Ich nehme euch und eure Nachkommen
10. (die Eurigen) in meinen Schutz, mit allem, was bey euch lebt, an Vögeln, an Vieh und Landthieren, was mit euch aus dem Schiffe kam, was nur auf dem Lande lebt. Ich verspreche
11. euch: Es soll nie wieder alles Sterbliche durch eine Wasserfluth vertilgt werden. — Es soll weiter keine Fluth die Erde verderben. — Zum
12. Zei-

V. 5. W. Euer Blut werde ich von euch Lebenden fordern. Von der Hand jedes Lebenden will ich es fordern. Von der Hand des Menschen, von der Hand jedes Nächsten fordere ich das Leben des Menschen.

9. In meinen Schutz: W. Ich mache einen Bund.

11. Verspreche euch: W. Ich mache meinen Bund so.

12. Zeichen des euch und allen bey euch lebenden auf beständig von mir gethanen Versprechens, setze
13. ich meinen Bogen in die Wolken. Er sey ein Andenken, daß ich die Erde in meinen Schutz
14. nehme. Wenn ich Wolken über die Erde verbreite und man den Bogen in den Wolken sieht;
15. dann, (wißt ihr) denke ich an das euch und allen Sterblichen gethane Versprechen: daß keine Wasserfluth kommen wird, alles Sterbliche zu vertilgen.
16. tilgen. Wenn nun der Bogen in den Wolken ist; so sehe ich ihn als ein Andenken meines beständigen Versprechens an, das ich [Gott] allen Lebenden und Sterblichen auf Erden gethan habe.
17. Gott sprach zu Noa: Dies ist das Zeichen des von mir allen Sterblichen auf Erden gethanen Versprechens.
18. Die Söhne des Noa, die aus dem Schiffe kamen, waren Sem, Ham und Japhet [Ham.
19. war der Vater Kanaans]. Von diesen drey Söhnen des Noa wurde die ganze Erde besetzt.
20. Als Noa bey seinem Landbau anfing, Wein zu pflanzen und ihn zu trinken, berauschte er sich
21. einst und lag entblößt in seiner Hütte. Dies
22. sahe Ham [der Vater Kanaans], und erzählte
23. es seinen beyden Brüdern draußen. Sem und Japhet nahmen eine Decke, legten sie auf ihre Schul-

13. Er sey: Er sey das Zeichen des Bundes zwischen mir und der Erde.

20. Ganz wörtlich: Und es fing an Noa ein Mann der Erde und pflanzte Wein. Daher machen die alten Schriftsteller den Noa Chronus oder Uranus zum Ehemann der Erde.

22. Und erzählte es: Die alten müssen dies Wort Vejaged ohne Punkte Vejaggod gelesen haben; dann heißt es: Er schnitte ab. Daher die Erzählung, daß Jupiter seinem Vater die Mannheit geraubt habe.

Schultern und gingen rückwärts hinein, unt seine Scham nicht zu sehen, indem sie ihn be-
24. deckten. Als Noa von seinem Rausch erwachte und erfuhr, was ihm sein jüngster Sohn (sein
25. Enkel, nämlich Kanaan) gethan hatte, sprach er:

Verwünscht sey Kanaan! Ein Sklave seiner
Brüder!
26. Jehova sey gelobt! Er sey der Schutzgott
Sems,
27. Ihm diene Kanaan. Gott breite Japhet
(Ausgebreitet) aus!
Er wohn in HüttenSems (des Ruhms), Ihm
diene Kanaan!

28. [Noa lebte nach der Wasserfluth noch 350
29. Jahr, so daß er im Ganzen 950 Jahr alt war, als er starb.]

Erläuterung der Geschichte Noas
Cap. 6, 9 — Cap. 9, 29.

Anmerkungen über einzelne Stellen dieser Geschichte.

Die Ueberschrift in der ersten Hälfte des 9ten Verses (Cap. 6.) sondert dies Stück genugsam von dem vorhergehenden ab. Die Einleitung v. 9. lehrt, daß hier kein gleichzeitiger Schriftsteller redet. Doch dies wird überdas niemand erwarten. Der Ausdruck
v. 9.

v. 9. zu seinen Zeiten enthält wol nicht eben eine Beziehung auf die Zeit vor und nach der Ueberschwemmung.

Es ist auffallend: daß in dem Abschnitte Cap. 6, 19 — 22. so wie nachher Cap. 8, 1 — 19. und Cap. 9, 1 — 17. durchgängig der Name Gott (Elohim), Cap. 7 aber und Cap. 9, 18 — 22. bloß der Name Jehova, in dem Ausspruch des Noa Cap. 9, 25 — 27. dagegen beyde Namen vorkommen 1).

Die Monate werden hier nur der Zahl, nach nicht, wie in spätern Zeiten, den Namen nach, unterschieden. Jeder Monat enthielt 30 Tage.

Von der Einrichtung des von Noa erbaueten Schiffes habe ich nichts zu sagen, weil ich nichts davon weiß. Wilkins beym Polus, Sturm, Temporarius, Kircher, Silberschlag und andere haben sich sehr viel Mühe gegeben, es uns mit allen Ställen und Vorrathskammern zu beschreiben, der letztere so gar, sein Gewicht zu bestimmen. Was Luther durch Fenster übersetzt, hat schon Castellio in der 4ten Ausgabe seiner Bibel richtig erklärt (vergl. Schultens.). Er führt J. Butheonis Delphinati libellum de arca Noae Lugd. 1559. an. Dies ist auch in dem 2ten Theil der Critic. Anglic. eingerückt. Peter Jansen ahmte zu Hoorn in Holland das Verhältniß in der Bauart dieses Schiffes mit gutem Erfolg nach (Man sehe Reyheri Mathesin Mosaicam p. 43. f.). Man will eben das Verhältniß darin finden, das bey einem ausgestreckten Menschen (bey einem Sarge) statt findet.

Wo das Gebirge Ararat gelegen, vergl. 2 Könige 19, 37. Jes. 37, 38. Jerem. 51, 27. weiß ich auch nicht zu bestimmen. Einige rathen mit Gatterer

―――――

1) Man sehe die Einleitung S. 14.

terer auf den Paropamisus. Andre auf die Gebirge in Armenien: (Man sehe Bocharts Phaleg. L I. c. 3.) Man leitet den Namen Ararat bald mit Simonis 2) aus dem Hebräischen, bald aus einer andern Sprache her. Josephus sagt (Alterthümer B. I. Cap. 4.): "Die Armenier nennen diesen Ort Apo-"baterion, einen Ausgang, denn dort zeigen die Ein-"wohner noch heutiges Tages einige Stücke von dem "übrig gebliebenen Schiffe." Jetzt zwar sollen nach Tourneforts Zeugnisse 3) in dieser ganzen Gegend keine Oelbäume zu finden seyn; doch das könnte sich freylich geändert haben.

Die von Noa eingeführten Gesetze — die Rabbinen zählen deren sieben, andre zehn — werden hier, als ob sie durch ein Orakel festgesetzt wären, vorgestellt. Ich finde darunter Cap. 9, 5. die Einführung des Goels, da immer der nächste Verwandte eines Ermordeten sich für verpflichtet hielt, ihn zu rächen,

2) Er sagt in seinem Onomastico p. 457. "Ararat kommt von Ar, Kasten (daher das verlängerte Wort Aron), und von Jarat "niederlassen. Eine andre Ableitung aus dem Egyptischen "wird Histor. Crit. Reipubl. lit. T. III. p. 229. angeführt. "Aus dem Armenischen leiten es Pfeiffer in Dub. vex. Cent. "I. Loc. 26. her, und Schröder in der Vorrede zum Thesaur. "Armen. p. 17. und 55." (nach dem Moses Chorenensis, einem Geschichtschreiber des fünften Jahrhunderts, von Arat, einem König zur Zeit der Semiramis, und Arat Flecken, weil er in der Gegend von ihr geschlagen wurde.). "Und Otrokocsi in "Orig. Hungar. P. II. c. 3. §. 66. seq. leitet es vom Hebräi-"schen Arar oder Harar und der Ungarischen Endung at her." Diese Mannigfaltigkeit der Muthmaßung zeigt, daß man nichts gescheites davon weiß.

3) Im fünften Brief seiner Reise. Mit ihm stimmt Tavernier (Voyag. de Tunquin p. 180.) überein:

chen 4), und wundre mich, wie man dies Gesetz hier so oft übersehen hat. Man vergleiche übrigens vom Goelat Michaelis Mosaisches Recht.

Die Erscheinung des Regenbogens zum Zeichen der wieder hergestellten Ruhe erklärt Eberhard sehr sinnreich (aber nach meiner Empfindung zu gekünstelt) von dem Hinhängen des Bogens an die Decke des Gezelts eines aus dem Kriege zurückkommenden Beduinen. Könnte nicht auch die ungefähre Erscheinung des Regenbogens bey Wiederherstellung des Opferdienstes als Prodigium aufgenommen seyn? Daher ließe sich denn die auch unter andern Nationen bekannte Vorstellung erklären, den Regenbogen 5), so wie das Oelblatt, als ein Zeichen des Friedens anzusehn.

Das von Noa ausgesprochene Orakel Cap. 9, 25 — 27. wird von vielen Auslegern als sehr schwierig angesehn. Man findet es anstößig, daß Noa nicht den Ham, der sich gegen ihn nicht so redlich wie Sem und Japhet verhalten hatte, sondern den Kanaan bestraft. Diese Schwierigkeit fällt aber weg, wenn man mit Silberschlag (im 2ten Theil der Geogenie) den Ausdruck Cap. 9, 24. kleiner Sohn so versteht: daß darunter des Noa Enkel (die Franzosen sagen son petit fils) Kanaan gemeint wird, der sich nach der Erzählung dieses 24sten Verses, an seinem Großvater, ihn zu schänden, vergriffen hatte 6).

---

4) Den Bluträcher findet man bey den Arabern, Grönländern, Karaiben und andern Völkern.

5) Man sehe Hesiodus Theogenie V. 783. f. Homers Ilias und andere.

6) Hiemit stimmen auch die merkwürdigen Spuren in der Mythologie vieler Völker überein. Herm. v. der Hardt und Hahn denken an eine Blutschande, die Ham mit seiner Stiefmutter begangen haben soll.

Kanaan wird wie Kain zum Ackerbau und zum Stadtleben herabgewürdiget. Die Semiten sollen unter
Jehovens Schutz in Hütten wohnen; und die Japheti-
ten sollen unter Gottes (Elohims) Schutz daran Theil
nehmen. Die Rechnung der Lebensjahre des Noa
v. 28. und 29. ist offenbar ein Zusatz zu dem Cap. 5,
1 — 32. eingeschalteten und dort bey Noas Söhnen
abgebrochenen Geschlechtsregister.

Uebersicht des Ganzen.

Wenn man die Geschichte Noas mit dem Be-
wußtseyn lieset, daß sie aus einer uralten Sage herkommt, die doch am Ende von einem, der selbst mit
zu Schiffe gewesen ist, herrühren muß, und daß sie
nach einer solchen Sage sehr frühzeitig niedergeschrie-
ben ist: so werden manche von den Nebeln, unter
welchen das Licht der Wahrheit hervordämmert, schon
dadurch verschwinden. Man darf also hier keine Bemerkungen eines Banks oder Forsters, ich meine
keine aufgeklärte Vorstellungen der neuern Welt, erwarten. Man muß sich vielmehr bey Beurtheilung
dieser Geschichte ganz in die rohe Denkart der Vorwelt versetzen. Es war von jeher bey den alten Völkern gewöhnlich, daß man sich Erfinder, Regenten,
Eroberer als Söhne, Freunde und Geweihete der
Gottheit gedachte, und sie für seine Bothen und Gesandten ansahe; daher leiteten diese nicht bloß als Herren und Gebieter, sondern zugleich auch als Priester
und Wahrsager, das ihnen untergebene Volk. So
waren ihre Entschließungen göttliche Orakel, ihre
Rathgeber Bothen der Gottheit, und ihre Träume
Vorstellungen und Ahndungen, Visionen, Einge-
bungen und Weissagungen. Alles Unerwartete galt
für eine Dazwischenkunft der Gottheit, das Unerklärbare für Zeichen und Wunder. Alle alte Ge-
schicht-

schichtschreiber und Dichter lassen ihre Helden durch Orakel und Prodigien zu ihren Unternehmungen aufgefordert und belehrt werden. Es scheint zu dem Gange einer rohen Erzählung zu gehören, daß fast alle Beschreibungen von Unternehmungen gedoppelt vorkommen. Einmal als Entschließungen, Vorsätze und Verordnungen, dann aber nach ihrer Ausführung. Man denke hier z. B. an die Schöpfungsgeschichte, wo immer erst der Befehl Gottes, und dann die Ausführung angegeben wird. Auch bey der Stiftshütte im 2ten Buch Mose Cap. 36, — 39, die gesammte Einrichtung, dann aber, Cap. 40, erst die wirkliche Aufbauung beschrieben 7).

Und wenn wir nun alle Hüllen des Alterthums von dieser Erzählung hinwegnehmen wollten; was bliebe uns von der Geschichte Noas noch übrig? Er war offenbar der Erfinder der Schiffbaukunst. Zwar keine Kunst kommt mit einem Mahl zur Vollkommenheit. Schon lange vorher mochte man, etwa auf hohlen Bäumen oder auf Kähnen, die Flüsse, auch wol die Ufer des Meeres befahren haben. Noa aber war der erste Unternehmer einer Seefahrt, ohne Land vor sich zu sehn. Er erbauete dazu ein sehr ansehnliches Schiff von drey Stockwerken (Josephus sagt von 4 Geschossen, und rechnet also wol den äussern Boden auch mit). Er versorgte sich und die Seinen mit hinlänglichem Vorrath, und nahm auch alle Arten der Thiere mit sich in sein Schiff. Durch einen 40tägigen Regenguß (so lange währt in einigen Ländern, die gewöhnliche nasse Zeit, — die man überdas im Voraus wissen kann) wurde sein Schiff flott. Es trieb 150 Tage umher. Eine ungeheure Ueberschwemmung tödtete alles im ganzen Lande, und überström-

---

7) Andre Beyspiele doppelter Erzählungen findet man in Eichhorns Einl. ins A. T. S. 309. gesammelt.

strömte, so weit man sehen konnte (unter dem ganzen Himmel), alle Berge. Fünfzehn Fuß hoch ging das Schiff über die hohen Ufer, wobey es erbauet war, hinweg. Nach einer halbjährigen Fahrt legte sich das Schiff auf dem Gebirge Ararat an. Es währte noch über ein Vierteljahr, ehe man die Berge wieder sehn, und noch einmal so lange, bis man das trockne Land wieder betreten konnte. Wenn der Erzähler vorher nur das eine Land kannte, wo er ausfuhr; so konnte er keinen Namen davon angeben, noch bey seiner Beschreibung an andre denken. Wußte er von der Kunst, das Schiff zu lenken, nichts; so konnte er auch davon nicht reden; gesetzt auch, daß sie dem Regenten des Schiffes bekannt gewesen wäre. Nach der Vorstellung des Erzählers hatte Jehova die Ueberschwemmung vorher angekündiget, den Plan zum Schiffbau entworfen, die Aufsammlung der Thiere und des Unterhalts befohlen, die rechte Zeit, das Schiff zu beziehen, verordnet, den Eingang dazu verschlossen, für die, welche im Schiffe waren, gesorget, den Ausgang zu rechter Zeit veranlaßt, Sicherheit gegen fernere Ueberschwemmungen versprochen, die Gesetze des Noa verordnet, und den Regenbogen zum Zeichen seiner Gnade erscheinen lassen. Noa war übrigens der erste Gesetzgeber, der durch Einführung des Vergeltungsrechts (des Goelats) und der Ordnung im Ehestande, so wie durch Einführung oder Herstellung des Opferdienstes und durch andere Einrichtungen, das Volk bezähmte, und die Seinen zur Ausbreitung und Eroberung andrer Länder aufforderte. Er war der Erfinder des Weinbaues, auch vermuthlich der erste, der das Jahr gehörig ordnete. Wiewohl es scheint fast, daß die vormalige Zeitrechnung mit der von ihm eingeführten, in Berechnung seiner und seiner Söhne Lebensjahre, mit einander vermischet sey.

Ueber die Allgemeinheit der Sündfluth.

Jetzt, nach so viel Beobachtungen der Naturkundigen, kann wol niemand mehr leugnen, daß unsre Erde in vorigen Zeiten überall mit Wasser umflossen gewesen ist. In allen Ländern findet man viel zu deutliche Spuren davon. Selbst die Geschichte erinnert uns an die Zeit des Xisutheus, Ogyges und Deukalion. Insgemein pflegt man dies alles auf die Fluth zur Zeit des Noa zu deuten; wiewohl es freylich ganz unmöglich ist, daß eine einzige nur Ein Jahr lang daurende Fluth das alles hervorbringen können, was man derselben beymessen will. Es sind also zwey von einander gänzlich zu unterscheidende Fragen: Ob die Erde ehemals überall von Wasser umgeben gewesen? und: Ob auch die Fluth zur Zeit des Noa allgemein gewesen ist? Die erste dieser Frage kann kein Naturkenner verneinen. Bey Entscheidung der letztern kommt es auf eine genaue Erörterung der ältesten Völkergeschichte, und insonderheit auf eine jenem rohen Zeitalter angemessene Erklärung der vor uns liegenden Schriftstelle an. Man beantworte sich hier folgende Fragen: Kommen alle Völker und ihre verschiedene Sprachen von einem schon cultivirt gewesenen Stammgeschlecht her? Dies war doch die Familie des Noa! Wo kamen nach der Sündfluth, bey der so genannten Zerstreuung, die vielen Völker und die Menge der Unterthanen her? Jeder Enkel des Noa ward der Stammvater und Regent eines Volks. Es sollen dies zwar kleine Familien gewesen seyn, ihre Länderzüge will man sich als ein langsames Auseinanderziehen vorstellen; aber wie stimmt dies mit der alten Geschichte überein? Wie lange war Egypten und

China

China bewohnt, ehe die so genannte zuverläßige Geschichte dieser Länder anfängt? Schwerlich kann man doch alle Geschichten der Alten in jenen Zeitraum zusammendrängen: Wo kamen alle Bewohner dieser und anderer Länder so geschwind her? Ich weiß zwar, daß man mit Rechnungen, so wie sie beym Gatterer, Süßmilch, Lilienthal und andern zu finden sind, leicht genug die ganze Erde erfüllen kann. Aber was kann man nicht rechnen, wenn sich die Rechnungen nicht auf wirkliche Fälle, sondern bloß auf angenommene Meinungen beziehen sollen! Wo kam schon zu Abrahams Zeiten, und früher, die Menge Menschen und der Unterschied unter Sklaven und Herrscher her? Abrahams Horde bestand sicher, da er 318 Mann Eingeborne zu Felde stellen konnte, aus mehr denn tausend Menschen. Oder soll man, mit Michaelis und Schlözer, einige in der Stammtafel ausgelassene Geschlechter und Jahrhunderte annehmen? Fast eben so gut wissen sich die Dichter der Vorwelt zu helfen. Cadmus in Theben säete Drachenzähne, und entriß also gleichsam aus den Rachen der wildesten Völker (Man vergl. Schumachers Versuch über die hieroglyphische Denkbilder) für seine Colonie einen zahlreichen sich mehrenden Zuwachs. „Deukalion und „Pyrrha warfen nach der großen Fluth Steine hin„ter sich, und daraus wurden Menschen; heißt das „nicht: Sie warben unter den wilden Nachbaren „Colonisten, schickten sie hinter sich in das Land, und „machten gesittete Menschen daraus 1)?" Ich muß zwar eingestehn, daß die Vorstellung, als ob in dem Schiffe des Noa nur 8 Personen erhalten wären, nicht eben aus der hier vor uns liegenden Urkunde herkommt. So redet auch Josephus von Mehreren.

___

1) So sagt Leß in der Geschichte der Religion Seite 294.

ren 2). Die Urkunde gedenkt vielmehr ausdrücklich Cap. 7, 1. des ganzen Hauses des Noa. Und Cap. 7, 7. 8, 16. wo seine Söhne benannt werden, geschicht auch ihrer Frauen Erwähnung. Es ist aber gar nicht wiedersinnig, daß man bey diesem Worte so wie bey dem hebräischen Worte Bat (Tochter) an ganze Familien (latein. gens) gedenken müsse, vergl. Hes. 16, 41. Dan. 11, 17. Auch bey Taras Zuge werden Cap. 11, 31. nur die Stammhalter genannt, ohne der übrigen zu gedenken, und es müssen doch sicher mehrere mit ihnen gereiset seyn. Es wurden also im Schiff 4 Familien erhalten, deren Nachkommen sich nach Cap. 9, 13. überall verbreiten sollten, und von denen die Semitischen, Hamitischen und Japhetischen Auswandrer Cap. 10, angeführt werden. Wer aus der Beschreibung der Fluth zur Zeit des Noa die Allgemeinheit derselben über die ganze Erde herleiten will, der bedenke erst, was Leß in seiner Geschichte der Religion Seite 292. mit Recht (zwar nicht in dieser Absicht) sagt: „Der Styl „der ältesten Geschichte ist nicht Prosa, sondern „Poesie. Und als solche muß man denn auch alle „Geschichte der ältesten Welt auslegen. Sie als „Prosa behandeln, oder alle ihre Ausdrücke im ei„gentlichen und genauesten Sinn nehmen, das heißt „die Alte Welt mit der Neuern verwechseln, oder „diese in jene hineintragen." Dann sage man uns: Woher der Schriftsteller, oder vielmehr der erste Erzähler dieser Nachrichten, Kenntnisse von der Rundung der Erde und ihrer Größe und den höchsten Bergen erhalten haben sollte? Mußten sich seine Beschreibungen nicht nach seinen Kenntnissen richten? Leß zwar will uns vorreden: Es sey damals noch weiter

---

2) Man vergleiche die uns vom Berosus überlieferten Nachrichten. Auch Heynii differt. sacr. p. 73.

ter kein Land als Vorderasien über die Meeresfläche erhaben gewesen; allein dies wird ihm kein einziger aufmerksamer Naturkenner glauben. Wie hätte Egypten, Indien, China, Griechenland, Scythien, Amerika und alles Uebrige so geschwind entstehen und bevölkert werden können? Und wie hätte endlich Noa mit den Seinen im Schiff erhalten werden können; wenn mit der Erde solche ungeheure Veränderungen vorgegangen wären, wie Burnet, Whiston, Woodward, Silberschlag und andre, aus Misverstand des Cap. 7, 11. und Cap. 8, 2. vorkommenden Ausdrucks erträumen 3)?

Wir ersparen uns also hier die von den angeführten Verfassern erdachten Theorien, und brauchen nicht mit Silberschlag Wasser aus den allenthalben angenommenen und doch nur selten angetroffenen Höhlen der Erde, oder mit Heyn und Whiston aus dem Schweif eines Kometen, oder mit Burnet aus dem Zerplatzen der Erdrinde, oder mit Nichols aus der elliptisch gewordenen Erdbahn herzuholen. Schon Vossius (in Diff. de aetate mundi c. 12, p. 283.) Clericus (in Comm. in Genes. p. 66.) Stillingfleet (in Orig. sacr. Lib. 3. Cap. 4, §. 3.) Jerusalem (im 2ten Theil der Betrachtungen über die Religion.) Dathe (in Pentateuch. p. 60.) haben die allgemeine Ueberschwemmung der Erde, so wie Peyrerius (in Syftem. Theolog. ex Praeadamitarum hypothesi libr. IV.) Tissot, de Patet, Marquis d'Argens, und mit

J 5 bes-

---

3) Wie manchmahl auf ein einziges misverstandnes Wort ganze Lehrgebäude aufgeführt werden, davon findet man in Sacks zu Breßlau herausgegebenen Erklärung der Sündfluth ein auffallendes Beyspiel. Seine ganze Theorie von der Sündfluth gründet sich auf die von Michaelis Cap. 7, 6. beliebte Lesart statt Fluth des Wassers vom Meere her, Mijjam statt Majim zu lesen. Und wer sollte hier wohl eine solche physikalische Anmerkung erwarten? Vergl. Eichhorns Einl. ins A. T. S. 345.

beſſern Gründen Wahl (in der Geſchichte der Morgenl. Sprachen.) die Erſäufung des geſammten Menſchengeſchlechts bezweifelt. Hermann von der Hardt erklärt die Sündfluth von einem Scythenkriege, und mag dieſe ſeine Erklärung oder Verdrehung für ſich behalten.

10, 1. Die Abkömmlinge der Söhne Noas Sem, Ham und Japhet,
die ſie nach der Waſſerfluth bekamen (einſetzten);
oder
(Die Urgeſchichte der Völker.)

2. Die Abkömmlinge von Japhet ſind: Gomer (Galater, nachmalige Cimbrer, Gallier, Celten vergl. Heſek. 38, 6.), Magog (Scythen), Madai (Meder), Javan (Jonier nachmalige Griechen), Thubal (Tiberier), Meſchech (Meſ-
3. ſener, Capadocier), Tiras (Thracier). Die Abkömmlinge von Gomer ſind: Aſchkenas (Rheginer), Rifat (Paphlagonier) und Thogarma
4. (Phrygier). Die Abkömmlinge von Javan (den Griechen) ſind: Elis (Aeolier), Tartiſch (Cilicier), Ketim (Einwohner Italiens) und die

V. 1. Und dies ſind die Abſtammungen der Söhne Noas ſ.

3. Aſchkenas. Von ihm ſoll der Pontus Euxinus, ſonſt Axenos, ſeinen Namen haben. Von hier aus müſſen nach der Meinung der Rabbinen die Germanier ausgegangen ſeyn, denn ſie nennen ihr Land Aſchkenas.

4. Ketim und Latium von latere, ſtimmen der Bedeutung nach überein.

4. Dodanim. Bochart lieſet mit dem ſamaritaniſchen Text Rhedanim, und denkt an die Einwohner Galliens.

5. die Dodaner. Diese bewohnten die Länder jenseits des Meeres, und vertheilten sich nach ihren Geschlechtern, Stämmen und Völkerschaften.

6. Die Abkömmlinge von Ham (Cham Schwarz) sind: Kusch (Aethiopier), Mizraim (Egypter),
7. Fut (Indier), und Kanaan. Die Abkömmlinge von Kusch (von den Aethiopiern) sind: Saba, Chavila, Sabtha, Reema und Sabthecha. Die Abkömmlinge von Reema sind: Schoba und Daden.
8. Kusch hatte einen Sohn Nimrod, der fing an
9. sich hervorzuthun auf Erden (im Lande). Er wurde ein Held durch die Jagd (durch Eroberungen) vor Jehova (ein außerordentlicher Kriegesheld). Daher spricht man: Ein außeror-
10. dentlicher Kriegesheld, wie Nimrod. Der Anfang seines Reiches war Babel, Erech (Edessa) Akkad (Nesibis) und Kalma (Calne) im Lande
11. Sinear. Von diesem Lande ging (er nach) Assur aus, und bauete Ninive, Rechobot (breite
12. Gasse) Kalach und Resen [zwischen Ninive und

---

6. Cham und das griechische Αιγυπ]ος ist der Bedeutung nach einerley.

6. Aethiopier: Man denke dabey nicht bloß an das jetzt so genannte Aethiopien. In den alten Zeiten führte auch der Theil Arabiens, der an Egypten stößt, diesen Namen. Habak. 3, 7. 2 Mos. 2, 16. 21. vergl. mit 4 Mos. 12, 1. Hesek. 29, 10.

10. Kalma vergl Amos 6, 2. Der Targum von Jerusalem denkt unrichtig an Ktesiphon, denn dies lag jenseit des Tigers.

11. Von diesem Lande ging er (Nimrod) nach Assur. So übersetze ich mit Bochart. Es fehlt das so genannte He Locale wie z. B. auch 5 Mos. 28, 68. 2 Sam. 20, 1. vergl. mit 1 Chron. 19, 2. 2 Sam. 6, 10. vergl. mit 1 Chron. 13, 13. 1 Kön. 19, 3. So heißt auch Mich. 5, 5. vergl. Ps. 105, 23. Assyrien das Land Nimrods.

13. und Kalach]. Dies ist die größte Stadt. Die Abkömmlinge von Mizraim (von den Egyptern) sind die Ludim (Aethiopier, jetzt Abessiner), Ana=
14. mäer, Lehabäer, Naftuchäer, Pathrusäer, Cas=luchäer [von denen die Philister (Reisende, Pil=ger, Colonisten) ausgewandert sind] und die
15. Caftoräer. Kanaans Söhne waren Sidon [der erstgeborne] und Cheth.
16. Auch die Jebusiter, Amoriter, Gergesener,
17. Cheviter, Arkiter, Siniter, Arabäer, Sim=
18. riter, Chamater. Nachmals breiteten sich die
19. Kananitischen Stämme aus, und ihre Gränzen erstreckten sich von Sidon bis Gerar und Gaza, von da bis Sodom, Gomorra, Adma, Ze=boim und bis Lescha.
20. Dies sind Abkömmlinge Hams nach ihren Ab=stammungen, Geschlechtern, Stämmen und Völkerschaften.
21. Auch Sem hatte Nachkommen. Er ist der Stammvater aller Hebräer und ein Bruder des ältern Japhets.
22. Die Abkömmlinge von Sem sind Elam (Ela=miter nachmalige Perser), Assur (Assyrer), Ar=fachschad (Chaldäer), Lud (Lydier) und Aram (Syrer).

23. Die

---

12. Dies ist: Im Original ist es eben so ungewiß, wie hier, ob es auf Resen oder auf Kalach geht.

21. Auch Sem: Dathe übersetzt: Sem erhielt viel Nachkommen.

21. Hebräer: Insgemein erklärt man dies, wie Clericus, von den Völkern jenseits des Jordans, oder man zieht es auf den Eber v. 24. Das beste ist wol, wenn man mit Wahl (Man sehe seine Geschichte der Morgenländischen Sprachen, wo man auch die andern Meinungen über den Namen Hebräer beurtheilt findet) Hebräer und Nomaden für gleichbedeutend ansiehet.

23. Die Abkömmlinge von Aram sind: Uz, Chul,
24. Gether und Mas, Arfachschads Sohn hieß Sche-
25. lach und dessen Sohn Eber. Dieser hatte 2 Söhne, den einen nannte man Peleg (Theilung),
da zu seiner Zeit die Erde getheilt wurde, den
26. andern Joktan. Von letzterm stammen ab: Al-
27. modad, Schalef, Chazarmavet, Jerach, Ha-
28. doram, Usal [Sanaa], Dikla, Obal, Abi-
29. mael, Saba, Ofir, Chavila, Jobab. Alle
30. diese sind Abkömmlinge von Joktan, ihre Wohnungen gehn von Mesa (Bassora) an bis an
Sefar (die Arabische Provinz Tahama), das
(uns) gegen Morgen liegende Gebirge.

31. Dies sind die Abkömmlinge von Sem, wie
sie nach ihren Stämmen und Herrschaften sich in
besondere Wohnsitze und Völkerschaften vertheilten.

32. Dies sind die von den Söhnen des Noa her-
gekommenen Stämme, wie sie sich nach ihren
Abstammungen in Völkerschaften vertheilten.
Von ihnen verbreiteten sich die Völkerschaften
auf Erden nach der Wasserfluth.

II, 1. Noch

25. Joktan: Die Araber nennen diesen ihren Stammvater Kach-
tan. Die Namen v. 26 — 29. haben sich fast alle noch bis jetzt
unverändert unter den arabischen Völkerschaften erhalten.

26. Chazarmavet: Andre lesen Chadramaut.

27. Sanaa findet sich nur bey einigen und fehlt bey den andern.

Noch stimmte überall Rath und Ent- 11, 1.
schliessung ein,
Da kam ein Heereszug vom Morgenlande 2.
Zur Ebne Sincar, und wohnete daselbst.
Hier hieß es: Nun wohlan! Wir wollen Ziegel 3.
brennen,
Wir nehmen sie statt Stein, und Erdpech statt
des Kalks,
Und bauen Stadt und Thurm hoch bis zum 4.
Himmel auf!
Der soll ein Denkmal seyn, wenn wir uns einst
Von hier zerstreun in alle Länder! —
Jedoch Jehova fuhr im Wetter her, und blitzte 5.
Auf Stadt und Thurm — den Bau der
Sterblichen.
Wenn alle wie ein Volk, sprach er, einstimmig 6.
bleiben;
So können sie das Werk, das sie jetzt ange-
fangen —
Nichts hält sie dann zurück. — auch ganz voll-
enden!
Wohlan ich steig hinab, ihr Rath wird nun 7.
verwirrt,
Daß keiner mehr hinfort den andern hört!
Jehova ließ sie sich zerstreun in alle Länder, 8.
Der Bau der Stadt blieb unvollendet,
Die darum Babel heißt; weil der Jehova 9.
dort
Den Rath des ganzen Reichs verwirrte, und
von da
In alle Länder aus das Volk zerstreuete.

11,1. Erst waren sie überall einstimmig und von
2. gleicher Gesinnung. Als sie aber einstens bey einem Zuge in die Ebne von Sinear kamen und sich da niederließen, faßten sie den Entschluß;
3. Backsteine im Feuer zu dörren, und sich derer statt der Steine, des Erdpechs aber statt des
4. Leims zu bedienen, und so eine Stadt, und einen Thurm bis an die Wolken zu bauen; um sich so ein Denkmal zu machen, dadurch die Zerstreuung verhütet würde. Jehova fuhr
5. (im Wetter) einher und blickte (blitzte) auf die Stadt und den Thurm, daran die Menschen
6. baueten. Er sahe: wenn alle als Ein Volk einstimmig wären, dies ihr angefangenes Werk zu vollenden; so würden sie ihr ganzes Vorha-
7. ben ausführen können. Er beschloß daher, durchs Herabfahren (Wetter) ihre Eintracht zu verwir-
8. ren, daß keiner auf den andern hören sollte. So zerstreuete sie Jehova von da in alle Länder, daß sie aufhören mußten, die Stadt zu bauen.
9. Diese nannte man daher Babel (Verwirrung), weil Jehova daselbst das Reich verwirret und sie von dort aus in alle Länder zerstreuet hatte.

V. 1. Es hatte alle Welt (das ganze Land) einerley Zunge und Rede.

2. Einstens bey einem Zuge: Andre übersetzen: Beym Abzuge aus dem Morgenlande, vergl. die Anmerkung bey Cap 2, 8.

2. Faßten sie den Entschluß: W. sprach einer zu dem andern: Wohlan, laßt uns f.

4. Denkmal: Namen.

4. Dadurch die Zerstreuung verhütet würde: Wörtl. Damit wir nicht zerstreuet werden in alle Lande. Andre übersetzen: Ehe wir zerstreuet werden. So der Alexandriner.

4. Bis an die Wolken Vergl. 5 Mos. 1, 28.

5. Die Menschen: W. Die Menschenkinder, Sterbliche vergl. Cap. 6, 2.

Die

Die Abstammungen von Sem.

Sem war 100 Jahr alt, als ihm 2 Jahr nach der Fluth Arfachschad geboren wurde. Er lebte
11. nachher noch 500 Jahr, und bekam mehr Kinder.
12. Arfachschad war 35 Jahr alt, als ihm Schelach geboren wurde. Er lebte nachher noch 403 Jahr, und bekam mehr Kinder.
14. Schelach war 30 Jahr alt, als ihm Eber geboren wurde. Er lebte nachher noch 403 Jahr, und bekam mehr Kinder.
16. Eber war 34 Jahr alt, als ihm Feleg geboren wurde. Er lebte nachher noch 430 Jahr, und bekam mehr Kinder.
18. Feleg war 30 Jahr alt, als ihm Regu geboren wurde. Er lebte nachher noch 209 Jahr, und bekam mehr Kinder.
20. Regu war 32 Jahr alt, als ihm Scherug geboren wurde. Er lebte nachher noch 207 Jahr, und bekam mehr Kinder.
22. Scherug war 30 Jahr alt, als ihm Nachor geboren wurde. Er lebte nachher noch 200 Jahr, und bekam mehr Kinder.
24. Nachor war 29 Jahr alt, als ihm Tara geboren wurde. Er lebte nachher noch 119 Jahr, und bekam mehr Kinder.
26. Tara war 70 Jahr alt, als ihm Abram, Nachor und Haran geboren wurden.

27. Die Abstammungen von Tara.

Dem Tara wurden Abram, Nachor und Haran geboren, dem Haran aber Lot. Haran starb

28. starb bey Lebzeiten seines Vaters in dem Lande, wo er geboren war, zu Ur bey den Chaldäern. Abram und Nachor verheiratheten sich. Abrams Frau hieß Sarai, Nachors Frau Milka, Harans Tochter; denn Haran hatte 2 Töchter hin-
30. terlassen, Milka und Jiska, Sarai bekam keine
31. Kinder. Tara zog mit seinem Sohne Abram, mit Harans Sohn seinem Enkel Lot, und mit seiner Schwiegertochter Sarai der Frau Abrams, von Ur in Chaldäa aus nach Kanaan zu gehen. Sie kamen nach Charran und ließen sich da nieder. Tara brachte sein Leben auf 205 Jahr, und
32. starb zu Charran.

Erläuterung der Urgeschichte der Völker.
Die Kosmographie Cap. 10, 1 – 32.

Mit Recht sieht man die, in dieser Urkunde enthaltene Nachricht, als die älteste, nach morgenländischem Geschmack eingerichtete Weltcharte (Kosmographie) an. Die mehresten Ausleger erwarten hier eine Nachricht vom Ursprung aller ihnen bekannten Völker. Sie rathen beliebig nach, und bleiben bey jeder aufgefundenen Aehnlichkeit alter Namen stehen. Was Wunder, wenn sie also häufig auf sehr verschiedenem Wege in die Irre gerathen? Es fällt mir unmöglich, ihnen in allen ihren Labyrinthen nachzugehn. Ich habe

---

31. Zog mit: Nach dem Samaritanischen Text heißt es: Er führte seinen Sohn Abram. —

32. 205 Jahr: Der Samaritanische Text giebt 145 Jahr an.

habe in meiner Uebersetzung bloß einige neuere Namen der Völker, so wie man sie insgemein zu erklären pflegt, beygeschrieben. Es läßt sich hier keine allgemeine Uebereinstimmung erwarten. Die verschiedenen Meinungen der Gelehrten findet man in Cellarii notitia orbis antiqui, Kircheri Arca Noae L. III. p. III. p. 223 — 30. Heideggeri H. S. Patriarch. T. I. Exerc. XXIII. p. 438 — 62. Goeree Joodse Oudheden II. Deel IX. B. p. 1184. — 1225. Bocharti Phaleg. Michaelis Spicileg. Geograph. post Bochartum, Forsteri Ep. ad Michaelis, Gatterers Einleit. in die synchron. Universalhist. II. Th. S. 51. f. (Uphagens) Parerga historica pag. 20 — 79. Wer diese Beschreibung vom Ursprung der Völker übersieht, wird ihre dem damaligen Zeitalter angemessene Unvollständigkeit leicht bemerken 1). Wäre es nicht billig, diese alte Kosmographie der Hebräer mit den Ueberresten der ältesten Völkerkunde anderer Nationen in Vergleichung zu setzen 2)? Dann erst würde man sich bey Erklärung dieses Stücks, meinem Bedünken nach, nicht sowol an eine Stammtafel einzelner Personen als vielmehr an eine Erklärungsart (Mythologie) über die Verwandschaft der Völker denken. Doch wer es sich vorstellen kann, der glaube immerhin, daß sich drey Söhne eines Mannes in die drey (vormals) bekannten Theile der Welt getheilt haben,

---

1) Man vergleiche hiermit, was Herder im Geist der hebräischen Poesie davon sagt.

2) Zum Beyspiel: Die Teutschen besungen einen Mann, den Sohn Tuist (terra editus) mit 3 Söhnen Ingwon (Einwohner) Indigena (Asia) Istwon (weitst- oder Westwohner) (Africa) Hermion (Held; ihren Vater (Japhet). Dieser Mann (Mannus) ward in Rugenland in eben derjenigen Gestalt verehrt, mit welcher die Römer ihren Janus abgebildet. Litterarische Briefe des Paquet S. 40.

haben, und daß ihre Söhne und Enkel jeder aus seinen Nachkommen ein besonderes Volk gestiftet, sie in ein eignes Land geführet, und für sie eine neue Sprache fabricirt habe. Uebrigens muß man sich bey Erklärung dieses Aufsatzes nicht in das Zeitalter Mosis, sondern wenigstens in die Zeit Abrahams versetzen. Es werden v. 19. Orte als Gränzen angegeben, die zu Mosis Zeit nicht mehr vorhanden waren. Die Stadt Tyrus (Zor) kommt hier noch nicht vor, die doch wol zu Mosis Zeit schon ansehnlich groß seyn mußte, vergl. Jos. 19, 29.

Die Zerstreuung der Völker.
Cap. 11, 1-9.

Diese Erzählung würde man, ungeachtet der wörtlich genauen Uebersetzungsart der Alten, schwerlich so gemißdeutet haben, als es insgemein geschiehet, da man nämlich den Ursprung der verschiedenen Sprachen darin zu finden glaubt; wenn man sich nicht berechtigt gehalten hätte, in diesen alten Urkunden alles zu suchen und zu finden. Schon Philo (in seinem Buch von der Verwirrung der Sprachen) Mericus Casaubonus, Campegius Vitringa 3), W. Wotton, Goguet, Sponsel, Abt, Schlegel, Hezel und andre haben die widersinnige der Natur und dieser

---

3) Seine Abhandlung de confusione linguarum, die erste in seinen Observat. sacr. p. 1 — 124. ist voll nutzbarer Gelehrsamkeit und verdient, verglichen zu werden. Perizonius sucht ihn (in Origin. Babyl. c. IX.) zu widerlegen. Man sehe auch Claparede de diuersarum linguarum origine iuxta Mosen. Genev. 1776.

sen Urkunden (Man vergleiche Cap. 10, besonders v. 5. 20 31. 32.) zuwiderlaufende Meinung von einer plötzlichen und gewaltthätigen Umschaffung menschlicher Sprachen verworfen.

Die Absicht des hier beschriebenen Baues konnte wol nicht, wie Josephus vorgiebt, die Furcht vor einer neuen Fluth seyn; sonst hätte man sicher nicht diese Gegend, sondern eine Anhöhe gewählt; darin aber scheint Josephus Recht zu haben, daß Nimrod bey dieser Unternehmung der Anführer gewesen. Auch die griechischen Schriftsteller beschreiben den Nimrod (Nin Merad, Sohn der Empörung) den andere Bacchus (Bar Chus, Sohn des Kusch) nennen, als den Stifter einer vermeinten Universal-Monarchie. So sagt die Alexandrinische Chronik, Nimrod und Ninus sey einerley. Er habe den Assyrern die Verehrung des Feuers gelehrt. Hiermit stimmen auch, wie Hottinger (Smegm. orient. libr. I. c. 8. p. 272.) bemerkt, die arabischen Schriftsteller überein. Daß alle damals lebende Menschen in Sinear gewesen und an dem Bau Theil gehabt hätten, ist ein bloßer Einfall einiger Ausleger, und läuft gerade wider die alten Erzählungen, welche uns die Semitischen Stämme z. B. die Hebräer, Assyrer, Chaldäer und s. w. als Nomadische Völker beschreiben, die an Erbauung der Städte damals noch keinen Theil nahmen. Der Ausdruck Alle Welt v. 1. heißt bekanntermaßen oft so viel als überall, in der ganzen Gegend. Mit dem Ausdruck eine Zunge und Rede vergleiche man die Stellen 4) Jos. 9, 2. 1 König 22, 13. wo die Redensart mit einem Munde, Zephan. 3, 9. wo der Ausdruck mit einer Schul-

---

4) Die ich schon beym Goguet im Urfp. der G.K. und W. Seite XIX. gesammelt finde.

Schulter vorkommt, und sonderlich Pf. 55, 10. wo David Gott bittet, die Zunge seiner Feinde uneins zu machen. Man wollte, ehe man sich weiter zerstreuete, ein Denkmal bauen. Schon Perizonius 5) hat bemerkt, daß das hebräische Wort Name so viel als ein Denkmaal heißt. Man braucht hier nicht eben an einen solchen Wachtthurm zu denken, als die Nomadischen Völker zu errichten gewohnt waren. Die Vermuthung scheint mehr Beyfall zu verdienen, wenn Heß bey diesem Thurm, so wie bey den Egyptischen Pyramiden und dem Schlosse zu Jlion, an eine Opferstäte gedenkt 6). Hiermit stimmt auch die Meinung der Juden überein, wenn sie den hebräischen Ausdruck Namen durch Götzenbild erklären; wo man freylich, wie Heß bemerkt, nicht an eine Statue 7) sondern an ein Feuer als das Bild der Sonne und Gottheit gedenken sollte. Oder sollten etwa die Altäre und Wachtthürme der Nomaden, so wie die Thürme der Städter, ihrem Ursprunge nach zu einerley Absicht zur Aufbewahrung des Feuers und zum Zufluchtsort (Asylum) bestimmt gewesen seyn? Daß unter dem Herabfahren des Jehova ein Gewitter zu verstehen sey, beweiset der ganze Sprachgebrauch der Hebräer 8), und damit stimmen auch die

---

5) Man sehe seine Origines Babylon. cap. X. p. 264. sqq. Er merkt cap. XI. p. 283. auch an, daß das griechische σῆμα von diesem hebräischen Worte herkomme, und führt cap. XII. p. 294. eine Stelle des Abarbanel zu Bestätigung seiner Meinung an.

6) In der Geschichte der Israeliten B. I. S. 155.

7) Wie Faber in seiner Archäologie S. 216. f.

8) Dies hat Hezel in seinen Gedanken über den Babylonischen Stadt- und Thurmbau S. 18 — 24. und in seiner Bibel S. 23. zulänglich gezeigt.

anbern Nachrichten des Alterthums von dieser Begebenheit überein. So führt zum Beyspiel Josephus (Cap. 6, im 1sten B. der Alterthümer) die Erzählung der Sibylle an. Da heißt es: Die Götter erweckten ein groß Ungewitter und stürzten den Thurm um. Was Herman von der Hardt zur Auslegung dieses Abschnitts erträumet hat, da er eine Zusammenverschwörung darin findet, überlassen wir ihm selbst.

Geschichte der Urväter
des
Jüdischen Volks.

Datur haec venia antiquitati, vt, miscendo humana diuinis, primordia *Rerum* augustiora faciat. Et, si cui populo licere oportet confecrare origines fuas et ad Deos referre auctores; ea gloria est *Huic* populo.

Liuius.

(Geschichte Abrahams.)

12, 1. Jehovah sprach einst zu Abram: Gehe von deinem Lande, von deinen Verwandten und von deines Vaters Hause aus, in das für dich bestimmte Land. Du sollst ein großes
2. Volk und so beglückt werden, daß man dich weit und breit darüber preisen, und dich als ein
3. Beyspiel eines Beglückten ansehn wird. Wer dir wohl will, dem wird es wohlgehn; wer dir übel will, dem wird es übel ergehn. Jederman wird sich wünschen, dein Glück zu genießen.

Diesem Befehl Jehovens gemäß machte sich Abram nebst Lot auf. Er war 75 Jahr alt, als
5. er Charran verließ. So begab er sich mit Sarai seiner Frau, und mit Lot seinem Bruderssohn, nebst ihrem ganzen Vermögen, und den zu Charran erkauften Sklaven, auf den Weg nach Kanaan, und kam auch (wirklich) daselbst an.
6. Als er das Land durchzogen und bis zur Gegend von Sichem bey der Terebinthe More gekommen war, — Es hatten aber schon damals die Kananiter das Land besetzt — sprach Jehova
7. bey einer Erscheinung zu ihm:

K 5 Die

---

1. In das für dich bestimmte Land. Wörtlich: in das Land, das ich dir zeigen will (das ich dir zeige).

2. 3. Ich will dich zum großen Volk machen, dich seegnen, dir einen großen Namen machen, und du sollst lauter Seegen seyn. Ich will seegnen wer dich seegnet, und fluchen wer dich flucht, und alle Geschlechter auf Erden (alle Völker des Landes sollen in dir gesegnet seyn. (Für alle wird es ein Glück seyn, dir zu gleichen.) Vergl. Cap. 48, 20.

5. Wirklich: vergl. C. 11, 31. 32.

Die Deinen werden einst dies Land besitzen!
Abram errichtete hier dem Jehova. der ihm erschienen war, einen Altar.

8. Von da zog Abram weiter ins Gebirge auf der Morgenseite von Bethel, wo er sich so lagerte, daß er diesen Ort gegen Abend, Ai aber gegen Morgen hatte. Da er auch hier dem Jehova einen Altar errichtet, und ihn verehrt
9. hatte; zog er nach und nach in den Süden (die Gegend bey Schur, Hebron und Gerar).
10. Einst kam eine Theurung ins Land. Als sie beschwerlich wurde, zog er auf so lange nach
11. Egypten. Indem er sich diesem Lande näherte, sagte er zu seiner Frau: Ich weiß, du bist eine
12. schöne Frau! Werden dich die Egypter sehen und dich für meine Frau halten, so werden sie mich wol gar umbringen, um nur dich zu erhalten.
13. Gib dich lieber für meine Schwester (Verwandte) aus, so wird man mich um deinetwillen gut be-
14. handeln und beym Leben erhalten.
    Gleich bey Abrams Ankunft in Egypten fiel die
15. Schönheit seiner Frau jedem auf, und da sie auch die Hofbedienten des Pharao gesehn und sie demselben gerühmt hatten, so wurde sie in den Pallast (in den Harem oder an den Hof) des
16. Pharao aufgenommen. Auch dem Abram wiederfuhr ihretwegen viel Gutes. Er bekam Geschenke von Schafen, Rindvieh, Eseln, Sklaven,

---

7. Die Deinen werden einst dies Land besitzen: W. Deinen Nachkommen (den Deinen) will ich dies Land geben.
8. Ihn verehrt hatte: d. i. Ihm zu Ehren einen Gottesdienst angerichtet hatte.
9. Nach und nach: Er zog als ein Nomade fort.
10. Auf so lange: Als ein Nomade.

17. ben, Mauleseln und Kamelen. Allein Pharao und sein Hof wurde um der Sarai (Abrams Frau) willen [vom Jehova] mit bösen Plagen
18. belegt (bedrohet). Er ließ (da ihm dies kund wurde) Abram rufen und sprach zu ihm: Warum hast du so gegen mich gehandelt, und hast es mir nicht wissen lassen, daß es deine Frau wä-
19. re? Warum gabst du sie für deine Verwandte aus? Schon wollte ich sie mir zur Gemahlin nehmen. Und nun wird es kund: Sie ist deine Frau. Nim sie also und ziehe ab!
20. Pharao gab auch den Dienern seinetwegen Befehl, und sie geleiteten ihn mit seiner Frau und allem, was er hatte.

13,1. So zog Abram mit seiner Frau und allem, was er (bey sich) hatte, nebst Lot aus Egypten in
2. den Süden. Er war sehr reich an Vieh, Sil-
3. ber und Gold. Von da zog er auf demselben Wege nach Bethel an den Ort, wo er vormals sein Lager zwischen Bethel und Ai gehabt und
4. einen Altar errichtet hatte. Hier verehrte er
5. den Jehova. Da auch Lot, der ihn begleitete, viel Schafe, Rindvieh und Gezelte hatte; so
6. konnte es das Land nicht ertragen, daß sie beyde zusammen wohnten; denn ihr Vermögen war zu
7. groß dazu: so daß es zwischen den Hirten Abrams und Lots immer Streit gab, indem bereits die Kananiter (Kaufleute) und Pheresiter (Viehhir-
8. ten) das Land besetzt hatten. Daher sprach Abram zu Lot: Laß keinen Streit zwischen uns und

---

16. Maulesel: So übersetzen die mit Egypten so bekannten Alexandriner. Andre zweifeln, ob man damals schon Maulesel gehabt, und übersetzen Eselinnen, junge Esel.

3. Auf demselben Wege. W. Die Oerter seiner Reise. Die Nomadische Viehzucht brachte es so mit sich.

und unsern Hirten seyn, da wir Verwandte
9. sind! Steht dir nicht das ganze Land offen? Trenne dich lieber von mir! Willst du links, so will ich rechts. Willst du rechts, so will ich links.
10. Als sich Lot besahe, gefiel ihm die Gegend beym Jordan, weil man da überall Wasser hatte. Ehe Sodom und Gomorra [vom Jehova] zerstört wurde, war diese Gegend bis gegen Zoar ein Garten des Jehova (sehr fruchtbar und schön),
11. so wie Egypten. Diese erwählte sich Lot, und zog gegen Morgen. So trennten sich beyde.
12. Abram wohnte bey den Kananitern, und Lot in den Städten beym Jordan, und hielt sich zu
13. Sodom auf. Die Bewohner dieser Stadt aber waren böse und höchst lasterhaft.
14. Jehova sprach zu Abram, nachdem sich Lot von ihm getrennt hatte: Siehe von da, wo du
15. bist, rund um dich her. Das ganze Land, was du siehest, soll dir und den Deinen auf beständ-
16. dig gehören! Die Deinen sollen so unzählbar
17. werden, wie der Staub auf dem Boden! Ziehe das Land hin und her durch; denn dir soll es gehören!
18. Abram zog von da weg, und lagerte sich unter den Terebinthen Mamre bey Hebron, wo er dem Jehova einen Altar errichtete.

14. 1. Zu

9. Steht dir nicht das ganze Land offen: W. Ist nicht das ganze Land vor dir.
10. Die Gegend beym Jordan: der Jordankreis.
13. Höchst lasterhaft: W. Lasterhaft vor Jehova.
14. Rund um dich her: W. Gegen Mitternacht, Mittag, Morgen und Abend.
15. Soll dir und den deinen auf beständig gehören: W. Gebe ich dir und deinen Nachkommen immerdar.
17. Dir soll es gehören: W. Dir gebe ich es.

14. 1. Zu der Zeit, als die Könige Amrafel von Sinear, Arjoch von Elassar, Kedorlaomer von Elam, und Tidgal der König der Gojiten mit
2. den Königen Bera von Sodom, Birscha von Gomorra, Schinab von Adma, Schemeber von Zeboim, und der König von Bela [jetzt Zoar]
3. Krieg führten; versammelten sich diese in dem Thale Siddim (bebauete Ebene), wo jetzt das
4. Salzmeer (todte Meer) ist. Sie waren 12 Jahr dem Kedorlaomer unterwürfig gewesen, im 13ten aber von ihm abgefallen. Im 14ten kam er nun und die mit ihm im Bündniß stehenden Könige, und besiegte die Rephäer zu Aschtarot Karnaim, die Susiten zu Ham, die Emiten zu
6. Schave Kirjataim, und die Bewohner der Höhlen (Troglodyten) auf dem Gebirge Seir bis an die Ebne Pharan, die an die Wüste stößt.
7. Drauf wandte er sich gegen die Quelle Mischpat [oder Kadesch] und überwältigte alle Fürsten der Amalekiter, und der Amoriter, die zu Chaza-
8. zon Thamar wohnten. Jetzt zogen die Könige von Sodom, Gomorra, Adma, Zeboim und Bela [oder Zoar] heraus und stellten sich gegen ihn in dem Thale Siddim (dem bebaueten Felde)
9. in Schlachtordnung, nämlich gegen Kedorlaomer von Elam, Tidgal den König der Gojiten, Amrafel von Sinear und Arjah von Elassar,
10. Viere also gegen Fünfe. Das Thal Siddim aber hatte überall Erdpechquellen, da hinein begaben sich die Könige von Sodom und Gomorra bey

7. Alle Fürsten: Ich folge hier der Leseart Sare. Andre lesen Sade, und übersetzen das ganze Gefilde. Vergl. Repertorium der bibl. und Morgenl. Litteratur.
10. Begaben sich: Andre übersetzen: Darin kamen um. Allein es war wenigstens nach v. 17. gleich wieder ein König von Sodom da.

bey der Flucht. Die übrigen entkamen auf die
11. Berge. Nun plünderten sie (die Feinde) So=
dom und Gomorra aus, und nahmen alle Lebens=
12. mittel mit sich weg. Auch Lot, den Bruders=
sohn Abrams, nahmen sie, nebst seinem ganzen
Vermögen, mit sich weg; da er in Sodom
13. wohnte. Hiervon benachrichtigte ein Flüchtling
Abram den Hebräer (den Nomaden), der da=
mals bey der Terebinthe des Amoriters Mamre
wohnte, und mit diesem und seinen beyden Brü=
dern Eschkol und Aner im Bündniß stand. Da
14. nun Abram hörte, daß sie seinen nächsten Ver=
wandten mit weg geführet hatten, bewaffnete er
318 von seinen Sklaven, die in seinem Hause
geboren waren, und verfolgte diese Könige bis
15. Dann. Bey der Nacht brach er mit den Sei=
nen zwischen sie ein, besiegte sie und verfolgte sie
bis Choba auf der linken (Abends) Seite von
16. Damaskus, und brachte so alle Güter auch Lot
seinen Vetter mit dem Seinigen, und überdas
die Weiber und das übrige Volk zurück. Bey
17. seiner Zurückkunft vom Siege über den Kedor=
laomer und den mit ihm vereinigten Königen,
rückte der König von Sodom wieder hervor, und
ging ihm in das Thal Schave [sonst Königsthal
18. genannt] entgegen. Auch Melchisedeck der Kö=
nig von Salem (Jebus oder Jerusalem genannt)
ließ ihm Brodt und Wein (Erfrischungen zur
Sieges = und Opfermahlzeit) herausbringen.
Dieser war ein Priester des höchsten Gottes, und
19. begrüßte ihn mit den Worten:
Du, Abram, bist beglückt vom höchsten Gott!
20. Vom Schöpfer aller Welt! Gelobt sey er!
Der höchste Gott, der deiner Macht die Feinde
unterwarf.

Er

Er überließ ihm den zehnten Theil von allem (zum Opfer und zum Geschenk). Der König

21. von Sodom aber sprach zu Abram:

Gib mir nur die Leute wieder, die Güter aber behalte für dich!

22. Abram antwortete ihm: Ich erhebe meine Hand zum Jehova zum Schöpfer der Welt (Ich
23. schwöre bey ihm): Ich will keinen Faden auch nicht ein Schuhband von dem Deinigen nehmen, damit du nicht sagen kannst: du habest
24. mich reich gemacht, außer was die Leute verzehrt haben, und was meinen Bundesgenossen Aner, Eschkol und Mamre zukommt. Die mögen ihr Theil nehmen.

15, 1. Hierauf rief Jehova dem Abram bey einer Erscheinung (im Traum) zu:

Werde nicht muthlos! Abram! Ich bin dein Beschützer und dein reichlicher Vergelter.

2. Abram: Herr, Jehova! Was willst du mir noch weiter geben? Ich habe keine Kinder, der künftige Erbe meines Vermögens ist Elieser von Damaskus!

3. Indem er so sagte: Du hast mir keine Kin-
4. der gegeben, mein angeborner Knecht wird mich beerben, so erhielt er vom Jehova die Antwort (das Orakel):

Der ist dein Erbe nicht! Den du gezeugt, Der wird dein Erbe seyn!

5. Er

---

2. Der künftige Erbe: Andre übersetzen der Verwalter meines Hauswesens. Ich folge der Erläuterung, die Simonis im Lexic. hebr. giebt. Schon der Syrer übersetzt Erbe. In den alten Sprachen scheint der Begriff eines Erben und eines Verwesers des gesammten Vermögens noch zusammen zu fließen.

5. Er ließ ihn herausgehn, und sprach:
Schau jetzt den Himmel an, und zähle, wenn du kannst,
Der Sterne Heer! — So ist [sprach er zu ihm] einst dein Geschlecht!
6. Abram verließ sich auf Jehova. Dieser nahm es als eine Probe seiner Rechtschaffenheit an, und
7. sprach zu ihm:
„Ich bin Jehova, der ich dich von Ur aus „Chaldäa ausführte, dir dies Land als ein Erb„gut zu geben."
8. Abram: Herr, Jehova! Woran soll ich es sehen, daß dies mein Erbgut seyn wird?
9. Er: Bringe mir eine Kuh, eine Ziege, einen Widder, alles dreyjährig, nebst einer Turteltaube und einer jungen Taube.
10. Abram that es: Er theilte alles in zwey Hälften, und legte diese in zwey Reihen. Nur die Vö-
11. gel (die Tauben) ließ er ungetheilt. Die Raubvögel fielen darüber her, Abram aber verscheuchte
12. sie. Er fiel beym Untergang der Sonne in eine Entzückung, und Schrecken und Finsterniß
13. überdeckte ihn. Da sprach er (Jehova) zu ihm:
Wisse 400 Jahr werden sich die Deinen in einem Lande aufhalten, das ihnen nicht gehört (als Nomaden leben), da wird man sie endlich dienstbar machen und bedrücken. Ich aber
14. will das Volk bestrafen, das sie dienstbar macht! Dann werden sie mit großem Reich-
15. thum ausziehn! Du aber sollst ruhig sterben und in gutem Alter begraben werden! Im vier-
16. ten

15. Sterben: W. Zu deinen Vätern fahren. Einige Ausleger fragen hier: Ob Abrahams abgöttische Vorfahren auch selig geworden wären? Heißt denn aber ad patres ire wol mehr, als sterben?

16. ten Geschlecht sollen sie wieder hieher kommen. Denn jetzt sind die Amoriter noch nicht zu ihrer Vertilgung reif.
17. Als es nun nach Sonnenuntergang finster geworden war, fuhr eine mit Rauch bedeckte Feuerflamme zwischen den Opferstücken durch. So bestätigte damals Jehova dem Abram das Versprechen mit den Worten:

Den Deinen gebe ich dies Land vom Fluß Egyptens (vom Nil) an, bis zum [großen
19. Strom] Euphrat; was jetzt die Keniter,
20. Kenisiter, Kadmoniter, Hetiter, Feresiter,
21. Refäer, Amoriter, Kananiter, und Jebusiter besitzen.

16,1. Inzwischen brachte Sarai [Abrams Frau] ihrem Manne kein Kind. Sie hatte eine E-gy-
2. tische Sklavin Namens Hagar (Muttag), und sprach zu ihm:

Jehova giebt mir kein Kind. Halte dich zu meiner Magd, vielleicht bekomme ich eins durch sie!

3. Abram folgte ihr. — Sie gab ihm diese ihre Egyptische Sklavin zur Frau, da er zehn Jahr in Kanaan gewesen war. — Er hielt sich
4. zu ihr, sie wurde auch schwanger. So bald sie dies aber merkte, sahe sie ihre Gebieterin ver=
5. ächtlich an. Sarai sprach zu Abram:

Du

---

2. Giebt mir kein Kind: W. Hat mich zum Gebähren verschlossen. Bekomme ich eins: W. werde ich erbauet (mit Kindern versehn).

5. Du bist schuld daran: Andre übersetzen: Räche du mich (das mir wiederfahrene Unrecht)!

Du bist schuld daran. Ich habe dir selbst meine Sklavin zur Beyschläferin gegeben, und nun, da sie sieht, daß sie schwanger ist, werde ich von ihr schlecht behandelt. Jehova entscheide zwischen uns!

6. Abram: Deine Sklavin ist in deiner Gewalt! Handele mit ihr nach deinem Gefallen! Da sie nun Sarai demüthigte, lief sie davon.

7. Ein Bothe Jehovens fand sie in der Wüste bey einer Wasserquelle am Wege nach Schur (einer

9. Egyptischen Stadt. Er redete sie an: Hagar, du Sklavin der Sarai! Wo kommst du her? und wo willst du hin?

Sie: Ich bin von meiner Gebieterin Sarai entflohen.

9. Der Bothe Jehovens: Kehre zu deiner Gebieterin zurück und unterwirf dich ihr!

10. [Er sprach:]

So! mehr ich dein Geschlecht, daß es unzählbar wird!

(Ich verspreche dir eine unzählbare Nachkommenschaft)

11. — Sieh! du bist schwanger jetzt! mit einem Sohn!

Da nun Jehova dich in deiner Noth erhört: So nenn' ihn Ismael (Gott erhört). Der

12. Wird ein wilder Mensch (ein Freund des Krieges und der Jagd).

Sein Arm ist gegen alle, und alle gegen ihn! Er stiftet einst ein eignes Reich!

Sie

---

12. Ein wilder Mensch: W. Ein wilder Esel. Der Esel ist nach dem morgenländischen Geschmack ein eben so edles Bild eines freyen Mannes, als der Ochse und der Löwe eines Anführers und eines Siegers. Vergl. Hiob 39. 8. Jerem. 2, 24. Hos. 8, 9.

13. Sie rief den Jehova an, der mit ihr geredt hatte: Du bist El Roi (der Gott der Erscheinung), denn du bist [sprach sie] doch auch mir erschienen, da du auf mich sahest (dich meiner annahmest).

14. Daher nennt man die Quelle, die zwischen Kadesch und Bared ist, die Quelle Lachai Roi (des leibhaftig Erschienenen). Hagar brachte

15. dem Abram einen Sohn, den nannte er Ismael. Er war damals 86 Jahr alt.

17, 1. Als Abram 99 Jahr alt war, erschien ihm Jehova und sprach: Ich bin der Gott Schabbai (der Macht).

2. Wenn du mir dienest und dich mir gänzlich weihest: so will ich dir und deinen Kindern versprechen, dich sehr groß zu machen.

3. Indem sich Abram demüthig neigte, sprach Gott zu ihm:

4. Ich verspreche es dir: Du sollst ein Vater vie-

5. ler Völker werden! Du sollst nicht mehr Abram (erhabner Vater) sondern Abraham (Vater der Völker) heißen, da ich dich zum Vater

6. vieler Völker und sehr fruchtbar machen will; so daß ganze Völker aus dir werden und Könige von dir herkommen sollen. Ich ver-

7. spreche es bir und deinen späten Nachkommen auf immer: Ich will dein und der deinen Gott

8. seyn

---

12. Gegen alle und f: W. Seine Hand wird wider jedermann, und jedermanns Hand wider ihn seyn.

12. Er stiftet einst ein eignes Reich: W. Seine Wohnung wird allen seinen Brüdern gegenüber (von ihnen abgesondert) seyn.

13 Denn du bist doch auch mir erschienen, da du auf mich sahest: Man kann auch, wie Dathe, der dem Syrer folgt, übersetzen: Und ich sehe (lebe) nach dieser Erscheinung noch.

8. seyn und bleiben und dir und ihnen das Land, wo du wohnest, das ganze Kanaan zum be-
9. ständigen Erbgut geben. Dagegen fordere ich
10. von dir und deinen späten Nachkommen. „Ihr sollt deshalb jeden männlichen Geschlechts be-
11. schneiden und zum Zeichen eures Versprechens die Vorhaut des männlichen Gliedes abneh-
12. men. Jeder achttägige Knabe soll zu allen Zeiten beschnitten werden. Er mag euch geboren, oder von irgend einem fremden, der
13. nicht zu euch gehöret, erkauft seyn. Jeder einheimische und erkaufte soll beschnitten seyn; damit ihr ein Zeichen eures beständigen Ver-
14. sprechens an euch selbst habt. Jeder unbeschnittene, der sich die Vorhaut von seinem männlichen Gliede nicht abnehmen will, soll als ein Meineidiger verstoßen seyn von meinem Volk.
15. Gott sprach zu Abraham: Deine Frau soll nicht mehr Sarai (Gebieterin) sondern Sara
16. (die Fröhliche) heißen. Denn ich will sie beglücken, und dir von derselben einen Sohn geben. Ich will sie so beglücken, daß Völker aus ihr werden, und Könige der Völker von ihr herkommen sollen.
17. Abraham neigete sich demüthig und lächelte, da er es überdachte: daß er als ein hundertjähriger Mann von der neunzigjährigen Sara noch einen Sohn haben sollte.
18. Er sprach zu Gott: Ach, daß doch nur Ismael vor dir (nach deinem Willen) leben möchte!

19. Gott:

8. Zum beständigen Erbgut, nicht bloß zum Weideplatz eines Nomaden Vergl. Cap. 22, 4.

13. An sich selbst: W. an ihrem Fleische (Leibe).

15 Die Fröhliche: So übersetze ich mit Boysen.

19. Gott: Von deiner Frau Sara sollst du einen Sohn haben, den nenne Isaak (Jizchak, man wird lächeln). Auf diesen und seine Nachkommen errichte ich mein beständiges Bündniß.
20. Auch in Absicht des Ismaels (Gott erhört) erhöre ich dich! Ich beglücke ihn, ich mache ihn fruchtbar, und vermehre ihn so sehr, daß 12 Stammfürsten von ihm herkommen, und
21. aus ihm ein groß Volk werden soll. Doch soll sich mein Versprechen auf deinen Sohn Isaak gründen, den du übers Jahr um diese Zeit von der Sara bekommen sollst.
22. Als Gott mit ihm zu reden aufgehört, und sich
23. über ihn erhoben hatte, beschnitt Abraham sogleich seinen Sohn Ismael und alle männlichen Geschlechts, einheimische und erkaufte, wie ihm
24. Gott befohlen hatte. Abraham war 99, und
25. sein Sohn Ismael 13 Jahr alt, da sie an einem
26. Tage, nebst allen seinen einheimischen und von
27. Fremden erkauften Leuten beschnitten wurden.
18,1. Auch erschien ihm Jehova unter den Terebinthen Mamre. Er saß, da der Tag schon anfing heiß zu werden (gegen Mittag), vor seinem
2. Gezelt. Als er aufsahe, wurde er 3 Männer gewahr, die vor ihm standen. So bald er sie sahe, ging er ihnen von seinem Zelte her entge-
3. gen, neigte sich demüthig, und sprach zu dem Herrn (nebst seinen Begleitern):

L 3 Habe

23. Sogleich: W. An eben dem Tage.
3. Und sprach zu dem Herrn: W. Und sprach: Herr, habe ich Gnade vor deinen Augen gefunden; so u. s. w. Die Masorethen bemerken hier bey diesem Namen Herr: Es sey der Name Gottes. So lesen auch einige Handschriften Jehova. Hiermit stimmt der Alexandriner und Sorer überein. Der Samaritanische Text lieset die Herren, Sie möchten u. s. w.

Habe die Güte, und gehe nicht vor mir vor-
4. über. Es soll euch Wasser zum Fußbad gebracht werden. Ruhet unter diesem Baum
5. aus. Ich will euch zu essen bringen, damit ihr
euch erquicken und euren Weg fortsetzen könnet, denn darum seyd ihr mir (von ungefähr)
vor Augen gekommen.

Sie ließen sich sein Anerbieten gefallen. Er
6. ging eilend zur Sara ins Zelt, und hieß ihr
geschwind von 3 Maß feinem Mehl (in der Asche
7. gerösteten) Kuchen backen, lief dann zur Heerde,
suchte ein junges und schönes Kalb aus, und ließ
8. es in aller Eil von einem Sklaven zurichten. Er
brachte ihnen Rahm und Milch, und dann das
zubereitete Kalb. Er aber bediente sie, da sie
9. unter dem Baum aßen. Sie fragten: Wo ist
deine Frau Sara? Abraham: Im Zelte.

Jener: Ich will über ein Jahr um diese Zeit
wiederkommen, dann soll Sara einen Sohn
haben.

15. Sara leugnete zwar, gelacht zu haben, weil sie
sich fürchtete; Er aber sagte: Leugne es nur
nicht, du hast doch gelacht!

16. Als sich die Männer beym Weggehen nach
Sodom wandten, und Abraham sie begleitete,
17. redete ihn Jehova so an:

Kann ich es dir wol verhehlen, was ich vor-
18. habe, da du ein groß und mächtig Volk
seyn sollst und durch dich alle Völker der Erde
beglückt werden sollen (da du der beglückteste
19. im ganzen Lande werden sollst)? Denn ich
kenne dich, du wirst deine Nachkommen an-
halten,

7. Rahm: andre übersetzen Butter.

8. Bediente: W. er stand bey ihnen.

halten, den Jehova zu verehren, und zu thun, was recht und billig ist, so daß ich [Jehova] dir mein Versprechen werde erfüllen können.

20. Der Klagen [sprach er] über Sodom und Gomor-
21. ra sind viel. Ihre Schandthaten sind groß! Ich will mich jetzt hinbegeben, und untersuchen: Ob sie ganz so handeln, wie die Klage bey mir angebracht ist, oder nicht?

22. Die Männer (die Diener) wandten sich nach Sodom, Abraham aber blieb noch beym Jehova.
23. Er trat an ihn heran, und sprach: Wolltest du die Frommen mit den Bösen hin-
24. richten? Vielleicht sind 50 Fromme in der Stadt? Wolltest du diese hinrichten, und nicht dem Orte um der 50 Frommen Einwoh-
25. ner willen vergeben? Fern sey es von dir, also zu handeln, daß der Fromme mit dem Bösen hingerichtet würde, und daß es gleich wäre,
25. fromm oder böse zu seyn! Fern sey es von dir; du, Richter der Welt, wirst wol so nicht richten?

26. Jehova: Wenn ich 50 in der Stadt Sodom finde, so will ich um ihretwillen dem ganzen Orte vergeben.

27. Abraham: Ich wage es, mit dir, meinem Herrn, zu reden, da ich Staub und Asche (gering und sterblich) bin. Vielleicht könnten an den 50 Frommen 5 fehlen. Wolltest du denn um der 5 willen die ganze Stadt verderben?

Jehova: Ich will sie nicht verderben, wenn ich 45 darin finde.

29. Abraham: Vielleicht finden sich 40.
Er: Ich will es um der 40 willen nicht thun!

30. Abraham: Zürne nicht, mein Herr, daß ich rede, vielleicht finden sich 30.

Jehova: Ich will es nicht thun, wenn ich 30 finde.

31. Abraham: Ach! ich wage es, mit meinem Herrn zu reden. Vielleicht finden sich ihrer zwanzig?
Jehova: Ich zerstöre sie nicht, um der 20 willen,

32. Abraham: Zürne nicht, o Herr! daß ich noch einmahl rede. Vielleicht finden sich zehn?
Jehova: Ich will sie um der zehn willen nicht zerstören.

33. Da Jehova dies alles mit Abraham geredet hatte, ging er weg, und Abraham kehrte nach Hause zurück.

19, 1. Die beyden Bothen kamen Abends nach Sodom. Lot, der im Stadthor saß, ging ihnen
2. entgegen, begrüßte sie mit einem Fußfall, und sprach:
Meine Herren, Ich bitte euch, kommt mit mir nach meinem Hause, um da zu übernachten. Ihr könnet dort eure Füße waschen, und am Morgen früh eure Reise weiter fortsetzen.
Sie: Nein! wir wollen auf dem Markt übernachten. –

3. Er nöthigte sie aber sehr; so daß sie mit ihm in sein Haus gingen. Er bereitete ihnen ein Abendessen, backte ungesäuerte Kuchen, und sie aßen.

4. Ehe sie sich noch hingelegt hatten, versammelten sich die Einwohner der Stadt Sodom [junge und alte] alle mit einander von allen Enden um das

5. Haus, riefen Lot, und sprachen zu ihm:
Wo sind die Männer, die zu dir gekommen sind, um bey dir zu übernachten? Bringe sie zu uns heraus! Wir wollen unsre Lust mit ihnen haben! (sie schänden).

6. Lot

2. Kommt mit mir: W. Kehret in dem Hause eures Knechts ein, und bleibet diese Nacht darin, und waschet eure Füße.

6. Lot ging zu ihnen hinaus vor die Thüre, schloß das Haus inzwischen hinter sich zu, und redete
7. sie freundlich an:
8. Begeht nicht solche Schandthat! Ich würde euch eher meine beyden unverheiratheten Töchter herausbringen, und sie euch überlassen, ehe ich den Gästen, die bey mir zur Herberge eingegangen sind, etwas geschehen ließe!
9. Sie: Komm nur her! Du bist ein Einziger, und bist als ein Fremdling bey uns angekommen, nun willst du dich zum Richter aufwerfen? Wir können dich wol statt der andern mißhandeln?

Indem sie aber auf Lot eindrangen, und näher
10. kamen, die Thür zu erbrechen, fasseten die beyden Männer Lot an, zogen ihn zu sich ins Haus,
11. und verschlossen die Thüre. Inzwischen waren die Leute vor der Thüre [groß und klein] verblendet, so daß sie die Thüre nicht finden konnten, und suchten, bis sie müde wurden.
12. Die Fremden sprachen zu Lot: Wenn du noch Schwiegersöhne, Söhne, Töchter oder Angehörige in der Stadt hast, so bringe sie fort;
13. denn wir werden diese Gegend zerstören; weil große Klage wider sie vor Jehova gekommen ist, der hat uns auch deshalb abgeschickt!
14. Lot ging hinaus, und forderte seine Schwiegersöhne, die seine Töchter haben sollten, auf, die

L 5   Gegend

---

7. Redete sie freundlich an: W. Er sprach: Lieben Brüder! Handelt nicht so schändlich!

11. Verblendet: Mit Blindheit geschlagen. Ich würde hier den Ausdruck verdüstert gewählt haben, wenn ich ihn nicht als einen Provinzialausdruck für unverständlich hielte. Eben so versteht es der Alexandriner. Man sehe auch Weish. 19, 16. wo es von einem dicken Nebel erklärt wird.

Gegend zu verlassen! da Jehova die Stadt zerstören wolle. Diese aber verlachten ihn.

15. Bey Anbruch der Morgendämmerung trieben die Abgeordneten Lot an:

Eile nun nebst deiner Frau und den beyden Töchtern, die da sind, um bey der Bestrafung der Stadt nicht umzukommen.

16. Da er aber zögerte, nahmen sie ihn, seine Frau und beyde Töchter bey der Hand, und führten sie, da Jehova ihrer schonen wollte, heraus, liessen sie auch nicht eher ruhen, bis ausserhalb der Stadt.

17. Nachdem sie sie herausgeführet hatten, sagte einer:

Fliehe, dein Leben zu erhalten! Kehre nicht um, und stehe in der ganzen Gegend am Jordan nicht stille. Fliehe auf das Gebirge, damit du nicht umkommest!

18. 19. Lot: Nicht also, Herr! du hast dich in Gnaden zu mir herabgelassen, und deine Gnade gegen mich ging so weit, mir mein Leben zu retten. Ich kann jetzt aber nicht auf das Gebirge entfliehen. Es möchte mich das Unglück
20. erreichen, und ich stürbe denn doch. Hier ist eine Stadt so nahe, daß ich sie erreichen kann. Sie ist nur klein. Wie, wenn ich zu meiner Erhaltung dahin fliehen dürfte? Ist sie doch klein!

21. Er: Auch hierin begünstige ich dich, die Stadt, von der du sagst, nicht zu zerstören. Nur fliehe

22. eilend

---

18. Herr! du hast dich f. Auch hier findet sich, wie Cap. 18, 3. eine Verschiedenheit. Der Sorer übersetzt in der mehrern Zahl. Die Masorethen denken hier an den Namen Gottes, und damit stimmt der Alexandriner und Chaldäer überein.

22. eilend hin. Denn ich kann nichts eher thun, bis du da bist.
23. Daher heist die Stadt Zoar (Klein). Mit dem Aufgang der Sonne kam Lot nach Zoar.
24. Jehova ließ über Sodom und Gomorra häufige Blitze vom Jehova vom Himmel herabfallen,
25. diese Städte und die ganze Gegend am Jordan, mit allen Einwohnern [der Städte] und allen Gewächsen des Landes zu Grunde zu richten.
26. Lots Frau war von ihnen zurückgekehrt, und wur-
27. de ein Aschenhaufen. Abraham eilte früh heraus an den Ort, wo er sich mit Jehova unterredet
28. hatte, und als er nach Sodom und Gomorra, und nach der Gegend hinsahe, bemerkte er, daß ein dicker Rauch daselbst aufstieg.
29. So erfüllte Gott bey Zerstörung der Städte dieser Gegend Abrahams Wunsch, und führte Lot aus der Stadt, wo er gewohnt hatte, erst heraus, ehe er sie zerstörte.

Lot getrauete sich nicht, zu Zoar zu bleiben. Er
30. zog mit seinen beyden Töchtern aufs Gebirge,
31. und wohnte mit ihnen in einer Höhle. Einst sprach die Aeltere zu der andern:

Unser Vater ist alt, und es ist keiner da im Lande, der uns beywohne (heirathe). Nach allgemeinem Gebrauch des Landes (der Troglodyten)
32. wollen wir unsern Vater berauschen, und uns zu ihm legen, um von ihm Kinder zu bekommen.
33. Gegen die Nacht berauschten sie ihn. Die älteste legte sich zu ihm. Er kannte sie nicht, weder da
34. sie

26. Aschenhaufen: oder Denkmahl des Fluchs, wie das, was mit Salz bestreuet ist, als verflucht angesehen wird.

27. Wo er sich u. f. Wo er vor Jehova gestanden hatte.

34. sie sich legte, noch da sie aufstand. Am folgenden Tage sagte die älteste zur andern:

Da ich in voriger Nacht bey meinem Vater gelegen, so wollen wir ihn nun gegen diese Nacht wieder berauschen, und dann kannst du dich zu ihm legen, damit du von ihm ein Kind bekommst.

35. Sie berauschten ihn auch gegen die Nacht. Die Jüngere legte sich zu ihm, und er kannte sie nicht, weder da sie sich legte, noch da sie aufstand.

36. Beyde wurden so von ihrem Vater schwanger. Die Aelteste bekam einen Sohn, den sie Moab (vom Vater) nannte. — Dies ist der Stamm-

38. vater der jetzigen Moabiter. — Auch die jüngste bekam einen Sohn, und nannte ihn Ben Ammi (Sohn meiner Familie). — Dies ist der Stammvater der jetzigen Ammoniter (Kinder Ammon) —.

20, 1. Abraham zog von dort in den Süden, zwischen Kadesch und Schur. Er hielt sich als ein

2. Fremder zu Gerar auf. Da er seine Frau, die Sara, für seine Verwandte (Schwester) ausgab; so schickte Abimelech (Königssohn), der König zu Gerar, und ließ sie zu sich hohlen.

3. Gott aber erschien ihm des Nachts im Traum, und sprach zu ihm:

Du wirst um der Frau willen, die du hast hohlen lassen, sterben müssen; da sie verheirathet ist!

4. Abimelech, der sich noch nicht zu ihr genahet hatte (mit ihr vermählt hatte), sprach:

Herr, würdest du wol ein unschuldig Geschlecht tödten? Sagte er nicht zu mir, sie wäre seine Schwe-

5. In aller Unschuld: W in der Aufrichtigkeit meines Herzens, und bey der Reinigkeit meiner Hände.

Schwester, und auch sie, er wäre ihr Bruder?
In aller Unschuld that ich es.

6. Gott im Traum: Ich weiß es, darum verhindere ich es, daß du dich versündigest, und gebe es nicht zu, daß du dich ihr näherst (die Heirath vollziehest). Nun aber gib die Frau ihrem Manne wieder! Er ist ein Prophet. Wird er für dich bitten, so bleibst du leben. Wo du sie aber nicht wiedergiebst; so wisse, du bist mit allen den Deinigen des Todes!

8. Als Abimelech des morgens früh aufgestanden war, alle seine Hofleute versammelt, und ihnen dies alles erzählt hatte, diese aber sehr besorgt waren; so ließ er den Abraham rufen, und sprach zu ihm:

Warum hast du so gegen uns gehandelt? Wodurch bist du so von mir beleidigt, daß du auf mich und mein Reich eine so große Schuld bringen willst? Du hast doch unbillig gegen mich gehandelt!

10. Auf Abimelechs Befragen: Was er etwa bemerkt hätte, weshalb er so gehandelt? gab Abraham zur Antwort:

11. Ich besorgte, es möchte hier vielleicht keine Gottesfurcht seyn, und man möchte mich mei-
12. ner Frau wegen umbringen. Sie ist auch wirklich meine Schwester (Verwandte), eine Tochter meines Vaters, aber nicht meiner Mutter.
13. Ich habe sie geheirathet, und da mir Gott befohlen, mein väterliches Haus zu verlassen, so habe ich es mit ihr verabredet, sie möchte mir zu Gefallen, wo wir hinkämen, sagen: Ich wäre ihr Bruder.

14. Abi=

14. Abimelech beschenkte nun Abraham mit Schafen, Rindvieh und Sklaven. Er gab ihm auch seine
15. Frau Sara zurück, und sprach:
    Mein ganzes Land steht dir offen, du kannst wohnen, wo es dir beliebt.
16. Zur Sara sprach er: Ich habe deinem Bruder tausend Stück Goldes gegeben zu einem Schleyer für dich bey jedermann; da du verheyrathet bist.
17. Da nun Abraham zu Gott betete; machte er Abimelech, seine Gemahlin und seine Sklavinnen wieder frey, daß sie Kinder bekommen konnten: denn vorher hatte Jehova um Sara Abrahams Frau willen alle am Königlichen Hofe dazu untüchtig gemacht (mit Unfruchtbarkeit bedrohet).

21,1. Jehova nahm sich endlich, wie er gesagt hatte, der Sara an, und erfüllte ihr sein Ver-
2. sprechen. Sie brachte dem Abraham bey seinem (100jährigen angehenden) Alter zu der ihm von
3. Gott bestimmten Zeit einen Sohn, den nannte
4. er Isaak, und beschnitt ihn am 8ten Tage, wie
5. ihm Gott befohlen hatte. Abraham war bey der
6. Geburt Isaaks 100 Jahr alt. Und Sara sprach:
    Gott hat mir ein Lachen [eine Freude) veranlaßt. Wer es höret, der wird mich belachen (sich mit mir freuen).
7. Wer sagte es zu Abraham, „daß ich noch Kinder säugen werde," da ich ihm nun bey seinem (100jährigen) Alter einen Sohn gebracht habe.
8. Das Kind wuchs heran, als es entwöhnt wurde, und Abraham ein großes Gastmahl an-
9. stellete: so bemerkte Sara, wie der Sohn, den
    Hagar

Hagar, ihre Egyptische Sklavin, dem Abraham
10. gebracht hatte, darüber spottete. Sie sprach daher zu Abraham:

Schaffe diese Sklavin mit ihrem Sohn aus dem Hause; denn der soll mit meinem Isaak nicht erben!

11. Dies mißfiel dem Abraham seines Sohnes wegen
12. sehr. Gott aber sprach zu ihm:

Laß es dir weder um deines Sohnes, noch um deiner Sklavin willen leid seyn; denn nur die von Isaak werden deine Nachkommen heißen.
13. Doch will ich auch von dem Sohne der Sklavin, weil er von dir abstammt, ein Volk herkommen lassen.

14. Gleich am Morgen darauf gab Abraham der Hagar Lebensmittel und einen Schlauch mit Wasser auf ihre Achsel, und ließ sie so, nebst ihrem Sohn, gehen. Sie verirrte sich auf ihrem Wege in der Wüste bey Verscheba (Brunnen
15. der Sieben). Da nun kein Wasser mehr im Schlauch war, ließ sie ihren Sohn unter einem
16. Busch liegen, ging weg, und setzte sich ungefähr einen Bogenschuß davon, um ihren Sohn [wie sie sagte] nicht sterben zu sehn. So saß sie gegen
17. ihm über, weinte und schluckste laut, als Gott das Gebet des Knaben erhörte, und ihr ein Abgeordneter Gottes aus der Luft zurief:

Was fehlt dir, Hagar? Sey nicht muthlos! Gott hat das Gebet des Knaben, da, wo er
18. liegt, erhört! Stehe auf, hilf ihm auf, umfasse ihn und leite ihn so fort, denn ich will von ihm ein großes Volk herkommen lassen.

19. Gott ließ sie nun die Wasserquelle gewahr werden. Sie ging hinan, füllte den Schlauch mit Wasser, und gab ihrem Sohn zu trinken.

Gott

20. Gott nahm sich des Knaben an. Er wuchs heran, blieb in der Wüste, und wurde ein Jäger
21. (Beduine). So ließ er sich in der Wüste Pharan nieder, wo ihn seine Mutter mit einer Frau aus Egypten verheirathete.
22. Dazumahl redete Abimelech und sein Feldherr Pichol den Abraham an:
23. Da Gott in allem, was du unternimmst, mit dir ist; so beschwöre es mir nun auch bey demselben, daß du mit mir und meinen Nachkommen nicht brechen, sondern mir und dem Lande, worin du dich aufhältst, die dir erzeigte Liebe erwiedern willst!
24. Abraham war zu solchem Eydschwur bereitwillig, er-
25. innerte aber auch den Abimelech wegen eines Brunnens, welchen ihm seine Leute mit Gewalt ent-
26. rissen hatten. Abimelech erwiederte:
Ich weiß den Thäter nicht. Es ist mir auch von dir nicht angezeigt, und ich habe noch gar nichts als jetzt davon gehört.
27. Abraham nahm nun Schafe und Rinder, er gab sie dem Abimelech, und so errichteten sie beyde bey deren Schlachtung ein Bündniß. Abraham hatte sieben Schafe noch besonders hingestellt.
Abimelech: Wozu sollen diese besonders hingestellten sieben Schafe dienen?
30. Abraham: Nimm sie von mir zum Zeugniß, daß ich den Brunnen wirklich habe graben lassen.
31. Daher heißt auch der Ort Beer Scheeba (Brunnen der Sieben, Eidesbrunnen), indem sie da beyde einen Eid beschworen. Nachdem sie hier ein Bündniß errichtet hatten, zog Abimelech und sein Feldherr Pichol ins Land der Philister zurück.

33. Abra-

33. Abraham aber pflanzte zu Beerscheba Tamarisken, und betete Jehova, den ewigen Gott, daselbst
34. an. Er hielt sich lange Zeit (als Nomade) im
Lande der Philister auf.
22, 1. Nach diesem stellte Gott den Abraham auf
die Probe. Er rief ihn, und da er ihn bereit-
2. willig fand, sprach er zu ihm:
> Begieb dich mit Isaak, deinem einzigen gelieb-
> ten Sohn, ins hohe Land (aufs Gebirge), und
> bringe mir denselben dort auf einen Berg,
> den ich dir anzeigen will, zu einem Brandopfer
> dar!
3. Abraham stand in aller Frühe auf, ließ seinen
Esel satteln, auch Holz zum Brandopfer spalten,
und begab sich, nebst zwey Knechten und seinem
Sohne, auf die Reise, nach dem ihm von Gott
4. angewiesenen Ort. Da er ihn am dritten Tage
5. von fern erblickte, so sagte er zu seinen Knechten:
> Bleibet mit dem Esel zurück. Ich und mein
> Sohn wollen dort hin gehn, und nach vollen-
> detem Gottesdienst zu euch zurück kommen.
6. Das Holz zum Brandopfer legte er dem Isaak
auf. Er aber nahm das Feuer und Messer,
7. und so gingen sie zusammen fort. Isaak redete
seinen Vater Abraham an:
> Mein Vater!

Abraham: Was denn, mein Sohn?

Isaak: Hier ist Feuer und Holz! Wo ist aber das
zum Brandopfer bestimmte?

8. Abraham: Gott selbst wird etwas dazu auser-
sehn, mein Sohn!
9. So

---

1. Da er ihn bereitwillig fand: W. und er sprach: hier bin ich.
7. Was denn, mein Sohn: W. Hier bin ich, mein Sohn.

9. So gingen beyde zusammen fort, und kamen an den von Gott angewiesenen Ort. Abraham errichtete einen Altar, legte das Holz zurecht, band seinen Sohn Isaak, und legte ihn auf den Altar
10. oben auf das Holz. Indem er aber das Messer ergriff, um ihn zu schlachten, rief ein Abgeordneter Jehovens aus der Luft ihm zu:

Abraham! Abraham!

Er: Hier bin ich!

12. Dieser: Ziehe deine Hand zurück! Thue deinem Sohn kein Leid! Nun weiß ich, daß du Gott fürchtest, da du ihm deinen einzigen Sohn nicht versagst.
13. Als sich Abraham umsahe, ward er einen Widder hinter sich gewahr, der sich mit den Hörnern in den Hecken gefangen hatte. Diesen ergriff er, und brachte ihn anstatt seines Sohnes zum Brand-
14. opfer. Er nannte den Ort Jehova Jerae (wird
15. Jehova gesehen) —. Der Abgeordnete Jehovens rief ihm nochmahls aus der Luft zu:
16. Jehova hat es bey sich selbst beschworen: Weil du das gethan, und ihm deinen einzigen
17. Sohn nicht versagt hast; so wird er dich beglücken und deinen Anhang so unzählbar machen, wie die Sterne am Himmel und der Sand am Ufer des Meeres. Deine Nachkommenschaft wird die Thore ihrer Feinde besitzen (ihre Feinde leicht bezähmen). Durch
18. sie sollen alle Völker der Erde (des Landes) gesegnet werden (Sie soll ein vor allen andern beglücktes Volk seyn), weil du mir gehorsam gewesen bist.
19. Abraham kehrte wieder zu seinen Knechten, und mit ihnen nach Beerscheba, denn daselbst wohnte er.

20. Nach

20. Nach diesem erhielt Abraham die Nachricht:
21. Auch Milka habe dem Nachor, seinem Bruder, Kinder geboren. Uz [der älteste], Bus, sein
22. Bruder, Kemuel, der Vater des Aram, Keseb, Chaso, Pildasch, Jeblaf und Betuel. Betuel
23. hatte eine Tochter, Rebecka (Ribka). Diese acht hatte Nachor, Abrahams Bruder, von der
24. Milka; und von seiner Beyschläferin Reuma hatte er Tebach, Gaham, Thachasch und Maacha.
23, 1. Sara brachte ihr Alter auf 125 Jahr, und
2. starb zu Kirjat=Arba [sonst Hebron genannt] in Kanaan. Abraham kam und setzte sich zu ihrem Leichnam, sie zu betrauren und zu beweinen. Darauf ging er in die Versammlung der Hetiten, um mit ihnen zu reden, und sprach:
4. "Ich wohne als ein Fremdling, ohne Eigenthum (als ein Nomade) bey euch. Ueberlasset mir nun einen eignen Begräbnißplatz, damit ich meine Leiche von mir schaffen, und sie beerdigen kann.
5.6. Sie: Höre uns, Herr! Du hast als ein unumschränkter Herr bey uns gelebt. Nun wähle dir ein Begräbniß, und begrabe da deine Leiche! Keiner von uns wird dir dazu sein Begräbniß versagen.
7. Abraham, mit einem Fußfall [gegen sie, als die Einwohner des Landes]:
8. Wenn ihr damit zufrieden seyd, daß ich meine Leiche von mir schaffe und beerdige; so leget für mich beym Efron, dem Sohn Zoars, ein
9. Fürwort ein, daß er mir seine Höhle zu Makpela, die am Ende seines Feldes gelegen ist, für völlige Bezahlung zum Begräbniß, als ein eigenthümliches Begräbniß, bey euch überläßet.

10. Als Efron, der mit in der Versammlung der Hetiter war, vor allen von seinem Volk, und vor allen im Stadtthor vorübergehenden, sich dessen
11. weigerte, und dem Abraham das Feld und die Höhle darin, im Beyseyn aller von seinem Volk, zum Begräbniß seiner Leiche als ein Geschenk an-
12. bot: so that Abraham vor den Bewohnern des
13. Landes einen Fußfall, und sprach zu Efron, so daß es alle seine Mitbürger hörten:

Thue doch nur meinen Willen, und nimm das Geld für den Acker von mir an; so will ich meine Leiche daselbst beerdigen.

14. Efron sprach zu ihm:
15. Ist doch ein Feld, 400 Sekel Silber am Werth, für uns beyde etwas geringes! Begrabe nur deine Leiche!
16. Diesem folgte Abraham, und wog ihm das vor seinen Mitbürgern genannte Geld zu: Vierhundert Sekel Silber, das vom Kaufmann gemarket
17. war (wie es im Handel galt). So wurde das Feld Efrons zu Makpela, auf der Morgenseite von Mamre, nebst der dabey befindlichen Höhle darin, auch allen auf dem Acker und an den Gränzen umherstehenden Bäumen, im Beyseyn
18. der Hetiter und der im Stadtthor vorübergehenden ein Eigenthum Abrahams. Und so begrub
19. darauf Abraham seine Frau Sara in der Höhle des Gefildes zu Makpela, auf der Morgenseite
20. von Mamre [oder Hebron] in Kanaan, nachdem das Gefilde, mit der Höhle darin, von den Hetitern ihm zum eigenthümlichen Begräbniß überlassen war.

24, 1. Abra-

16. Gemarket war: Ich übersetze hier, wie Michaelis; da es bey den Alten (vergl. Fabers Archäologie) gewöhnlich war, verarbeitetes Silber als Geld zu gebrauchen.

24,1. Abraham, der nun in ein hohes Alter gekommen, und vom Jehova in allem beglückt war,
2. sprach zu dem ältesten (angesehensten) seiner Diener, der alle seine Güter verwaltete:

[Lege mir deine Hand unter die Hüfte, und] schwöre mir beym Jehova, dem Gott des Himmels und der Erde, einen Eid: daß du meinen Sohn nicht mit einer Kananiterin aus dem
4. Lande, wo ich wohne, verheirathen, sondern daß du in mein Vaterland gehen, und von da dem Isaak eine Frau holen willst.
5. Dieser antwortete: Soll ich, im Fall die Braut mir nicht in dieses Land folgen will, deinen Sohn wieder dorthin bringen, wo du weggezogen bist?
6. Abraham: Nimm dich in Acht, meinen Sohn dahin zu bringen! Jehova, der Gott des Himmels, der mich aus meinem väterlichen Hause und aus meinem Geburtslande geführt, und mir eidlich versprochen hat, dies Land den Meinen zu geben, wird schon seinen Abgeordneten vor dir her schicken, daß du meinem Sohn von dorther eine Frau holen kannst. Will sie dir aber nicht folgen, so bist du von diesem Eide frey. Nur bringe meinen Sohn nicht dorthin.
9. Nun legte der Knecht seine Hand seinem Herrn [dem Abraham] unter die Hüfte, und schwor ihm hierüber den Eid.
10. Er nahm zehn von den Kamelen seines Herrn, denn alle seine Güter waren ihm überlassen, und reisete nach der Stadt in Mesopotamien, wo Nachor gewohnt hatte. Er ließ sich die Kamele auſſer-

3. *Hüfte:* So nennt der Hebräer das durch die Beschneidung geheiligte Glied. Auch beym Juvenal, so wie bey den Griechen, bezeichnet Femur die Scham.

serhalb der Stadt, bey einem Wasserbrunnen, lagern. Es war gegen Abend, um die Zeit, da die, welche Wasser schöpfen wollten, herauskamen. Hier betete er:

12. Jehova! du Gott Abrahams, meines Herrn, erzeige ihm die Gnade, und laß mich heute
13. glücklich seyn. Ich stehe jetzt hier bey dem Brunnen. Die Töchter dieser Stadt werden
14. kommen, Wasser zu schöpfen. Wenn ich nun zu einer sage: „laß mich aus deinem Gefäß trinken," und sie antwortet: „Trink! Ich will auch deinen Kamelen zu trinken geben:" so sey sie es, die du deinem Verehrer Isaak bestimmet hast. Daran werde ich sehen, daß du meinem Herrn gnädig bist.
15. Er hatte noch nicht ganz ausgeredet, als Rebecka, eine Tochter Betuels, eine Enkelin der Milka und des Nachors, des Bruders Abrahams, mit
16. einem Gefäß auf ihrer Schulter herauskam. Sie war sehr schön, und (wie er an ihrer Kleidung sahe) noch Jungfer. Sie stieg zur Quelle hinunter, füllte ihr Gefäß, und kam wieder herauf.
17. Er ging ihr entgegen, und sprach:
   Laß mich auch einmal Wasser aus deinem Gefäß trinken!
18. Sie bot es ihm höflich dar, indem sie sogleich das Gefäß von der Schulter herunter in die Hand
19. nahm. Nachdem sie ihm zu trinken gegeben hatte, sagte sie:
   Ich will auch für deine Kamele schöpfen, bis sie alle getränkt sind!
20. Sie goß geschwind das Gefäß in die Tränkrinne, und eilte wieder zum Brunnen, um für alle seine
21. Kamele zu schöpfen. Er bewunderte sie, schwieg aber stille, um erst zu sehn, ob auch Jehova seine

22. Reise

22. Reise hätte gelingen lassen, oder nicht. Als alle Kamele getränkt waren, legte er ihr einen goldnen (Nasen=) Ring, einen halben Sekel schwer, und ein Paar goldne Armbänder an, 10 Sekel schwer,
23. und sprach:

Wessen Tochter bist du? Sage mir doch! Ist in deines Vaters Hause wol Raum zur Herberge für uns?

Sie: Ich bin eine Tochter Betuels, eines Sohns
25. Nachor und der Milka. — Stroh und Futter ist genug bey uns, auch Raum zur Herberge.
26. Hier fiel er nieder, Jehova anzubeten und sagte:
27. Gelobet sey Jehova, der Gott meines Herrn Abraham. Er verläßt ihn mit seiner Gnade und Treue nicht (erfüllt seine Hoffnung), und bringt mich auf meiner Reise zum Hause seines Bruders.
28. Das Mädchen lief inzwischen nach Hause zu ihrer
29. Mutter und erzählte alles. Sie hatte einen Bruder, Namens Laban. Als dieser den Ring und die Armbänder an den Händen seiner Schwester sahe, und von den Reden des Mannes hörte, lief er zu ihm hinaus. Er fand ihn mit seinen Kamelen noch bey dem Brunnen, und sagte zu ihm:

Komm herein, du vom Jehova geseegneter (von uns als ein göttlicher Bote geachteter)! Warum verweilest du draussen? Ich habe das Haus geräumt, und für die Kamele Platz gemacht.

32. Er führte ihn herein, packte die Kamele ab, gab ihnen Stroh und Futter, und brachte Wasser für
33. ihn und seine Leute. Als man das Essen auftrug, sagte der Diener Abrahams:

Ich

Ich kann nicht eher essen; bis ich meine Sache angebracht habe.

34. Da man ihn fragte, was das wäre, fing er an:
35. Ich bin ein Knecht Abrahams! Jehova hat meinen Herrn sehr beglückt, und ihn groß gemacht. Er hat ihm viel Schafe und Rindvieh, Silber und Gold, Knechte und Mägde,
36. Kamele und Esel gegeben. Er bekam von seiner Frau Sara noch einen Sohn, da er schon alt war, und dem übergiebt er nun sein ganzes
37. Vermögen. Ich mußte ihm einen Eyd schwören, daß ich seinen Sohn nicht mit einer Kananiterin aus dem Lande, wo er wohnet, ver-
38. heirathen, sondern ihm von seiner Familie und von seinen Verwandten eine Frau holen wolle.
39. Ich wandte ihm zwar ein, sie würde mir viel-
40. leicht nicht folgen wollen. Er versicherte aber: Jehova, dem er diene, würde seinen Abgeordneten mit mir senden (selbst Veranstaltungen dazu treffen) und meine Reise gelingen lassen, daß ich seinem Sohn eine Frau von seinen Verwandten und von seiner Familie verschaf-
41. fen könnte. Auf den Fall aber, wenn ich zu den Seinen käme, und sie mir ihre Tochter nicht geben wollten, hat er mich vom Eide los-
42. gesprochen. Als ich nun heute bey dem Brunnen ankam, sprach ich: Jehova, du Gott meines Herrn, des Abraham, willst du meine
43. Reise hieher gelingen lassen; so müsse, wenn eine Jungfrau herkommt, Wasser zu holen, indem ich hier bey dem Brunnen stehe, und ich sie bitte, mich aus ihrem Gefäß trinken zu
44. lassen, sie sich aber erbietet, nicht nur mir, sondern auch meinen Kamelen zu trinken zu geben, diese es denn seyn, welche du, Jehova,

für

für den Sohn meines Herrn zur Frau bestimmt
45. hast. Ich hatte diese Worte noch nicht ausgeredet, als Rebecka mit einem Gefäß auf ihrer Schulter herauskam. Sie stieg zum Brunnen hinab und schöpfte. Als ich sie bat, mir
46. zu trinken zu geben, nahm sie geschwind das Gefäß herunter, und erbot sich, mir und meinen Kamelen zu trinken zu geben. Ich trank also, und sie tränkte auch die Kamele. Als
47. sie auf meine Frage, wessen Tochter sie wäre, mir zur Antwort gab: Sie wäre eine Tochter Betuels, des Sohns Nachors, den ihm Milka geboren hätte; so legte ich ihr den Nasenring
48. und die Armbänder an. Und nun fiel ich vor Jehova nieder und lobete ihn, als den Gott Abrahams, meines Herrn, der mich auf den rechten Weg geführet hätte, um die Enkelin des Bruders meines Herrn für seinen Sohn
49. zu werben. Seyd ihr nun die, welche für meinen Herrn die Liebe und das Vertrauen haben wollen, so sagt mirs. Wo nicht? so sagt mir es auch; damit ich mich anders wohin wenden könne.

50. Laban und Betuel antworteten:
  Das kommt vom Jehova, wir können weder
51. dawider noch dafür reden. Rebecka ist bereit. Du kannst sie mitnehmen, und sie nach des Jehova Willen mit dem Sohn deines Herrn verheirathen.

52. Als Abrahams Knecht ihre Antwort hörte, warf
53. er sich vor Jehova nieder. Dann holte er goldne und silberne Kostbarkeiten und Kleider (Putz) hervor, und beschenkte Rebecka. Auch ihrem Bruder und ihrer Mutter gab er kostbare Geschenke.
54. Er aß und trank nebst seinen Leuten, und blieb so

über Nacht. Des Morgens stand er früh auf, und sprach:

Entlasset mich nun zu meinem Herrn.

55. Der Bruder und die Mutter antworteten: Laß die Tochter erst noch einige Zeit, etwa zehn Tage, bey uns. Hernach reise ab.

56. Er: Haltet mich nicht auf! Da Jehova meine Reise beglückt hat, so entlasset mich. Ich will zu meinem Herrn zurückkehren.

57. Sie: Wir wollen das Mädchen rufen, und sie selbst fragen.

58. Da sie sie nun riefen und befragten, ob sie mit diesem Manne ziehen wollte, und sie es selbst be-

59. willigte: so entließen sie ihre Geschwister, nebst ihrer Wärterin mit dem Diener Abrahams und

60. seinen Leuten, und riefen ihr mit Seegenswün= schen zu:

Du, unsre Schwester, wachse nun
Zu vielen Tausenden!
Es müsse einst der Deinen Heer
Stets seinen Feind besiegen!

61. Sie bestieg nebst ihren Sklavinnen die Kamele, und folgte dem Manne, der sie in Empfang

62. nahm, und seine Reise antrat. Isaak war eben bey der Quelle Lachai Roi angekommen. Er

63. wohnte in dem Süden, und war eben, um Ach= tung zu geben, in das Feld gegangen, als er die Augen aufschlug, und die Kamele kommen sahe.

64. Da sich Rebecka umsah und ihn bemerkte, stieg

65. sie vom Kamel herab, und fragte den Diener: Wer ist der Mann, der uns auf dem Felde ge= rade entgegen kommt?

66. Dieser gab zur Antwort: Es ist mein Herr!

Sie

---

55. Etwa 10 Tage: Nach dem Samaritanischen Text heißt es einen ganzen Monat.

Sie nahm den Schleyer und verhüllte sich. Nun erzählte der Diener dem Isaak alles, was vorge=
67. gangen war. Er aber führte sie in das Zelt der Sara, seiner Mutter, vollzog mit ihr die Hei= rath, hatte sie lieb, und tröstete sich so über den Verlust seiner Mutter.

25, 1. Abraham nahm noch eine Frau, Namens
2. Ketura. Seine Söhne von ihr waren: Simran, Jockschan, Medan, Midian, Jischbak und
3. Schuch. Jockschans Söhne waren Scheba und Dedan, und von Dedan kommen die Geschlech=
4. ter Aschur, Letusch und Leom her. Midians Söh= ne waren, Efa, Efer, Henoch, Abidag und El= daga. Alle diese kommen von der Ketura her.
5. Abraham überließ alles Seinige dem Isaak. Den
6. Söhnen aber seiner Beyschläferinnen gab er Geschenke, und ließ sie noch bey seinem Leben von seinem Sohn wegziehen, und gegen Morgen ins Morgenland (nach Arabien) gehen.

7. Die Lebensjahre Abrahams waren 175. Dar=
8. nach starb er in einem beglückten Alter, seines Le= bens satt, und wurde bey den Seinen beerdiget.
9. Seine Söhne, Isaak und Ismael, begruben ihn in der Höhle Makpela, in dem Felde Efrons [des
10. Sohns des Hetiters Zoar], vor Mamre, das er von den Hetitern erkauft hatte. Da wurde
11. Abraham und seine Frau Sara begraben. Nach seinem Tode beglückte Gott seinen Sohn Isaak. Er wohnte bey dem Brunnen Lachai Roi.

* o *

12. Die Nachkommen Ismaels [des Sohns Abrahams, den er von Hagar, der Egyptischen Magd der Sara, bekam].

13. Die

13. Die Söhne Ismaels hießen nach ihrem Alter [der Erstgeborne] Nebajoth, Kebar, Abbeel,
14. Mibsam, Mischma, Duma, Massa, Chabad,
15. Tema, Itur, Nafisch und Kedma. Dies sind
16. die Söhne Ismaels, und so hießen sie nach ihren Horden und Wohnplätzen (Heerlagern), nach
17. ihren 12 Fürsten (Emiren). Die Lebensjahre Ismaels waren 137. Da starb er, und wurde bey den Seinigen beerdiget.
18. Die Ismaeliten wohnten von Chavila bis Schur vor Egypten, und bis gegen Assyrien, von allen ihren Brüdern gegen Morgen (abgesondert).

19. Geschichte Isaaks,
des Sohns Abrahams.

20. Abrahams Sohn Isaak war 40 Jahr alt, als er Rebecka, des Aramäers (Syrers) aus Mesopotamien Betuels Tochter [des Aramäers] Labans
21. Schwester heyrathete. Sie war unfruchtbar, daher betete er einstens für sie zu Jehova, und wurde von ihm erhört, so daß sie schwanger wurde.
22. Als sich aber die Kinder heftig in ihrem Leibe bewegten, beklagte sie sich, warum sie schwanger
23. geworden, wenn es ihr so gehen solle. Sie befragte deshalb Jehova, und erhielt die Antwort:

Du hast zwey Völker jetzt in deinem Leibe!
Es scheiden sich in dir zwey künftge Stämme!
Der eine bringt den andern unters Joch!
Der Aeltre wird dem Jüngern dienen!

24. Als die Zeit ihrer Geburt kam, fand sich auch, daß sie Zwillinge hatte. Der Erstgeborne war
ganz

ganz mit rothen Haaren, als mit einem rauhen
Pelz, bedeckt. Man nannte ihn Esau, (Rauh,
26. Bedeckt). Der andre hielt ihn mit seiner Hand
bey der Ferse. Man nannte ihn Jakob (Unter=
treter). Isaak war 60 Jahr alt, als ihm diese
27. Kinder geboren wurden. Sie wuchsen heran.
Esau legte sich auf die Jagd, und lebte immer im
Felde. Jakob liebte die Ruhe, und (wählte das
28. Hirtenleben) wohnte in Zelten. Isaak hielt mehr
auf Esau, dessen Wild er gern aß. Rebecka
29. aber hielt mehr auf Jakob. Jakob kochte einst
30. ein Gericht, als Esau ganz ermattet vom Felde
kam, und zu ihm sagte:

 Laß mich von dem schönen stärkenden Gericht
 essen, da ich ganz ermattet bin — Daher
 nennt man ihn Edom (der Starke, der
 Rothe) —

31. Jakob: Verkaufe mir sogleich deine Erstgeburt.
32. Esau: Ich muß doch (sonst) sterben, was wird
mir die Erstgeburt helfen?
33. Jakob: Schwöre mir einen Eid darüber.

Er that es, und verkaufte so das Recht der Erst=
34. geburt dem Jakob, der ihm Essen und das Lin=
sengericht gab. Esau aß und trank, und ging
davon, und verachtete so seine Erstgeburt.

26, 1. Es entstand aber im Lande eine noch grös=
sere Theurung, als die vorige zu Abrahams Zeit,
daher begab sich Isaak zu Abimelech, dem Phili=
2. stischen König, nach Gerar. Hier erschien ihm
Jehova, und sagte zu ihm:

 Gehe nicht nach Egypten, sondern bleibe in
3. dem dir bestimmten Lande. Halte dich hier
 (als ein Nomade) auf, ich beschütze und be=
          glücke

---

34 Linsen: Sie heißen roth, so wie der Esel von seiner Farbe Cha=
mor, den man doch bey uns auch nicht roth nennen würde.

glücke dich. Dir und deinen Nachkommen (den Deinen) gebe ich alle diese Länder, und erfülle, was ich deinem Vater Abraham zuge-

4. schworen habe. Deine Nachkommenschaft mache ich so zahlreich als die Sterne am Himmel (unzählbar), ich gebe ihnen alle diese Länder. Ihr Glück sollen alle Geschlechter der Erde

5. (soll jedermann) sich wünschen. Weil Abraham mir gehorchte, und meine Gesetze, Gebote, Verordnungen und Vorschriften beobachtete.

6. 7. Isaak blieb also zu Gerar. Wenn sich aber die Leute des Orts nach seiner Frau erkundigten, so gab er sie für seine Schwester aus; denn er getrauete sich nicht, sie seine Frau zu nennen, aus Furcht, man möchte ihn umbringen, weil sie sehr

8. schön war. Als er länger da blieb, sahe einst Abimelech aus dem Fenster, und bemerkte, daß

9. er sich mit ihr liebkosete. Er ließ ihn rufen und sagte:

Es ist ja deine Frau! Warum giebst du sie für deine Schwester aus?

Isaak: Ich fürchtete, man möchte mich ihretwegen umbringen!

10. Abimelech: Warum handelst du so gegen uns? Im Fall sich einer vom Volk mit deiner Frau eingelassen hätte, so gäbest du doch zu solcher Verschuldung Anlaß.

11. Abimelech machte nun dem ganzen Volke bekannt: „Wer sich an ihm oder an seiner Frau verginge, der sollte am Leben gestraft werden.

12. In diesem Lande fing Isaak an zu säen, und befand sich in diesem Jahre sehr gut dabey, denn

13. Jehova

---

12. Befand sich sehr gut dabey: W. Er fand in diesem Jahre hundert Eingänge (Thore).

13. Jehova beglückte ihn. Er wurde nach und nach
14. immer mehr, und endlich sehr reich. Er hatte, ausser seinen [Schaf- und Rinder-] Heerden, auch starken Ackerbau, so daß ihn die Philister be-
15. neideten. Sie verstopften alle Brunnen, die Abrahams Knechte [zu seines Vaters Zeiten] gegraben hatten, und verschütteten sie mit Sand.
16. Selbst Abimelech verlangte von ihm, er möchte sich von ihnen wegbegeben, da er ihnen zu mäch-
17. tig würde. Er that es, und zog nach dem Thal
18. Gerar, wo er sich niederließ. Er ließ die Brunnen wieder aufgraben, die zur Zeit seines Vaters Abraham gegraben, und nach dessen Tode von den Philistern verschüttet waren, und gab ihnen
19. die vorigen Namen. Auch gruben Isaaks Leute im Thale, und fanden da einen Quellbrunnen.
20. Da aber die Hirten von Gerar mit den seinen stritten, und sich das Wasser zueigneten, nannte er den Brunnen Esek (Zank) [weil sie mit ihm
21. zankten]. Sie gruben einen andern Brunnen, auch um den stritten sie, daher nannte er ihn
22. Sitna (Streit). Er zog von da weg, und grub einen andern Brunnen, um den stritten sie sich nicht; daher nannte er ihn Rechoboth (weiter Raum), indem er sagte:

Da uns Jehova Raum verschaft hat; so werden wir uns nun im Lande ausbreiten.

23. Von da zog er wieder (gegen Mitternacht) nach
24. Beerscheba (Eidesbrunnen). Hier erschien ihm einst in der (ersten) Nacht Jehova, und sprach:

Ich bin der Gott deines Vaters Abrahams. Sey unbesorgt, denn ich beschütze und beglücke dich,

---

14. starken Ackerbau: Andre übersetzen viele Dienstleute. Vergl. Hiob 1, 3. Auch der Araber denkt schon an den Ackerbau.

dich, und vergrößere deine Nachkommenschaft, um Abrahams meines Dieners willen.

25. Er errichtete einen Altar und verehrte Jehova. Er schlug seine Zelte auf, und seine Leute gruben
26. einen Brunnen. Da kam Abimelech mit seinem Vertrauten Achusat und seinem Feldherrn Pichol
27. von Gerar zu ihm. Isaak sprach zu ihnen:

Warum kommt ihr zu mir, da ihr mich doch hasset, und mich von euch treibet?

28. Sie: Wir sehen offenbar, daß Jehova dich beschützet. Wir wünschen einen Vertrag mit dir zu haben, und wollen mit dir ein Bündniß
29. schließen, daß du uns keinen Schaden zufügest, so wie wir dir auch nichts zu Leide gethan, sondern dich nicht anders, als nur gut behandelt, und friedlich, als einen von Jehova beglückten (unumschränkten Herrn), von uns entlassen haben.

30. Isaak richtete ihnen ein Gastmahl zu, und sie
31. aßen und tranken. Am folgenden Morgen darauf schworen sie einander den Eid, und Isaak ent-
32. ließ sie in Frieden. Da ihm nun an eben dem Tage seine Leute Nachricht brachten, daß sie einen
33. Brunnen gegraben und Wasser gefunden hätten; so nannte er ihn Schiba (Eid), daher heißt die
34. Stadt bis jetzt Beerscheba (Eidesbrunnen). Als Esau 40 Jahr alt war, heirathete er Judith, eine Tochter des Hetiters Beeri, auch Basemat, eine
35. Tochter des Hetiters Elon. Diese machten dem Isaak und der Rebecka viel Verdruß.

27, 1. Da

28. Wünschen: W. Wir sprachen: Es sey ein Eid zwischen uns und dir.

33. Schiba: Hieronymus sagt: Es steht im Hebräischen Siba, dieß hieße Ueberfluß.

27,1. Da Isaak alt wurde, und nun nicht mehr recht sehen konnte; so rief er einst seinen ältesten
2. Sohn Esau. Als dieser kam, sagte er zu ihm:
3. Da ich nun alt bin, und nicht weiß, wenn ich sterben möchte; so nimm dein Jagdgeräthe, Köcher und Bogen, gehe hinaus, schieße mir
4. ein Wildpret, bereite es zu, wie ich es gern habe, und bringe es mir zum Essen (zur Opfermahlzeit); damit ich dir, noch ehe ich sterbe, den Seegen ertheile.
5. Rebecka hörte, was Isaak mit [seinem Sohn] Esau sprach. Indem nun dieser hinaus auf die Jagd ging, um etwas zu holen, sagt
6. sie zu [ihrem Sohn] Jakob:
7. Ich hörte eben, wie dein Vater mit deinem Bruder sprach, und ihm auftrug, daß er ihm ein Wildpret bringen, und ihm solches zur Speise zurichten sollte, damit er ihm, ehe er stürbe, vor Jehova den Segen ertheilen (ihn feyerlich zum unumschränkten Beherrscher
8. einsetzen könne). So folge nun, mein Sohn,
9. in Allem meinem Rath. Gehe also zu den Heerden, und hole mir zwey der besten jungen Ziegenlämmer, damit ich deinem Vater davon ein Essen bereite, wie er es gern hat.
10. Das bringe denn deinem Vater zum Essen, damit er dir den Seegen ertheilet, ehe er stirbt.
11. Jakob [zu seiner Mutter Rebecka]:
Du weißt: Mein Bruder Esau ist rauh, ich
12. aber glatt. Vielleicht möchte mich mein Vater begreifen, und wenn er mich so als einen Betrüger erfände, so würde er mir statt des Seegens einen Fluch ertheilen.

13. Die

1. Als dieser kam: W. Und er sprach, hier bin ich.

13. Die Mutter: Der Fluch komme auf mich, mein Sohn! Folge mir nur, gehe sogleich hin, und hole das Verlangte!
14. Jakob that es. Die Mutter bereitete ein Essen,
15. wie es der Vater gern hatte. Sie ließ Jakob [ihren jüngsten Sohn] die besten Kleider Esaus [ihres ältesten Sohns], die sie bey sich im Hause
16. hatte, anziehn, überzog ihm die Hände, und was
17. ihm am Halse glatt war, mit den Lämmerfällen, und übergab ihm das Essen, nebst Backwerk, so
18. sie zubereitet hatte. Jakob brachte es seinem Vater, und sagte:

 Mein Vater!

Isaak: Was willst du? Wer bist du, mein Sohn?
19. Jakob: Ich bin Esau, dein erstgeborner Sohn! Ich habe gethan, was du mir sagtest. Stehe auf! Setze dich, und iß von meinem Wildpret, um mir hernach den Seegen zu ertheilen.
20. Isaak: Wie hast du denn so bald etwas gefunden, mein Sohn?

Jakob: Jehova, dein Gott, bescherte es mir.
21. Isaak: Komm näher, daß ich dich begreife, ob
22. du mein Sohn Esau bist. — Indem Jakob herantrat, und er ihn befühlte — Es ist Jakobs Stimme, aber es sind Esaus Hände.
23. Da seine Hände wie die Hände Esaus rauh wa-
24. ren, so kannte er ihn nicht. Er ertheilte ihm den Seegen, und fragte:

 Bist du also mein Sohn Esau?

Jakob: Ja.
25. Isaak: So bringe mir das Essen. Ich will von deinem Wildpret essen, und dich dann seegnen.

 Er brachte es ihm. Isaak aß. Er brachte
26. ihm auch Wein, und er trank. Darauf sagte Isaak [sein Vater] zu ihm:

    27. Komm

27. Komm her, mein Sohn, und küsse mich. Er trat heran, und küssete ihn. Indem aber Isaak den Geruch seiner Kleider roch, seegnete er ihn, und sprach:

    Sieh meines Sohns Geruch ist ein Geruch des Feldes,
    Das von Jehova selbst geseegnet ist!

28.   Gott gebe dir vom Thau des Himmels,
    Und von der Erde Fett und Korn und Wein die Fülle.

29.   Dir dienen Völker einst, sie beugen sich vor dir!
    Sey deiner Brüder Herr! Sie neigen sich vor dir!
    Verflucht sey, wer dir flucht! Geseegnet, wer dich seegnet.

30. Als nun Isaak den Jakob eben geseegnet hatte, und dieser hinausgegangen war, kam Esau von
31. der Jagd. Auch er richtete ein Essen zu, brachte es seinem Vater, und redete ihn an:

    Stehe auf, mein Vater! iß von meinem Wildpret, und seegne mich dann.

32. Isaak: Wer bist du, mein Sohn?
    Esau: Ich bin dein ältester Sohn, Esau.
33. Isaak erschrack sehr heftig, und sagte:
    Wer ist denn der andre, der mir Wildpret gebracht hat? Ich habe meine Mahlzeit vollendet, ehe du kammst. Ich habe ihm den Seegen ertheilet, und er wird auch geseegnet bleiben.
34. Als Esau diese Reden seines Vaters hörte, brach er in lautes Wehklagen aus. Endlich sagte er:
    So seegne mich auch, mein Vater!
35. Isaak: Dein Bruder kam mit List, und er hat deinen Seegen hinweg.

36. Esau: Wohl mit Recht heißt er Jakob (Untertreter). Nun hat er mich zweymal untergetreten. Meine Erstgeburt hat er dahin, und nun nimmt er auch meinen Seegen — Hast du mir denn keinen Seegen vorbehalten?

37. Isaak: Ich habe ihn dir zum Herrn gesetzt. Alle seine Brüder habe ich ihm zu Knechten bestimmt, Getreide und Most ihm zu eigen gemacht (zugesagt). Was soll ich dir nun noch geben?

38. Esau, indem er laut wehklagte:
Hast du denn nur einen Seegen? Seegne auch mich, mein Vater!

39. Isaak: Auch deine Wohnung wird im fetten Boden seyn,
Und Himmels Thau tränkt sie von oben her.

40. Du nährst dich deines Schwerdts, und wirst dem Bruder dienen.
Doch kommt die Zeit auch dir, da du nach langem Streit
Sein Joch vom Halse wirfst.

41. Esau wurde wider Jakob aufgebracht, und meinte die Trauerzeit seines Vaters würde bald kommen, da er seinen Bruder umbringen wolle.

42. Rebecka erfuhr dies Vorhaben ihres ältesten Sohnes. Sie ließ Jakob [ihren jüngsten Sohn] zu sich rufen, und sagte zu ihm:
Dein Bruder geht auf deinen Tod aus. Folge

43. mir also, mein Sohn. Entfliehe zu meinem Bruder Laban nach Charran, und bleibe da,

44. bis

---

40. Nach langem Streit: Das hier und sonst nur noch drey mal vorkommende Wort scheint ein Hin- und Herfahren anzudeuten.

41. Die Trauerzeit seines Vaters: Es kann heißen: Mein Vater wird bald trauern müssen. Oder: Ich werde bald um meinen Vater trauern müssen.

44. bis sich der Zorn deines Bruders gelegt hat.
45. Wenn das geschiehet, und er vergißt, was du ihm gethan hast, so will ich dir Nachricht geben, damit du wieder zurück kommst. Warum soll ich zugleich beyde verlieren?
46. Zu Isaak sagte sie: Die Hetiterinnen sind mir in den Tod zuwider. Wenn Jakob eine von ihnen, die den Eingebornen gleich ist, heirathet, was soll ich denn noch länger leben?
28, 1. Hierauf rief Isaak den Jakob, seegnete ihn, redete liebreich mit ihm, und sprach:
Nimm dir keine Kananiterin zur Frau, son-
2. dern gehe in die Ebne Aram (nach Mesopotamien) zur Familie Bethuels, deines mütterlichen Großvaters, und heirathe eine von den Töchtern Labans [des Bruders deiner Mutter].
3. Gott der Höchste wird dich beglücken, und dich so zahlreich werden lassen, daß ganze Völker
4. von dir abstammen werden. Dir und den Deinen wird er das dem Abraham gethane Versprechen erfüllen: Daß dir das Land gehöre, worinn du dich aufhältest, wie es Gott dem Abraham geschenkt (angewiesen) hat.
5. So entließ Isaak den Jakob nach Mesopotamien, zu Laban, einem Sohn [des Aramäers] Bethuel, dem Bruder der Rebecka [die Jakobs und Esaus Mutter war].
6. Esau sahe, daß Isaak den Jakob mit guten Wünschen nach Mesopotamien entlassen hatte, damit er sich dort verheirathen sollte, und daß er ihm beym Abschiede angedeutet, er sollte keine
7. Kananiterin heirathen, und daß auch Jakob seinen Eltern gehorchte, und nach Mesopotamien
8. ginge. Da er nun merkte, wie die Kananiterin-
9. nen seinem Vater zuwider wären; so ging er zu

N 3 Ismael

Ismael [dem Sohn Abrahams] und heirathete noch, ausser seinen (bisherigen) Frauen, dessen Tochter Mahalat, eine Schwester Nebajoths.

10. Als Jakob von Bersaba nach Charan reisete,
11. und er an einen Ort kam, wo er übernachten wollte, weil die Sonne schon untergegangen war, so machte er sich einen Stein zur Unterlage für seinen Kopf zurechte, und legte sich darauf.
12. Es träumte ihm: Er sah hier eine Leiter,
Die auf der Erde stand, Sie reichte mit der Spitze
Zum Himmel hin und Bothen Gottes stiegen
13. Dran auf und ab. Er sah Jehova oben stehen,
Der sprach zu ihm: Ich bin Jehova, deines Vaters
Des Abrams Gott, den Isaak verehrt.
Ich gebe dir das Land, darauf du liegst.
Es soll einst dein und deiner Kinder seyn.
14. Sie werden zahlreich seyn, dem Staub auf Er=
den gleich.
Sie breiten sich vom Morgen bis zum Abend,
Von Mitternacht zum Mittag aus.
Beglückt zu seyn, wie du und wie die Deinen,
Das wünschen alle einst auf Erden!
15. Ich bin dein Schutz, und werde dich behüten,
Wo du auch bist. Einst bring ich dich zurück.
Nicht eher laß ich ab, bis mein Versprechen,
Das ich gethan, an dir erfüllt seyn wird.

16. Als Jakob nun von seinem Traum erwachte,
Sprach er: Jehova ist so wahr an diesem Ort!
17. Das wußt ich nicht. Er furchte sich und sprach:
Wie schauerlich ist diese Stäte!
Hier wohnet Gott! Hier ist des Himmels Pforte!
18. Er nahm sogleich am frühen Morgen
Den Stein, auf dem sein Haupt geruht,

Er

Er richtete ihn auf, goß Oel darauf und weihte
19. Zum Denkmahl ihn, und hieß die Stäte,
Sonst Lus genannt (Zufluchtsort), nun Bethel
(Gotteshaus).
20. Gelobete und sprach: Ist Gott mein Schutz,
Und führt er mich den Weg, den ich betrete,
Gibt er mir Brodt, gibt er mir Kleider,
21. Bringt er mich einst in Wohlseyn wieder
Zu meinem Vater hin: So sey Jehova denn
mein Gott!
22. Und dieser Stein, den ich zum Denkmahl aufgestellt,
Soll mir ein Bethel seyn! Sey mir ein Gotteshaus. Was du mir giebst,
Davon wird dir der zehnte Theil geweiht.

29, 1. Darauf setzte Jakob seine Reise ins Mor-
2. genland weiter fort. Endlich wurde er im Felde einer Cisterne gewahr, um welche sich drey Heerden Schafe gelagert hatten, weil man sie da zu tränken pflegte. Die Mündung war mit einem
3. großen Stein bedeckt, den man, wenn die Heerden alle versammelt waren, abwälzte, und, wenn man sie getränkt hatte, wieder darauf brachte.
4. Er fragte diese Hirten:
Wo seyd ihr her, meine Brüder (Ihr Lieben)?
Sie: Aus Charan.
5. Er: Kennet ihr Laban, den Nachkommen Nachors?
Sie: O Ja!
6. Er: Befindet er sich wohl?
Sie: Ja! Eben kommt da seine Tochter Rahel (Rachel, Schaf) mit den Schäfen.

7. Er: Es ist noch so früh am Tage, und noch nicht Zeit, die Heerde einzutreiben. Tränket doch die Schafe, und weidet sie weiter!

8. Sie: Wir können nicht; Erst müssen alle Heerden beysammen seyn, dann wälzen wir den Stein ab und tränken sie.

9. Während dieses Gesprächs kam Rahel mit ihres
10. Vaters Heerde, die sie hütete. Als Jakob Rahel, Labans [des Bruders seiner Mutter] Tochter, und dessen Heerde sahe, half er den Stein
11. abwälzen, und tränkte seines Vetters Heerde.
12. Er küßte Rahel, fing dabey an laut zu weinen, und sagte:

Ich bin dein Verwandter, ein Sohn der Rebecka.

13. Sie lief und erzählte es ihrem Vater. So bald Laban von Jakob seiner Schwester Sohn hörte, lief er ihm entgegen, umarmte und küßte ihn. Er brachte ihn mit nach Hause, und Jakob erzählte ihm seine ganze Geschichte, alles, was mit ihm vorgegangen war.

14. Laban sagte zu ihm: Du bist mein nächster Verwandter!

Und da er einen Monat bey ihm geblieben war,
15. so redete er ihn darauf an:

Du sollst mir darum nicht umsonst dienen, weil du mein Verwandter bist. Fordre nur, was du für einen Lohn haben willst.

16. Laban hatte zwey Töchter, die älteste hieß Lea (Er-
17. müdung), die jüngste Rahel. Lea hatte schlechte Augen, Rahel aber war ansehnlich und schön.
18. Jakob liebte die Rahel, und sprach zu Laban:

Ich will dir sieben Jahr für diese deine jüngste Tochter dienen.

19. Laban

---

14. Nächster Verwandter: W. Mein Bein und Fleisch.

19. Laban: Ich gebe sie lieber dir als einem andern. Bleibe nur bey mir.
20. So leistete (versprach) er ihm für Rahel siebenjährige Dienste, die ihm aus Liebe zu ihr wie
21. einzelne Tage vorkamen. Laban aber bat er: da er schon in den Jahren wäre, so möchte er ihm seine Frau (sogleich) geben, die Heirath zu voll-
22. ziehen. Laban stellte ein großes Gastmahl an, und lud alle Einwohner des Orts dazu ein. Des
23. Abends aber führte er seine Tochter Lea (wie gewöhnlich) verschleyert zu ihm hinein, mit der Ja-
24. kob die Heirath vollzog. Laban gab ihr seine Skla-
25. vin Silpa (Zugabe) mit. Erst am Morgen sahe Jakob, daß es Lea wäre. Er sprach zu Laban; Warum handelst du so mit mir? Ich diene dir ja für Rahel! Warum hast du mich denn betrogen?
26. Laban: Es ist hier ganz ungewöhnlich, die jüngste
27. Tochter vor der Aeltesten auszugeben. Vollziehe nur mit dieser die Hochzeitwoche, so will ich dir für noch siebenjährigen Dienst die andre auch geben.
28. Jakob ließ es sich gefallen. Er vollzog die Hochzeitwoche, und Laban gab ihm auch seine andre
29. Tochter Rahel zur Frau. Ihr gab er seine Skla-
30. vin Bilha (Schrecken) mit. Auch mit Rahel vollzog er die Heirath. Er liebte sie mehr als Lea, und leistete (versprach) dem Laban noch einmahl sieben Dienstjahre.
31. Jehova sahe, daß Lea nicht geachtet war, daher ließ er sie fruchtbar werden, Rahel aber war
32. unfruchtbar. Lea bekam einen Sohn, den nannte sie Ruben (Sehet einen Sohn), indem sie sagte:

32. Bekam: W. Ward schwanger und bekam. So v. 32. 33. 34. 35. Cap. 30, 23.

Jehova hat mich von meiner Geringschätzung errettet, und mein Mann wird mich nun mehr lieben.

33. Sie bekam noch einen Sohn, den nannte sie Simeon (Erhörung), und sprach:

Jehova hat es gehöret, daß ich verachtet war, und hat mir auch diesen gegeben.

34. Sie bekam noch einen Sohn, den nannte sie Levi (Verbindung, Flechte), und sprach:

Nun wird mein Mann sich ferner zu mir halten, weil ich ihm drey Söhne geboren habe.

35. Sie bekam noch einen Sohn, den nannte sie Juda (Jehuda. Er wird gepriesen), und sprach:

Ich will Jehova preisen!

Dann aber bekam sie ferner kein Kind.

30, 1. Als Rahel sahe, daß sie keine Kinder bekam, wurde sie eifersüchtig auf ihre Schwester, und sagte zu Jakob:

Schaffe mir Kinder, oder ich sterbe.

2. Jakob, unwillig darüber: Ich bin ja nicht Gott, der dir kein Kind geben will.

3. Sie: Da ist meine Magd Bilha, halte dich zu ihr, die soll auf meinem Schooß gebären (die Kinder von ihr will ich für die meinigen ansehn), und von ihr will ich Kinder haben.

4. So gab sie ihm ihre Magd Bilha zur Frau. Ja-
5. kob hielt sich zu ihr, und sie brachte ihm einen
6. Sohn, den nannte Rahel Dan (er hat gerichtet), indem sie sagte:

Gott hat mir Recht wiederfahren lassen, und mir meine Wünsche gewähret.

7. Bilha [Rahels Sklavin] bekam noch einen Sohn,
8. den nannte Rahel Naphtali (Wettstreit) und sprach:

Ich

5. Brachte: W. Ward schwanger und brachte. Sa 2. 5. 17. 19.

Ich habe durch Gottes Hülfe mit meiner Schwester gestritten, und obgesiegt.

9. Als Lea aber merkte, daß sie kein Kind mehr be-
10. kam, gab sie dem Jakob auch ihre Sklavin Silpa
11. zur Frau. Diese brachte ihm einen Sohn, den nannte sie Gad (Haufen), und sprach:
12. Ich werde nun ein Haufen, da sich meine Kinder und mein Glück häufen.
13. Silpa [der Lea Sklavin] brachte ihm noch einen Sohn, den nannte Lea Ascher (Glück), und sprach:

Mein Glück ist da, denn nun werden mich alle Weiber preisen.

14. Ruben ging einst zur Zeit der Weizenernte aus, er fand Dudaim (Alraun) auf dem Felde, und brachte sie [Lea] seiner Mutter. Als sich Rahel auch etwas davon ausbat, gab ihr Lea zur Antwort:
15. Ist es dir noch nicht genug, mir den Mann entzogen zu haben, willst du mir auch die Alraun meines Sohnes entziehen?
16. Rahel: Jakob soll dafür diese Nacht bey dir schlafen.

Als nun Jakob des Abends vom Felde hereinkam, ging ihm Lea entgegen, und sagte zu ihm:

Zu mir mußt du kommen! Ich habe dich für die Alraun meines Sohnes auf die Nacht erhandelt.

17. Jakob schlief die Nacht bey ihr, und Gott erfüllte den Wunsch der Lea. Sie brachte ihm den fünf-
18. ten Sohn, den nannte sie Isuschar (Jissachar. Es ist mein Lohn), und sprach:

Gott hat mir dafür gelohnet, daß ich meine Sklavin meinem Manne überlassen habe.

19. Sie

19. Sie brachte ihm auch den sechsten Sohn, den
20. nannte sie Sebulon (Bewohnung), und sprach:
   Gott hat mir ein so angenehmes Geschenk gegeben, nun wird mein Mann wieder bey mir wohnen, indem ich ihm sechs Söhne geboren habe.
21. Darauf bekam sie eine Tochter, und nannte sie Dina (Urtheil, Rechtsspruch).
22. Gott nahm sich auch der Rahel an, und erfüllte ihren Wunsch, sie fruchtbar zu machen.
23. Sie bekam einen Sohn, den nannte sie Joseph (Er wird hinweg (hinzu) thun) und sprach:
   Gott hat meinen Schimpf nun hinweg genommen, Jehova wird mir noch einen Sohn dazu geben.
25. Nachdem Rahel den Joseph geboren hatte, sagte Jakob zu Laban:
   Laß mich nun wieder nach meinem Ort und in
26. mein Land ziehen. Gib mir die Frauen und Kinder, dafür ich dir diente, damit ich abziehe. Du weißt es selbst, wie ich dir diente!
27. Laban antwortete: Erzeige mir die Gefälligkeit! Ich merke, daß mich Jehova um deinetwillen
28. beglückt. Fordere nur einen bestimmten Lohn! Ich will ihn dir geben.
29. Jakob: Du weißt es, wie ich dir diente, und
30. was du bey mir für Vieh hattest. Ehe ich kam, hattest du wenig. Nun aber hat es sich sehr vermehret, denn Jehova beglückte dich, wo ich nur hinkam. Und muß ich hinfort nicht auch für mein Haus sorgen?

31. La-

22. Erfüllte den Wunsch: W. Erhörte sie. S. v. 17. 21.
30. Wo ich nur hinkam: W. Durch meinen Fuß. Andre übersetzen: Durch meine Bemühung.

31. Laban: Was soll ich dir denn geben?
Jakob: Du sollst mir nichts weiter geben. Ich will fortfahren, deine Schafe zu hüten, wenn du
32. den Vorschlag genehmigest. Wenn ich jetzt alle deine Heerden durchsuche, so magst du alle groß= und kleinfleckigte, auch die schwarzen von den Schafen, von den Ziegen aber die klein= und großfleckigen hinwegnehmen. Das sey (dergleichen sey) denn hinfort) mein Lohn! So wird es sich künftig bey dir ausweisen, was mir gebühret, wenn du meinen Lohn durchsiehest! Was nicht klein= oder großfleckig ist unter den Ziegen
34. oder (überdas) schwarz unter den Schafen bey mir, das soll gestohlen seyn.
35. Laban genehmigte dies. Er suchte sogleich alle fleckige oder an den Füßen gezeichnete Böcke, auch alle groß= und kleinfleckige Ziegen, alles, woran nur etwas weißes war, und überdas alle schwarze Schafe
36. aus, und übergab sie seinen Söhnen, die sie in einer Entfernung drey Tagereisen weit davon hüten sollten. Jakob aber hütete die übrige Heerde
37. Labans (der Weißen). Nun nahm Jakob frische Stäbe von Storax= Mandel= und Ahornbäumen, und

---

31. Ich kann diese Stelle nicht besser erläutern, als mit den Worten des Hieronymus: Willst du, spricht Jakob, daß ich dir andre sieben Jahr dienen soll: so genehmige, was ich fordere. Sondere alle bunte Schafe und Ziegen ab, und übergib sie deinen Söhnen von beyden Heerden, aber gib mir das weiße und schwarze, und also das einfarbige Vieh zu hüten. Und was denn von den weißen und schwarzen und also von den einfarbigen bunt fällt, das soll mein seyn, was aber einfarbig fällt, das bleibt dein. Ich habe keine harte Forderung. Die Natur des Viehes, da von weißen weiß und von schwarzen schwarz fällt, kommt dir zu gute. Bey mir wirds auf meine Gerechtigkeit ankommen, im Fall Gott auf meine Armuth und auf meine Arbeit Rücksicht nimmt.

und schälete weiße Streifen daran, so daß das Weiße zwischen der Rinde an den Stäben hervorschien.

38. Er legte sie so in die Wassertröge, damit das Vieh sie vor Augen hatte, wenn es zur Tränke
39. kam, und sich dabey begattete. Wenn es sich so über den Stäben begattete, so brachte es klein-
40. und großfleckige und gestreifte Lämmer. Jakob sonderte diese von einander ab. Vorne brachte er die gestreiften, und die schwarzen hinter die weißen. So hielt er die Seinigen besonders, und brachte sie nicht zu den weißen (Labans)
41. Schafen. Und jedesmahl, wenn sich die Heerden bey ihrer besten Zeit begatteten, legte er die Stäbe in die Rinnen, daß sie sie vor Augen hat-
42. ten und sich dabey begatteten. Wenn sie sich aber spät begatteten, so legte er sie nicht hinein. So bekam Laban die schwächlichen Lämmer, Jakob aber
43. die starken. Er gelangte daher zu großem Reichthum, und hatte viel Schafe, Mägde, Knechte, Kamele und Esel.

31, 1. Jakob hörte, daß sich Labans Söhne über ihn beschwerten: Er habe das ganze Vermögen ihres Vaters an sich gebracht, und sich davon
2. bereichert. Er sahe es auch dem Laban an, daß er nicht mehr wie vordem gegen ihn gesinnt war.
3. Da nun auch Jehova zu ihm sagte (Vergl. v. 10—12.):

Kehre in dein Vaterland und zu deinen Verwandten wieder zurück. Ich will dich beschützen.

4. Jakob ließ nun Rahel und Lea zu sich rufen, da er

---

41. Bey ihrer besten Zeit: W. bey ihrer Stärke.
42. Spät: W. bey ihrer Schwäche.

5. er bey seinen Heerden auf dem Felde war, und sagte zu ihnen:

Ich sehe, euer Vater ist nicht mehr, so wie vorhem, gegen mich, da meines Vaters Gott
6. mir Hülfe leistet. Ihr wisset selbst, wie ich eurem Vater aus allen Kräften gedient habe.
7. Er dagegen hat mich hintergangen, und meinen Lohn wol zehnmahl geändert, nur Gott gab es ihm nicht zu, daß es zu meinem Scha-
8. den gereichte. Sagte er, die kleinfleckigen sollen dein Lohn seyn, so waren alle Lämmer kleinfleckig. Sagte er, die sprenklichen, so waren
9. alle Lämmer sprenklich. So entzog Gott eurem Vater die Heerde, und gab sie mir. Es
10. trug sich zu zur Zeit, als sich (das letzte mal) die Heerde belief: kam es mir im Traum vor, als wenn lauter klein= und großfleckige und bunte
11. Böcke die Heerde besprängen. Ein Abgeordneter Gottes rief mich im Traum bey meinem Namen, und als ich darnach hörte, machte er
12. mich aufmerksam darauf; daß alle Böcke, die die Heerde besprangen, klein= und großfleckig und bunt waren. Er sagte: „Ich habe auf „das ganze Betragen Labans gegen dich Acht
13. „gehabt. Ich bin der Gott von Betel, wo du „mir ein Denkmahl gesalbet, und mit mir ein „Bündniß errichtet hast. Gehe nun nur wie= „der von hier weg, in dein Vaterland!"

14. Rahel und Lea antworteten: Wir haben doch nichts weiter bey unserm Vater zu erwarten.
15. Er hat uns als Fremde (Sklavinnen) angesehn

---

11. Darnach hörte: W. Sprach: hier bin ich.

12. Machte mich aufmerksam darauf: W. Sprach er: Hebe deine Augen auf und siehe.

16. sehn und verkauft, und auch unsern Kaufpreis eingezehrt (für sich behalten). Alles das Vermögen, was Gott unserm Vater entzogen hat, gehört ja uns und unsern Kindern. Thue also nur, was dir dein Gott befohlen hat.

17. Jakob machte sich daher auf den Weg. Seine
18. Kinder und Frauen setzte er auf Kamele. Seine ganze Heerde ließ er wegtreiben und alles fortbringen, was er in Mesopotamien erworben hatte, um es zu seinem Vater [Isaak] nach Kanaan zu
19. bringen. Laban war eben wegen der Schaafschur abwesend, und Rahel nahm heimlich ihres Vaters
20. Götzen mit sich. So hinterging Jakob den [Aramäer] Laban, indem er ihn nichts von seiner
21. Flucht wissen ließ. So entflohe Jakob, mit allem, was er hatte. Er war über den Fluß (Euphrat) gekommen, und wendete sich nach Gilead.
22. Da aber Laban am dritten Tage seine Flucht er-
23. fuhr, so nahm er seine Verwandte mit, verfolgte ihn sieben Tagereisen, und holte ihn auf dem Ge-
24. birge Gilead ein. Gott erschien dem Laban des Nachts im Traum, und sprach:

Hüte dich, daß du Jakob nicht beleidigest!

25. Da er also an sein Lager auf dem Gebirge Gilead stieß, so lagerte er sich mit den Seinen auch daneben, und sagte zu ihm:

26. Was machst du? Warum hintergehest du mich, und führest meine Töchter weg, als hättest du sie mit dem Schwerdt geraubt?
27. Warum entweichest du heimlich, und stiehlst dich weg, ohne es mir zu sagen. Ich hätte dich

24. Nicht beleidigest: W. Nichts vom guten zum Bösen redest. Andre übersetzen: Weder gutes noch böses (von seiner Rückreise) sagest. Bekanntermaßen heißt reden bey den Hebräern so viel, als bey uns thun.

dich feyerlich mit Gesang, Pauken und Harfen
28. (und Musik) entlassen. Du lässest mich meine
Söhne und Töchter (meine Kinder) nicht (zum
Abschied) küssen. Daran hast du thöricht ge-
29. handelt. Ich hätte Macht genug, euch Schaden zu thun, aber eures Vaters Gott hat mich
gestern ermahnet, dich nicht zu beleidigen.
30. Wenn du denn aber weggehen, und dich zu
deinem Vater hinbegeben wolltest, warum
stahlest du mir meine Götter?

31. Jakob gab ihm hierauf zur Antwort:
32. Ich fürchtete, du möchtest mir deine Töchter
vorenthalten. Bey wem du aber deine Götter
findest, der soll sterben! Durchsuche nur alles vor der Verwandten Augen, und nimm sie,
wo du sie findest.

Jakob aber wußte nicht, daß sie Rahel entwandt
33. hatte. Laban ging in die Zelte Jakobs, der Lea
und der beyden Mägde, und fand sie nicht. Aus
34. dem Zelt der Lea kam er in Rahels Zelt. Sie
hatte die Götzen in ihren Kamelsattel gelegt, und
sich darauf gesetzt. Da nun Laban das ganze
35. Zelt durchsuchte, und nichts fand, sagte sie zu
ihrem Vater:

Vergib es, daß ich vor dir nicht aufstehe, da
ich meine Zeit habe.

So durchsuchte er alles, fand aber die Götzen
36. nicht. Nun ward Jakob unwillig, beschwerte
sich über Laban, und sagte:

Wo

29. Ich hätte Macht genug: W. Es wird meine Hand zum Gott
(zur Stärke).

32. Ich fürchtete: W. Ich fürchtete mich und sagte (dachte).

37. Wo ist nun mein Verbrechen, was habe ich unrecht gethan, daß du mich so verfolgest? Du hast alles mein Hausrath durchsucht; was hast du von dem Deinen gefunden? Hier lege es her vor die Augen meiner und deiner Familie,
38. und laß sie darüber entscheiden. Diese zwanzig Jahr bin ich nun bey dir gewesen. Deine Schafe und Ziegen waren nicht unfruchtbar. Die Böcke deiner Heerde verzehrte ich nicht.
39. Was zerrissen war, brachte ich dir nicht, ich mußte es bezahlen. Von mir fordertest du, was mir bey Tage oder bey Nacht gestohlen
40. war: Ich kam fast bey Tage vor Hitze und des Nachts vor Kälte um, und Schlaf kam
41. nicht in meine Augen. So habe ich zwanzig Jahr in deinem Hause gedienet, vierzehn um deine Töchter, und sechs um deine Heerde, und du hast meinen Lohn wol zehnmal geändert.
42. Wäre nicht der Gott meines Vaters, der Gott Abrahams, er, den Isaak verehret, für mich (mein Beystand) gewesen, du hättest mich leer gehen lassen. Aber Gott hat mein erlittenes Unrecht und meine Mühe angesehn, und dich in voriger Nacht verurtheilt (dir Unrecht gesprochen).
43. Laban gab ihm zur Antwort: Sind es doch meine Töchter, meine Kinder, meine Heerden! Ist doch alles, was hier ist, mein! Was sollte ich jetzt meinen Töchtern oder ihren Kindern
44. thun? Laß uns lieber ein Bündniß errichten, das auf immer zwischen uns gelte.
45. Jakob richtete von Steinen ein Denkmahl auf,
46. ließ

43. Was hier ist: W. Was du stehest.

44. Das auf immer zwischen uns gelte: Nach den Punkten zum Zeugniß zwischen uns.

46. ließ sich von den Seinen dabey helfen, und trug mit ihnen einen Haufen zusammen, auf welchem sie mit einander (eine Opfermahlzeit) aßen. La-
47. ban nannte ihn Sehar Jahadutha (Zeuge unsers Bundes), Jakob aber Gal Ed (Hügel des Zeugnisses, oder Gränzhügel).
48. Laban sprach: Der Hügel hier sey ein Zeuge zwischen uns. — Daher nennt man ihn Gal
49. Ed (Denkmahlshügel) — und die Warte, von welcher Jehova als Richter uns beobachten wird, wenn wir aus einander geschieden
50. sind, wenn du meine Töchter beleidigest, oder noch andre Frauen dazu nimmst, und wenn auch keiner bey uns ist (der über das Bündniß hält), so siehet Gott das Zeugniß zwischen uns (so richtet Gott darnach).
51. Laban sagte weiter zu Jakob: Siehe diesen Hügel, und dies zwischen uns errichtete Denkmahl. Zeuge sey dieser Hügel, Zeuge sey dies steinerne Denkmahl. Wenn einer von uns dies Ziel überschreitet, so soll es unrecht seyn, und
53. die Götter Abrahams und die Götter Nachors sollen Richter zwischen uns seyn, und die Götter ihrer Väter.

Jakob schwur nun bey dem, den sein Vater Isaak
54. verehrte. Er opferte auf dem Berge, und lud
seine

---

45. W. Jakob nahm einen Stein, und errichtete ihn zum Denkmahl, und er sprach zu seinen Brüdern: Leset Steine auf, und sie nahmen Steine, und machten einen Haufen.

50. Zeugniß: Dies Wort kann man auch durch immer übersetzen.

52. Wenn einer von uns: W. Wo ich hinüberfahre zu dir, oder du herüberfährst zu mir.
So soll es unrecht seyn: Andre übersetzen: dem andern zu schaden.

53. Die Götter: Es kann auch heissen, der Gott.

seine Verwandte zur Mahlzeit ein. Sie assen bey ihm, und übernachteten auf dem Berge.

32, 1. Am Morgen aber nahm Laban von seinen Kindern und Enkeln mit Küssen und Seegenswünschen Abschied, und ging nach Hause zurück.

2. Als Jakob seine Reise fortsetzte, kamen ihm Abgeordnete Gottes (Abgeordnete des unumschränkten Landesherrn und Gebieters) entgegen.

3. Da er sie sahe, sagte er: das ist das Lager Gottes (eines unumschränkten Gebieters) und nannte

4. den Ort Mahanaim (doppeltes Lager). Er schickte Abgeordnete vor sich her zu seinem Bruder Esau, nach [dem Lande] Seir, dem Gebiet Edoms mit

5. dem Auftrag an ihn: Sein Diener Jakob, der

6. sich bisher bey Laban aufgehalten, sey nun mit Rindvieh, Eseln, Schafen, Knechten und Mägden da, und schicke jetzt zu ihm, es ihm anzuzei-

7. gen, und sich seine Gunst zu erbitten. Als nun diese zurückkamen und erzählten: Sie wären bey Esau gewesen, dieser komme ihm mit 400 Mann

8. entgegen: so fürchtete er sich sehr, und es ward ihm bange. Er theilte daher seine Leute, welche er bey sich hatte, auch Schafe, Rindvieh und

9. Kamele in zwey Heere; damit, wenn auch Esau das eine angriffe und schlüge, doch das andre sich retten könnte.

10. Er sprach: Gott meines Vaters Abraham, Gott meines Vaters Isaak, Jehova! du befahlest mir in mein Land zu meinen Verwandten zurück zu kehren, du wolltest bey mir

11. seyn

32. Der erste Vers des 32sten Capitels wird von einigen noch zu dem vorigen Capitel gerechnet.

4. Gebiet oder Gefilde.

Mit dem Auftrag: W. Er befahl ihnen: so sprechet zu meinem Herrn Esau: so sagt dein Knecht Jakob.

11. seyn (mich beschützen). Ich bin zu gering für alle die Barmherzigkeit und Treue, die du mir [deinem Knechte] erzeigtest. Denn mit meinem Stocke ging ich über diesen Jordan, und nun bin ich (ein Herr über) zwey Heere geworden.
12. Errette mich von meinem Bruder Esau, denn ich fürchte, er macht mich mit Mutter und
13. Kind nieder. Du hast versprochen, mit mir zu seyn (mich zu beschützen) und meine Nachkommen gleich dem Sande am Meer unzählbar zu machen.
14. So blieb er da die Nacht, und sonderte von allem [was ihm in die Hand kam] etwas für seinen
15. Bruder Esau zum Geschenk aus. Zweyhundert
16. Ziegen, mit zwanzig Böcken, zweyhundert Schafe, mit zwanzig Böcken, dreyßig säugende Kamele, mit ihren Füllen, vierzig Kühe, mit zehn Stieren, zwanzig Eselinnen, mit zehn Hengsten
17. (Eseln). Diese übergab er seinen Knechten, jedem eine Heerde allein. Er befahl, sie sollten voran gehn, und zwischen jeder Heerde einen
18. Zwischenraum lassen. Der erste sollte, wenn sein Bruder Esau käme, und ihn fragte: wer er wäre, wohin er wollte, und wem das Vieh gehörte,
19. das er vor sich hertriebe, zur Antwort geben:
Es gehört deinem Diener Jakob, und ist ein Geschenk, das er [seinem Herrn] Esau zuschicket. Er kommt auch selbst hinterher.
20. Eben so sollte auch der andre, der dritte, und alle, die den Heerden folgten, dem Esau antworten,
21. und sagen: Dein Diener Jakob kommt nach, denn er dachte, er wollte ihn durch voran gehende Geschenke besänftigen, und wenn er ihm hinter-

her

---

12. Von meinem: W. Von der Hand meines Bruders, von der Hand Esau.

her vor Augen käme, so würde er ihn gut aufnehmen.

22. So schickte er seine Geschenke voraus. Er
23. aber blieb die Nacht bey dem Heer. Noch während der Nacht brach er mit seinen beyden Wei-
bern, mit den beyden Mägden und den elf Söh-
24. nen auf, ließ sie über den Jabok (jetzt Scherjat
Musa oder Jarmuk) gehen, und schickte auch
alles, was er hatte, mit ihnen hinüber.

25. Er blieb allein zurück. — Da rang ein Mann
mit ihm,
26. Bis daß der Morgen kam. Als er nun sah,
Daß er ihn nicht bezwang: griff er ihm nach der
Hüfte;
Doch Jakobs Hüfte ward, indem er mit ihm
rang,
27. Aus dem Gelenk gesetzt. Da sprach der Mann:
Entlaß mich nun, die Morgenröthe kommt!
Doch Jakob sprach zu ihm: Ich werde dich nicht
lassen,
Bis über mich dein Seegen kommt.
28. Er sprach: Wie heißest du? und als er Jakob
sagte;
29. Rief er: dein Name soll nicht weiter Jakob
heissen,
Er heisse Israel (Held Gottes heisse nun). Du
hast mit Gott und Menschen
30. Gekämpfet und gesiegt! Als nun auch Jakob
fragte:
Wie heissest du? Sprach jener wieder:
Warum fragst du nach meinem Namen?
31. Hier seegnete er ihn. — Und Jakob sprach:
Ich sah
Hier Gottes Angesicht, und rettete mein Leben!
Drum

Drum soll auch dieser Ort nun Pniel (Erscheinung Gottes) heißen!

32. Als Jakob dann von Pniel weiter zog, Ging ihm die Sonne auf. Er hinkte an der Hüfte.

33. Daher essen die Nachkommen Israels noch bis jetzt den Muskel an dem Hüftbein nicht, weil Jakob an demselben verletzt war.

33, 1. Als nun Jakob den Esau von fern mit 400 Mann kommen sah, so vertheilte er seine Kinder
2. unter Lea, Rahel und die beyden Sklavinnen. Diese beyden ließ er mit ihren Kindern vorangehn. Dann ließ er Lea mit ihren Kindern fol-
3. gen, und dann Rahel und Joseph. Er selbst aber ging vor ihnen her, und that einen siebenmaligen Fußfall, indem er sich seinem Bruder näherte.
4. Esau aber lief ihm entgegen, ihn zu umarmen, er fassete ihn um, küssete ihn, und beyde weinten.
5. Als Esau von fern die Weiber und Kinder sahe, fragte er:

Wer sind denn jene dort bey dir?

Jakob: Es sind meine Kinder, die mir Gott ge-
6. geben hat. Indem kamen die Sklavinnen mit ihren Söhnen heran, und machten ihm ihre Ver-
7. beugung, eben so Lea mit den Ihrigen, und zuletzt Joseph und Rahel.

8. Esau sagte: Was willst du mit der ganzen Heerde, die mir begegnet ist?

Jakob: (Ich schicke sie dir zum Geschenk,) mir deine Gunst zu verschaffen.

9. Esau: Ich habe genug, Bruder; behalte das Deine!

10. Jakob: Nicht also! Willst du mir eine Gefälligkeit erzeigen; so nimm das Geschenk von mir an, denn ich wollte vor dir, als vor einem Gott (Gebieter) erscheinen, und du nimmst
11. mich auch an. So nimm denn nun das Geschenk, das ich dir darbringe, denn Gott ist mir gnädig gewesen, daß ich alles (im Ueberfluß) habe.

Er drang auch so lange in ihn, bis er es annahm.

12. Und Esau sprach:

Laß uns nun weiter ziehen! Ich will dich begleiten.

13. Jakob: Du siehest, daß ich kleine Kinder bey mir habe, auch Heerden und milchend Vieh. Wenn sie auch nur einen Tag übertrieben werden, so
14. kann die ganze Heerde sterben. Gehe du lieber voraus, so will ich dir langsam folgen, wie ich es gewohnt bin, und wie die Heerde und die Kinder fortkommen können, bis ich zu dir nach Seir komme.

15. Esau: Ich will einige von meinen Leuten zurücklassen.

Jakob: Es ist unnöthig, wenn ich nur deine Gunst habe.

16. Daher ging Esau noch an dem Tage nach Seir zurück. Jakob aber begab sich nach Sukkoth,
17. wo er für sich ein Haus, für seine Heerden aber Hütten errichtete, und daher den Ort Sukkoth (Hütten) nannte.

18. So

---

10. Ich wollte vor dir als einem Gebieter erscheinen: W. Ich erscheine vor deinem Angesicht, wie beym Erscheinen vor dem Angesicht eines Gottes.

11. Das Geschenk: W. Den Seegen, vergl. 1 Sam. 25, 27. 30, 26.

13. Du siehest: Mein Herr, du siehest.

14. W. Mein Herr ziehe vor seinem Knecht her.

18. So kam Jakob glücklich von seiner Reise nach Mesopotamien zurück, nach der Stadt Sichem in Kanaan, wo er sein Lager aufschlug.
19. Er erkaufte ein Stück Land dazu von den Nachkommen (Unterthanen) Chamors [der Sichems
20. Vater war] für 100 Kesita. Hier errichtete er einen Altar, und nannte ihn El Elohe Israel (Gott — der Starke — ist der Gott Israels).

34, 1. Dina, Jakobs Tochter von der Lea, ging einst aus, mit dem dortigen Frauenzimmer Be-
2. kanntschaft zu machen. Sichem, ein Sohn des Heviten Chamors, des Fürsten in dem Lande, sahe sie, bemächtigte sich ihrer, und entehrte sie.
3. Er war ihr aber in der Liebe getreu, und suchte
4. sie durch Zureden zu besänftigen, bat auch seinen
5. Vater, ihn mit ihr zu verheirathen. Jakob erfuhr, daß seine Tochter entehrt wäre, da aber seine Söhne bey den Heerden auf dem Felde waren, so schwieg er dazu stille, bis sie nach Hause
6. kamen. Inzwischen kam Chamor, Sichems Vater, zu ihm heraus, mit ihm davon zu spre-
7. chen. Jakobs Söhne kamen vom Felde herein. Da sie es höreten, ärgerten sie sich, und es verdroß sie sehr, daß Sichem eine solche Schandthat gegen Israel begangen, und Jakobs Tochter entehret hatte, wodurch auch sie sich beschimpft
8. sahen. Chamor sprach mit ihnen, und sagte: Mein Sohn Sichem ist in eure Tochter ver-
9. liebt. Gebet sie ihm zur Frau. Verschwägert euch mit uns, gebt uns eure Töchter, und hei-
10. rathet die unsrigen, dann könnt ihr bey uns wohnen. Das Land steht euch frey, darin zu wohnen,

18. Glücklich: Das Wort Schalem (glücklich) sehen einige als den Namen einer sonst unbekannten Stadt an.

wohnen, herumzuziehn und euch anzukaufen.
11. Auch Sichem sprach zu ihrem Vater und Brüdern:
Erzeiget mir diese Gunst. Ich will euch ge-
12. ben, was ihr verlanget. Setzet nur Kaufgeld
und Geschenk so hoch an, als ihr wollet. Ich
will geben, was ihr fordert, wenn ihr mir nur
die Tochter zur Ehe gebt.

13. Jakobs Söhne gaben ihm und seinem Vater eine
hinterlistige Antwort, weil er ihre Schwester ent-
14. ehrt hatte, und sprachen:
Es geht nicht an, daß wir unsre Schwester
mit einem Unbeschnittenen verheirathen, denn
15. das würde uns schimpflich seyn; doch wollen wir
dir nachgeben, wenn ihr uns gleich werden, und
alle eure Mannspersonen beschneiden wollet.
16. Dann wollen wir uns wechselseitig verheirathen, bey einander wohnen, und ein Volk aus-
17. machen. Williget ihr aber nicht darein, euch
zu beschneiden, so wollen wir unsre Tochter
nehmen und wegziehen.

18. Hiermit war Chamor und sein Sohn Sichem zu-
19. frieden. Der junge Mensch säumte nicht, dies
ins Werk zu richten, da er in Jakobs Tochter
verliebt war. Er war der angesehenste in seiner
20. ganzen Familie. Er ging mit seinem Vater
Chamor ins Thor der Stadt, und trug es den
Einwohnern so vor:

21. Jene Männer leben friedlich mit uns. Sie
wollen sich bey uns niederlassen und ankaufen.
Es ist auch Platz genug für sie da. Wir wollen
uns mit ihnen durch wechselseitige Heirathen
22. verbinden. Aber nur unter der Bedingung
wollen sie es sich gefallen lassen, bey uns zu
wohnen, und ein Volk mit uns zu werden,
wenn

23. wenn wir alle unsere Mannspersonen, so wie sie, beschneiden wollen. Alle ihre Heerden, ihr Vieh und ihr ganzes Vermögen wird uns zu Theil, wenn wir ihnen hierin zu Willen sind, damit sie bey uns bleiben.
24. Diesen Antrag Chamors und Sichems genehmigten alle Einwohner der Stadt, und beschnitten
25. alle ihre Mannspersonen. Am dritten Tage darauf, da der Schmerz am heftigsten war, ergriffen Simeon und Levi, die beyden Söhne Jakobs, leibliche Brüder der Dina, die Waffen, überfielen die Stadt unversehens, und erwürgten
26. alle Mannspersonen, auch Chamor und Sichem machten sie nieder, und nahmen die Dina aus
27. seinem Hause mit sich weg. Darauf kamen die übrigen Söhne Jakobs, zogen die Erschlagenen aus, und plünderten die Stadt, wo ihre Schwe-
28. ster entehrt war. Schafe, Rinder, Esel, und alles, was in der Stadt und auf dem Felde war,
29. brachten sie zusammen. Alles Ihrige, Kinder und Weiber, nahmen sie, nebst allem, was in ihren Häusern war, hinweg.
30. Da sagte Jakob zu Simeon und Levi: Ihr habt mich in Gefahr gesetzt! Nun werden die Einwohner des Landes, die Kananiter und Pheresiter, einen Abscheu gegen mich haben. Ich habe nur wenig Leute, sie können sich gegen mich versammeln, mich umbringen, und mich mit meinem ganzen Geschlecht ausrotten.
31. Sie antworteten ihm: Sollte er denn mit unsrer Schwester als mit einer Hure umgehen?
35. Hierauf sprach Gott zu Jakob: Ziehe nun nach Bethel, und wohne daselbst. Baue dem Gott, der

24. Einwohner der Stadt: W. Die im Thor aus- und eingingen.

der dir erschien (dir half), als du vor deinem Bruder Esau flohest, einen Altar!

2. Jakob sprach zu seinem ganzen Hause, und zu allen seinen Angehörigen:

Schaffet die ausländischen Götter, welche ihr noch bey euch habt, weg, waschet euch (lasset euch taufen), wechselt die Kleider, und ziehet
3. nun mit mir nach Bethel, da will ich dem Gott, der mich in der Noth erhört, und mich auf meinen Reisen begleitet hat, einen Altar bauen.

4. Sie gaben ihm alle ausländische Götter, die sie hatten, und ihre Ohrringe (Amulete). Er ver-
5. grub sie unter der Terebinthe bey Sichem. Bey ihrem Abzuge kam eine große Furcht über die umliegenden Städte, so daß sie keiner verfolgte.
6. Jakob kam nach Lus oder Bethel in Kanaan, mit
7. allen den Seinigen. Er erbauete daselbst einen Altar. Er hatte den Ort (der Erscheinung) Gottes Bethel genannt, als ihm bey der Flucht vor seinem Bruder Gott (die Götterbothen) daselbst erschienen war.

8. Hier starb Debora, die Amme der Rebecka, und ward unter der Eiche bey Bethel begraben, die daher den Namen Allonbachut (Trauereiche) erhielt.

9. Jakob hatte bey seiner Zurückkunft aus Mesopotamien noch eine andere Erscheinung gehabt.
10. Gott hatte ihn geseegnet und gesagt:

Du hießest sonst Jakob! Nun sollst du nicht mehr Jakob, sondern Israel heissen!
11. Daher nannte man ihn Israel. Gott hatte (damals) zu ihm gesagt:

Ich

---

5. Große Furcht: W. Furcht Gottes.

Ich bin Gott der Höchste! Werde fruchtbar und vermehre dich. Ein Volk, ja eine Menge Völker, sollen von dir abstammen. Selbst Könige sollen unter deinen Nachkommen seyn.

12. Das Land, das ich Abraham und Isaak schenkte, schenke ich dir und deinen Nachkommen (den Deinen).

13. Als sich nun Gott von ihm und von dem Ort, wo er mit ihm geredet hatte, erhob, so errichtete

14. Jakob (damals) daselbst ein Denkmal von Stein, auf welchen er Wein und Oel darbrachte,

15. er nannte den Ort Bethel, wo Gott mit ihm geredet hatte.

16. Als sie von Bethel abzogen, kam unterweges noch eine Meile von Efrata (nachmals Bethlehem genannt) Rahel nieder. Sie hatte eine

17. schwere Geburt. Als sie dabey die Hebamme mit der Nachricht tröstete, daß sie einen Sohn habe,

18. starb sie, indem sie ihn Benoni (mein Schmer-

19. zens Sohn) nannte. So starb Rahel, und ward begraben auf dem Wege nach Efrata, welches auch

20. Bethlehem heißt. Jakob errichtete ihr ein Grabmahl. — Dies ist das bis jetzt vorhandene Grabmal Rahels. —

21. Israel zog fort, und schlug seine Zelte jenseit

22. Migdal Eder (der Heerden Warte) auf. Während der Zeit, da er sich hier aufhielt, trieb Ruben mit der Bilha, seines Vaters Beyschläferin, Unzucht. Dies hörte Israel — —

23. Jakob hatte zwölf Söhne. Von der Lea den Erstgebornen Ruben, Simeon, Levi, Isa-

24. schar, Sebulon. Von der Rahel Joseph und

25. Benjamin. Von der Bilha [Rahels Sklavin]

26. Dan

22. Einige behaupten, es fehle hier etwas.

26. Dan und Naphtali, und von der Silpa [der Lea Sklavin] Gad und Ascher. Diese Söhne waren ihm in Mesopotamien geboren.

27. Endlich kam Jakob zu seinem Vater Isaak nach Mamre, sonst Kirjat Arba oder Hebron genannt, wo sich Abraham und Isaak als Noma-
28. den aufgehalten hatten. Isaak erreichte ein Al-
29. ter von 180 Jahren. In solchem Alter starb er, nachdem er von Kräften gekommen, und selbst des Lebens müde geworden war. Er wurde (ins Grab) zu den Seinen gebracht, wo er von seinen beyden Söhnen, Esau und Jakob, beerdiget wurde.

* * *

36, 1. Die Abkömmlinge Esaus, der auch
2. Edom heißt. Esau heirathete Kananitische Weiber, Ada, die Tochter des Hetiters Elon, und Oholibama, die Tochter Ana, der ein Sohn des
3. Heviters Zibeon war, auch Basemat, eine Tochter Ismaels und Schwester Nebajoths.

4. Mit Ada erzeugte er Elifas, mit Basemat
5. Reguel, und mit Oholibama Jeusch, Jaalam und Korach. Diese Söhne wurden ihm noch in
6. Kanaan geboren. Nachher aber zog er weg von seinem Bruder Jakob, mit seinen Frauen und

---

29. Ins Grab: Vergl Cap. 15, 15. 25, 8. 37, 35. 47, 30.

a. Ana war nach v 24. und 29 ein Sohn des Zibeon. Es ist also falsch, hier zu lesen Ana, die Tochter des Zibeon. Der Samaritanische Text, der Alexandriner und Syrer haben die richtige Lesart.

6. Weg von seinem Bruder: W. Vor dem Angesicht seines Bruders.

und Kindern, und mit allen seinen Leuten, mit seinen Heerden und mit allem Vermögen, was er
7. in Kanaan erworben hatte; denn ihr Vermögen war zu groß, als daß sie hätten beysammen wohnen können, und das Land, wo sie wohnten, konnte ihnen keinen Unterhalt verschaffen, wegen
8. ihrer großen Heerden. So ließ sich Esau, der auch Edom hieß, auf dem Gebirge Seir nieder.
9. Die Abkömmlinge von Esau, dem Stammvater der Edomiter, auf dem Gebirge Seir.
10. Seine Söhne hießen Elifas, von seiner Frau Ada, und Reguel, von seiner Frau Basemat.
11. Des Elifas Söhne waren Theman, Omar, Ze=
12. fo, Gaatam und Kenas, auch erzeugete er Amaleck, mit seiner Beyschläferin Thimna. Dies sind also Abkömmlinge von Esaus Frau Ada.
13. Reguels Söhne waren Nachat, Serach, Schamma und Misa. Dies sind also Abkömm=
14. linge von Esaus Frau Basemat. Die Söhne der Oholibama, einer Tochter Ana und Enkelin Zibeons, die mit Esau verheirathet war, und die sie mit ihm erzeugte, waren Jeusch, Jaalam und Korach.
15. Die Stammfürsten der Nachkommen Esau, die von seinem ältesten Sohn Elifas abstammen, sind die Fürsten Theman, Omar, Zefo, Kenas,
16. Korach, Gaatam, Amalek. Dies sind die Stammfürsten des Geschlechts Elifas, im Lande Edom, die von der Ada herstammen.
17. Die Nachkommen von Esaus Sohn Reguel sind die Fürsten Nachat, Serach, Schamma, Misa. Dies sind die Stammfürsten des Geschlechts Reguel im Lande Edom, die von der Basemat herstammen.

18. Die

18. Die Nachkommen von Oholibama, Esaus Frau, sind die Fürsten Jeusch, Jaalam, Korach. Dies sind die Stammfürsten, die von Oholibama, Esaus Frau, der Tochter Ana, herstammen.

19. Dies sind die Nachkommen und die Stammfürsten unter ihnen, von Esau, der auch Edom heißt.

20. Die Nachkommen des Horiten (Troglodyten oder Höhlenbewohners) Seir, die das Land bewohnten, sind Lotan, Schobal, Zibeon,

21. Ana, Dischon, Ezer und Dischan. Dies sind die Fürsten der Höhlenbewohner, die von Seir abstammen, im Lande Edom.

22. Die Söhne Lotans waren Hori und Hemam,
23. und seine Schwester Timna, die Söhne Schobals Alvan, Manachat, Ebal, Schefo und Onam,
24. Die Söhne Zibeons — — Aja und Ana. Dieser Ana entdeckte die Bäder in der Wüsten, da er seines Vaters, des Zibeon, Esel hütete. Die
25. Kinder Ana sind Dischon und Oholibama, seine
26. Tochter. Die Söhne Dischon sind Chemdam,
27. Eschban, Jitran und Cheran. Die Söhne E-
28. zers waren Bilham, Saavan und Akan. Die Söhne Dischan waren Uz und Aran.

29. Die Fürsten der Höhlenbewohner waren die Fürsten Lotan, Schobal, Zibeon, Ana, Dischon,
30. Ezer, Dischan. Dies sind die Fürsten der Höhlenbewohner im Lande Seir.

31. Die Könige, die im Lande Edom regierten, ehe die Israeliten einen König (Anführer) hatten.

Bela,

24. — — Aja: Nach dem Hebräischen und Aja. Der Samaritanische Text aber und alle alte Uebersetzer, ausser der arabischen, lassen das und weg.

32. Bela, ein Sohn Beors, war König über die Edomiter. Seine Stadt hieß Dinhaba.
33. Dem folgte nach seinem Tode Jobab, Serachs Sohn, von Bozra.
34. Dem folgte nach seinem Tode Chuscham, aus dem Lande Theman.
35. Dem folgte nach seinem Tode Habab, ein Sohn Bedab. Er schlug die Midianiter, in den Gefilden der Moabiter. Er wohnte zu Avid.
36. Dem folgte nach seinem Tode Samla von Masreka.
37. Dem folgte nach seinem Tode Saul von Rechobot, am Euphrat.
38. Dem folgte nach seinem Tode Baalhanan, der Sohn Achbors.
39. Dem folgte nach seinem Tode Habar. Er wohnte zu Fegu. Seine Gemahlin war Mehetabel, eine Tochter der Matred, und Enkelin Mesahab.
40. Die Namen der Fürsten Esaus, nach ihren Stämmen und Wohnorten, waren: Die Fürsten
41. 42. Timna, Alva, Jtit, Oholibama, Ela, Pinon, Kenas, Taman, Mibzar, Magdiel, Jram.
43. Diese alle sind Edomitische Fürsten, nach ihren Wohnorten, in ihrem eigenthümlichen Lande. So viel von Esau, dem Stammvater der Edomiter. Jakob aber blieb in dem Lande, wo

37, 1. sich sein Vater aufgehalten hatte, nämlich in Kanaan.

Geschichte Jakobs.

2. Als Joseph siebzehn Jahr alt war, fing er an, mit seinen Brüdern die Schafe zu hüten. Er war als Lehrling bey seinen Halbbrüdern, den Söhnen der Bilha und Silpa. Von ihm erfuhr
3. sein Vater, was etwa unrechtes vorging. Israel liebte ihn mehr, als alle seine Söhne, weil er ihm im Alter geboren war, und machte ihm ein bun=
4. tes Kleid. Da nun seine Brüder merkten, daß ihn der Vater allen vorzog; so wurden sie ihm deshalb feind, und konnten sich nicht mit ihm
5. vertragen. Joseph brachte sie noch mehr gegen
6. sich auf, durch einen Traum, den er hatte, und ihnen so erzählte:

7. Höret einmal den Traum, den ich gehabt habe. Es kam mir vor, als bänden wir Garben auf dem Felde. Meine Garbe richtete sich auf und stand, und eure Garben umher neigeten sich vor meiner.

8. Seine Brüder antworteten ihm:

So solltest du unser König seyn, und uns be= herrschen?

Sie hasseten ihn dieses Traums und seiner Er=
9. zählung wegen noch mehr. Er hatte darauf noch einen Traum, den erzählte er ihnen so:

Hört einmahl. Ich habe wieder einen Traum gehabt. Sonne, Mond und elf Sterne nei= geten sich vor mir.

10. Als er dies seinem Vater und seinen Brüdern erzählte, gab ihm sein Vater einen Verweis, und sagte:

Was

Was sind das für Träume, die du hast?
Soll ich und deine Mutter und deine Brüder
kommen, und vor dir (als vor unserm König)
einen Fußfall thun?

11. Seine Brüder wurden eifersüchtig auf ihn, seinem Vater aber blieb es im Andenken.

12. Einst waren seine Brüder mit den Heerden
13. ihres Vaters nach Sichem gezogen. Da sagte Israel zu Joseph:

Da jetzt deine Brüder mit der Heerde bey Sichem sind, so mache dich fertig. Ich will dich zu ihnen hinschicken.

14. Als Joseph dazu bereitwillig war, trug er ihm auf, sich darnach um zu sehn, wie es mit seinen Brüdern und mit den Heerden stünde, um ihm davon Nachricht zu bringen. So schickte er ihn
15. [vom Thal] von Hebron nach Sichem. Hier fand ihn jemand, da er auf dem Felde hin und her ging, und fragte ihn:

Was suchst du?

16. Joseph: Ich suche meine Brüder, kannst du mir Nachricht geben, wo sie weiden?

17. Jener: Als sie hier wegzogen, hörte ich von ihnen wol, sie wollten nach Dothan.

Joseph ging ihnen nach, und fand sie zu Dothan.

18. Sie sahen ihn von fern, und ehe er noch zu ihnen
19. herankam, berathschlagten sie sich, ihn umzubringen, und sprachen:

20. Da kommt der Traumkönig. Laßt uns ihn umbringen, ihn in eine Cisterne werfen, und dann vorgeben, ein wildes Thier habe ihn zerrissen,

---

13. Als Joseph dazu bereitwillig war: B. Joseph sprach: Hier bin ich, und er sprach: Gehe hin und siehe.

riſſen, ſo wird man doch ſehen, was ſeine Träume ſind.

21. Da dies Ruben hörte, der ihn [aus ihrer Hand]
22. erretten wollte, ſo ermahnte er ſie, ihm nicht das Leben zu nehmen. Er ſprach:

Ermordet ihn nicht! Werfet ihn lieber in die Ciſterne hier in der Wüſte. Leget aber nicht ſelbſt Hand an ihn.

Er wollte ihn aber aus ihren Händen erretten, um ihn wieder zu ſeinem Vater zu bringen. —
23. Als nun Joſeph zu ſeinen Brüdern heran kam, zogen ſie ihm ſein buntes Kleid, das er anhatte,
24. aus, und warfen ihn in eine Ciſterne. Sie war
25. aber leer, und es war kein Waſſer darin. Als ſie ſich niederſetzten, um zu eſſen, wurden ſie einen Haufen reiſender Ismaeliten (eine Ismaelitiſche Caravane) gewahr, die von Gilead kam, und Wachs, Harz, und Biſam, auf Kamelen
26. nach Egypten führte. Da ſprach Juda zu ſeinen Brüdern:

Was haben wir davon, daß wir unſern Bruder umbringen, und den Mord verheimlichen?
27. Wir wollen ihn lieber den Ismaeliten verkaufen, ſo dürfen wir nicht erſt Hand an ihn legen. Es iſt doch einmahl unſer Bruder, unſer Fleiſch und Blut.

Dieſen Vorſchlag ließen ſich die übrigen gefallen.
28. Inzwiſchen kamen die Midianitiſchen Kaufleute herbey. Man zog Joſeph aus der Ciſterne heraus, verkaufte ihn denſelben für zwanzig Sekel Silber, und dieſe nahmen ihn mit ſich nach Egypten.

29. Als

22. Ermordet ihn nicht: W. vergießet nicht Blut.

23. Und warfen: W. Sie nahmen ihn und warfen.

29. Als Ruben (der nicht dabey gewesen war) zur Cisterne kam, und Joseph nicht mehr fand, zerriß er (zum Zeichen seiner Traurigkeit) sein
30. Kleid, ging zu seinen Brüdern, und sagte: der
31. Knabe ist nicht da! Wo soll ich hin? Sie schlachteten einen Bock, tunkten Josephs Kleid in das
32. Blut, schickten es so ihrem Vater, und ließen ihm sagen:
Dies haben wir gefunden. Besieh es doch, ob es Josephs Kleid ist oder nicht?
33. Dieser kannte es sogleich, und sagte:
Es ist das Kleid von meinem Sohn!
Ein wildes Thier hat ihn gefressen,
Ein Raubthier hat ihn mir entrissen!
34. Er zerriß seine Kleider, legte Trauer an, und
35. beweinete ihn lange Zeit. Wiewol ihn alle seine Kinder zu trösten suchten, so wollte er doch keinen Trost annehmen, und sagte:
Mein Kummer bringt mich einst zu ihm ins Grab.
36. Indem ihn so sein Vater beweinte, verkauften ihn die Midianiter in Egypten an den Potiphar, einen Hofbedienten des Pharao, der Oberster der Leibwache (und Aufseher des Gefängnisses) war.
38, 1. Inzwischen hatte sich Juda von seinen Brüdern abgesondert, er war weiter mittagwärts gezogen, und hatte sein Lager so aufgeschlagen, daß er mit einem Adullamiter, Namens Chira, zu-
2. sammengränzte. Hier lernte er die Tochter eines Kananiters Schua kennen, und heirathete sie.
3. Er bekam von ihr einen Sohn, den nannte er

P 3   4. Er,

35. Mein Kummer s. W. Ich werde traurig zu meinem Sohn ins Grab gehn.
36. Hofbedienter; W. Verschnittener. Alle Hofbediente hiessen so. Dieser hatte eine Frau.

4. Er, den zweyten Sohn von ihr nannte er Onan,
5. den dritten Schela. Als dieser geboren wurde, war er zu Achsib.
6. Seinen ältesten Sohn verheirathete er mit
7. Thamar. Dieser [älteste Sohn des Juda] aber gefiel dem Jehova nicht, und er ließ ihn sterben.
8. Nun ließ Juda den Onan seines Bruders Wittwe nach dem Recht der Schwägerschaft heirathen, damit die Familie seines Bruders fortgepflanzt
9. würde. Da dieser aber wußte, daß das Kind, welches er mit ihr erzeugen würde, nicht für das seinige gehalten werden sollte; so schwächte er sich immer, ehe er ihr beywohnte, um nur seinem
10. Bruder keine Nachkommen zu verschaffen. Dies mißfiel dem Jehova, und er ließ ihn auch sterben.
11. Nun verlangte Juda von seiner Schwiegertochter Thamar, sie sollte als Wittwe in ihrem väterlichen Hause bleiben, bis sein Sohn Schela erwachsen wäre — Er fürchtete aber, ihn auch zu verlieren, wie seine Brüder — Thamar zog also wieder in ihr väterliches Haus, und blieb daselbst.
12. Nach langer Zeit starb des Juda Frau [die Tochter Schua]. Als er nun über sie ausgetrauert hatte, und einst in Begleitung seines Freundes [des Adullamiter] Ehira zur Schaf=
13. schur nach Timna reisete, Thamar aber solches erfuhr: so legte sie ihre gewöhnlichen Wittwen= kleider

4. Sie wurde wieder schwanger, und gebar einen Sohn, den nannte er Onan.

5. Sie wurde wieder schwanger, und gebar einen Sohn, den nannte er Schela.

8. Nun ließ Juda f. W. Juda sprach zu Onan: Heirathe f.

13. Solches erfuhr: W. Erfuhr, ihr Schwiegervater gienge nach Timna zur Schafschur.

Kleider ab, nahm einen Schleier um, und setzte sich verhüllt vor das Thor der Stadt Enaim, am Wege nach Timna. — Denn sie sahe, daß Schela nun erwachsen war, und sie doch nicht
15. mit ihm verheirathet wurde. — Juda sahe sie, und hielt sie, weil sie ihr Gesichte verhüllet hatte,
16. für eine Hure. Er ging zu ihr heran, und wollte ihr beywohnen. — Er mußte aber nicht, daß es seine Schwiegertochter wäre. — Sie sagte: Was willst du mir dafür geben?
17. Er: Ich will dir ein Ziegenlamm von der Heerde schicken.
    Sie: So gib mir so lange ein Pfand.
18. Er: Was willst du denn für ein Pfand?
    Sie: Dein Siegel, nebst der Schnur, und den Stock, den du in der Hand hast.
19. Er gab es ihr, lag bey ihr, und sie wurde schwanger. Nachher ging sie fort, legte den Schleier
20. ab, und zog ihre Wittwenkleider wieder an. Juda schickte das Lamm durch seinen Adullamitischen
21. Freund, um das Pfand einzulösen. Dieser fand sie nicht, er fragte die Leute des Orts, wo die Hure wäre, die vor Enaim an dem Wege gesessen hätte, diese aber sagten, es wäre keine Hure da
22. gewesen. Er kam also wieder zu Juda, und erzählte es. [Er hätte sie nicht gefunden, und die Leute des Orts sagten, es wäre keine Hure da ge-
23. wesen.] Hierauf sagte Juda:
    So mag sie es behalten. Wir haben doch keine Ehre davon (wenn wir sie weiter aufsuchen). Habe ich ihr doch den Bock geschickt; du hast sie nur nicht gefunden.
24. Ungefähr drey Monat (ein Vierteljahr) nachher erfuhr Juda, seine Schwiegertochter hätte Unzucht getrieben, und wäre davon schwanger. Er ließ

ließ sie herbey holen, und wollte sie (steinigen und)
25. verbrennen lassen. Indem man sie aber herbey holen wollte, schickte sie ihrem Schwiegervater das Pfand, und ließ ihm sagen:

Ich bin von demjenigen schwanger, dem dieses (Pfand) gehöret. Siehe nur, wem das Siegel, nebst der Schnur und der Stock gehört.

26. Juda erkannte es, und sprach: Sie hat mehr Recht, als ich, da ich ihr meinen Sohn Schela nicht gegeben habe.
27. Doch lebte er nicht weiter mit ihr. Als sie niederkommen sollte, merkte man, daß sie Zwillinge
28. hätte. Bey der Geburt kam erst eine Hand zum Vorschein. Da nahm die Hebamme einen rothen Faden, und band ihn darum, und sagte:
29. Dieser kommt zuerst zur Welt! Allein die Hand ging wieder zurück, und sein Bruder kam zuerst. Zu dem sagte sie: Was machst du um deinetwillen für einen Riß, und nannte ihn Perez (Riß).
30. Nachher kam sein Bruder mit dem rothen Faden um die Hand, und sie nannte ihn Serach (Aufgang, Vorbothe).

39, 1. Joseph war inzwischen nach Egypten gebracht. Potiphar, ein Hofbedienter des Pharao, der Oberster der Leibwache und ein geborner Egypter war, hatte ihn von den Ismaelitischen Kaufleuten gekauft, die ihn dahin gebracht
2. hatten. Jehova sorgte so für ihn, daß ihm alles glückte. Indem er so im Hause seines Egypti-
3. schen Herrn war, und dieser merkte, daß Jehova für ihn sorgte, und ihm alle seine Unternehmun-
4. gen gelingen ließ: so gewann er ihn so lieb, daß er sich von ihm selbst bedienen ließ, ja daß er ihm sein ganzes Hauswesen übergab, und ihm alles

5. anver-

5. anvertrauete. Von der Zeit an beglückte Jehova um Josephs willen das ganze Hauswesen dieses Egypters; so daß es allenthalben, im Hause und auf dem Felde, zu spüren war [wie ihn Jehova
6. beglückte]. Indem er so dem Joseph alles überließ, so bekümmerte er sich um nichts, als um seine Tafel.

Joseph aber war wohl gewachsen und schön
7. von Ansehn. Die Gemahlin seines Herrn warf ein Auge auf ihn, und trug ihm Liebe an. Er
8. aber weigerte sich, und gab ihr die Antwort:

Mein Herr bekümmert sich um nichts, was in seinem Hause ist, er überläßt mir alles das Sei=
9. nige. Es ist nichts im ganzen Hause so groß, das er mir versagte, außer dich, seine Gemahlin. Wie sollte ich nun ein so großes Unrecht thun, und so wider Gott sündigen?

10. Da sie täglich solche Reden gegen Joseph führte, er ihr aber nicht zu Willen seyn wollte: so fügte
11. es sich einst, daß er in seinen Geschäfften in das Innere des Hauses (in das Frauenzimmer=Ge=
12. mach) ging. Da niemand weiter zugegen war, so ergriff sie ihn bey seinem Kleide, und wiederholte den Antrag, er aber ließ sein Kleid in ihren
13. Händen, und lief eilend hinaus. Als sie nun sahe, daß er ihr das Kleid in den Händen gelas=
14. sen hatte, und entlaufen war, rief sie die Leute aus dem Hause zusammen, und sagte:

Seht! Dieser hebräische Mensch ist zu uns gebracht worden, uns zu verunehren! Er kam zu mir herein, mich zu schänden, ich aber schrie
15. laut, und da er hörte, daß ich Lärm machte, ließ er sein Kleid bey mir, und lief davon.

16. Sie

16. Sie legte das Kleid bey sich nieder, bis sein Herr nach Hause kam, und erzählte ihm alles eben so:

17. Der hebräische Sklave, den du zu mir gebracht hast, kam zu mir, mich zu schänden,

18. als ich aber Lärm machte, und schrie, ließ er sein Kleid neben mir liegen, und lief davon.

19. Als der Herr diese Erzählung seiner Gemahlin hörte, daß sein Sklave sich gegen sie so verhalten hätte, wurde er sehr zornig, und warf Joseph in

20. das Gefängniß, wo die königlichen Gefangenen bewahrt wurden. Als Joseph hier im Gefäng=

21. niß war, nahm sich Jehova seiner an, und machte ihn beliebt bey dem Aufseher des Gefängnisses,

22. so daß dieser alle Gefangenen, die da waren, seiner Aufsicht überließ, und was nur zu thun war,

23. geschahe alles durch ihn. Der Aufseher des Gefängnisses sahe sich nach nichts um, was er ihm einmal überlassen hatte; denn Jehova stand ihm bey, und beglückte alles, was er unternahm.

40. 1. Nach einiger Zeit vergingen sich der Mundschenk des Pharao und der Oberbecker wider die=

2. sen ihren Herrn [den Pharao]. Da nun Pharao über diese beyden Hofbedienten [über den obersten Schenken, und den obersten Becker] un=

3. gnädig war: so ließ er sie, da wo auch Joseph saß, bey dem Obersten der Leibwache in das Ge=

4. fängniß setzen. Dieser übergab sie dem Joseph,

5. sie zu bedienen. Sie saßen ein Jahr. Beyde Gefangene [der Mundschenk und der Oberbecker des Pharao] hatten in einer Nacht jeder einen Traum,

6. so wie es hernach eintraf. Als Joseph des Morgens zu ihnen kam, fand er sie bekümmert, und

7. befragte diese Hofbedienten des Pharao, welche mit ihm im Hause seines Herrn gefangen saßen:

8. Warum

8. Warum sie jetzt so bekümmert wären? Und da sie ihm zur Antwort gaben: Sie hätten beyde einen Traum gehabt, und hätten doch keinen, der ihn erklärte; so sagte er zu ihnen:

Kommt es nicht Gott (den Gebietern) zu, sie auszulegen? Doch erzählt mir es einmal (was euch geträumt hat).

9. Der oberste Schenk erzählte ihm seinen Traum so:

10. Es war mir im Traum, als sähe ich einen Weinstock vor mir, mit drey Reben. Er bekam Knospen, trieb Blüthen hervor, und

11. brachte reife Trauben. Ich hatte den Becher des Pharao in meiner Hand, und indem ich die Beeren nahm, und sie für den Becher des Pharao (mit Wasser) vermischte, so übergab ich ihm denselben.

12. Joseph sagte zu ihm, dies ist die Erklärung davon:

13. Die drey Reben sind drey Tage. Ueber drey Tage wird dich Pharao hervorziehn, und dich in deine Stelle wieder einsetzen. Du wirst, wie vormals, sein Mundschenk seyn, und ihm

14. den Becher in die Hand geben. Gedenke aber auch meiner, wenn es dir wohl geht, und erzeige mir die Gefälligkeit, meiner vor dem Pharao zu erwähnen, um mir aus diesem Ge-

15. fängnisse heraus zu helfen; denn ich bin aus dem Lande der Hebräer heimlich geraubt, und ich habe auch hier nichts gethan, darum ich gefangen sitzen müßte.

16. Dem obersten Becker gefiel diese Erklärung. Er sagte zu Joseph:

Auch

---

11. Vermischte: so übersetze ich mit Schultens. Andre übersetzen auspreßte.

17. Auch ich hatte einen Traum. Es waren drey Körbe mit Backwerk auf meinem Kopf. In dem obersten Korb waren allerley für den Pharao von dem Becker bereitete Speisen, und die Vögel fraßen sie aus dem Korbe über meinem Kopf.

18. Joseph antwortete ihm: Dies ist die Erklärung davon:

19. Die drey Körbe sind drey Tage. Ueber drey Tage wird dir Pharao den Kopf abschlagen, und dich an einen Baum aufhenken lassen. Dann werden die Vögel über dich kommen, dein Fleisch zu fressen.

20. Der dritte Tag darauf war der Geburtstag des Pharao. Er gab seinem ganzen Hofe ein Gastmahl und ließ auch den Obermundschenk und den Oberbecker zu seinen Hofbedienten hervorführen.

21. Jenen setzte er in sein Schenkenamt wieder ein, so daß er ihm den Becher wieder darreichte, die-
22. sen aber ließ er henken, so wie es ihnen Joseph
23. angedeutet hatte. Der Obermundschenk aber dachte nicht an Joseph, sondern vergaß ihn.

41, 1. Zwey Jahr nachher hatte Pharao einen Traum. Es war ihm, als stünde er am Nil.

2. Aus demselben gingen sieben ansehnliche und fette Stiere hervor, und weideten am Ufer im Grase

3. (auf der Marsch). Sieben unansehnliche und magere kamen hinterher aus dem Nil. Diese

4. stellten sich neben jene am Ufer des Nils. Die unansehnlichen und magern verschlangen die ansehnlichen und fetten. Hier erwachte Pharao. Er schlief wieder ein, und träumte von neuem.

5. Er sah sieben schöne und dicke Aehren auf einem
6. Halm wachsen. Sieben dünne vom Ostwinde ver-

verbrannte Aehren kamen nach ihnen hervor, und diese verschlangen jene schönen und dicken Aehren.
7. Pharao erwachte, und merkte, es wäre ein Traum.
8. Am Morgen war er sehr unruhig, er ließ alle Wahrsager und alle Weisen rufen, und erzählte ihnen seinen Traum; allein es war keiner, der
9. ihm eine Erklärung davon geben konnte. Darauf sagte der Obermundschenk zu Pharao:

Ich erinnere mich jetzt an meine Verschuldung.
10. Als Pharao über seine Knechte ungnädig war, und mich, nebst dem Oberbecker, bey dem
11. Obersten der Leibwache setzen ließ: da hatten wir einst in einer Nacht jeder einen Traum
12. von besonderer Bedeutung. Es war ein junger Hebräer bey uns, ein Sklave des Obersten der Leibwache, dem wir unsre Träume erzählten, und der sie uns ordentlich jedem besonders
13. auslegte, so wie es hernach eintraf. Ich wurde wieder in mein Amt eingesetzt, und jener wurde gehenkt.
14. Hierauf schickte Pharao hin, und ließ Joseph holen. Er wurde geschwind aus dem Gefängnisse gelassen, er ließ sich bescheeren, legte andre Klei-
15. der an, und kam so vor Pharao. Dieser redete ihn so an:

Ich habe einen Traum gehabt, und niemand kann ihn mir erklären. Ich habe aber gehöret, du lässest dir Träume erzählen, und erkläre st sie.
16. Joseph: Gott wende es zum Glück des Pharao, denn das steht nicht bey mir.
17. Nun erzählte ihm Pharao: Es war mir im Traum,
18. als stände ich am Ufer des Nils, und aus demselben stiegen sieben fette und ansehnliche Stiere hervor, und weideten am Ufer im Grase. Es
19. kamen

19. kamen noch sieben andre Stiere hinter ihnen her, schlecht und unansehnlich, und sehr mager, so daß ich so schlechte Stiere in ganz
20. Egypten nicht gesehen habe. Die sieben schlechten und magern Stiere verschlangen die erstern
21. fetten; aber man merkte es nicht, daß sie in ihren Bauch gekommen waren. Sie waren noch eben so unansehnlich, als vorhin. Nun
22. erwachte ich. Ich träumte von neuem, und sahe sieben Aehren auf Einem Halm stehen.
23. Sie waren voll und schön. Sieben dürre, dünne und versengte Aehren wuchsen nachher
24. auf. Die sieben schlechten Aehren verschlangen die guten. Ich habe dies den Wahrsagern erzählt, aber keiner kann es mir erklären.
25. Joseph antwortete: Dieser Traum des Pharao ist (bedeutet) einerley. Gott offenbaret ihm,
26. was er thun will. Die sieben schönen Stiere sind sieben Jahre, und eben so die sieben schönen Aehren. Es ist einerley Traum! Auch
27. die sieben schlechten und häßlichen Stiere, die nach ihnen kamen, sind sieben Jahre, und eben so die sieben dünnen und versengten Aehren. Es kommt eine siebenjährige Hungersnoth.
28. Dies ist es, was ich dem Pharao zu sagen
29. habe, was ihn Gott sehen läßt. Es kommen sieben Jahre, wo großer Ueberfluß in ganz
30. Egypten seyn wird. Hinterher kommen sieben Hunger=Jahre, wo man allen Ueberfluß in Egypten vergisset, und wo der Hunger das
31. Land verzehret. Den Ueberfluß im Lande wird man hinterher nicht merken, wegen der Hungersnoth, denn die wird sehr groß seyn. Ver=
32. doppelt ist der Traum dem Pharao, weil es Gott nicht nur beschlossen hat, sondern es auch
33. bald

33. balb ausführen wird. Nun sehe sich Pharao
nach einem verständigen und weisen Mann
34. um, den er über Egypten setze. Zugleich verordne er Beamte, den fünften Theil (vom Ertrag) des Landes in den sieben Jahren des
35. Ueberflusses einzunehmen. Man sammle alle Lebensmittel in den sieben bevorstehenden guten Jahren, und schütte sie in Pharaos Kornhäuser auf, und bewahre sie zu Lebensmitteln in
36. den Städten, und zu Lebensmitteln für das Land in der siebenjährigen Hungersnoth, die über Egypten kommen wird, damit das Land dadurch nicht aufgerieben werde.
37. Dies gefiel dem Pharao und allen seinen Hofbe-
38. dienten. Er sagte zu ihnen:

Könnten wir wol jemand finden, der so, wie dieser Mann, von Gott geleitet würde?
39. Darauf sagte er zu Joseph:

Da Gott dir alles offenbaret hat, so gleicht
40. dir keiner an Klugheit und Weisheit. Du sollst über mein Haus (maior domus, Großvezir) seyn. Nach deinem Befehl soll sich mein ganzes Volk richten. Bloß der Thron soll mich über dich erheben.
41. Indem Pharao zu Joseph sagte: Ich setze dich über ganz Egypten (da er ihn feierlich installirte),
42. so zog er den Ring von seiner Hand, und steckte ihn dem Joseph auf. Er ließ ihn in Byssus (königlich) kleiden, legte ihm eine goldne Kette
43. um den Hals, ließ ihn in dem Wagen des nächsten nach dem Könige (des Großvezirs) fahren, und vor ihm her ausrufen: "Fallet nieder!" Indem
44. er

42. Byssus. Man sehe Forsters Tract. de Bysso antiquorum. Londini 1776. 8.
43. Fallet nieder: So erklärt Jablonsky das Egyptische Wort. Forster übersetzt es: Seht den vom König gekleideten (geehrten).

44. er ihn so über ganz Egypten setzte, so sagte er zu ihm:

So wahr ich Pharao bin, soll ohne deinen Willen in ganz Egypten keiner Hand und Fuß regen (nichts geschehen).

45. Er änderte auch seinen Namen, und nannte ihn Psoton phanech (Weltretter), verheirathete ihn mit Asnath, der Tochter des Hohenpriesters (Statthalters) Potifera zu On (nachmals Heliopolis genannt). So wurde Joseph über Egyp-
46. ten erhöhet. Er war dreyßig Jahr alt, als er bey dem Egyptischen König Pharao in Dienste trat, und von ihm entlassen wurde, ganz Egypten zu bereisen; (eingesetzt wurde, Egypten zu beherrschen).

47. Das Land trug in den Jahren des Ueberflus-
48. ses überaus reichlich. Joseph aber sammelte alle Lebensmittel in den sieben Jahren, die nur in Egypten waren, und brachte sie in die Städte, in jede Stadt von den umliegenden Feldern. Er
49. sammelte so viel, wie Sand am Meer, bis er aufhörte, es zu zählen, denn es war unzählbar.

50. Joseph aber bekam von der Asnath [der Tochter des Potifera, des Statthalters zu On (Heliopolis)] zwey Söhne, ehe die Hungersnoth kam. Den ältesten nannte er Manasse (Menasche: Er läßt vergessen), da ihm Gott alle sein Unglück und seine Verwandschaft vergessen lasse, den andern nannte er Ephraim (Er hat fruchtbar gemacht), da ihn Gott im Lande seines Elends fruchtbar gemacht habe.

53. Es

---

45. Erhöhet: Andre übersetzen: So zog Joseph aus, Egypten zu besehen. Wörtlich heißt es: Er ging hervor über Egypten.

53. Es verflossen die sieben Jahre des Ueberfluß-
54. ses, der in Egypten war, und nun kamen, wie Joseph gesagt hatte, die sieben Hungerjahre. In allen Ländern war Hungersnoth, in ganz Egypten
55. aber hatte man Brodt. Als auch das ganze Egypten Noth litte, so schrie das Volk den Pharao um Brodt an. Er aber wies alle Egypter zu Joseph, sie sollten thun, was er ihnen sagte. Da
56. nun überall im Lande Hungersnoth war; so öffnete Joseph alle Vorrathshäuser, und verkaufte den Egyptern. Und doch war auch in Egypten
57. die Noth groß; denn von allen Ländern kam man dahin, um vom Joseph zu kaufen, da die Hungersnoth alle Länder bedrückte.

42, 1. Als Jakob erfuhr, in Egypten wäre Getreide feil, so sagte er zu seinen Söhnen:
2. Was zögert ihr? Ich habe gehört, in Egypten ist Getreide feil, reiset hin, kaufet dort für uns ein, damit wir nicht verhungern.
3. Die zehn Brüder Josephs reiseten also hin, um
4. in Egypten Korn zu kaufen; den Benjamin aber, des Josephs (leiblichen) Bruder, schickte Jakob nicht mit den andern, weil er befürchtete, es möchte
5. ihm ein Unfall zustoßen. Israels Söhne kamen mit (einer Karavane) andern, die mit ihnen zogen, um einzukaufen, denn es war Hungersnoth
6. in Kanaan. Da nun Joseph Regent im Lande (Großvezir) war, und mit allerley Völkern im Handel stand; so kamen seine Brüder zu ihm,
7. und warfen sich vor ihm auf die Erde. Er kannte sie gleich, da er sie sahe, stellte sich aber fremd gegen sie, und redte sie hart an:
Wo kommt ihr her?
Sie: Aus Kanaan, um Lebensmittel zu kaufen.

8.9. Joseph [indem er an die Träume gedachte, die er von ihnen gehabt hatte, denn er kannte sie, sie aber kannten ihn nicht]: Ihr seyd Kundschafter! Ihr kommt, zu sehn, wo das Land offen ist.
10. Sie: Nein, Herr, wir [deine Knechte] kommen,
11. um Lebensmittel zu kaufen. Wir alle sind Söhne eines Mannes, wir sind ehrliche Leute. Nie waren wir [deine Knechte] Kundschafter.
12. Er: Nicht doch, ihr kommt, zu sehn, wo das Land offen ist.
13. Sie: Wir [deine Knechte] waren sonst zwölf Brüder, Söhne eines Mannes in Kanaan. Der jüngste ist jetzt bey unserm Vater, und einer ist nicht mehr vorhanden.
14. Er: So ist es, wie ich sage, ihr seyd Kund-
15. schafter! Dabey wird man euch erkennen. So wahr Pharao lebt, ihr sollt hier nicht wegkommen, bis euer jüngster Bruder herkommt.
16. Schickt einen von euch hin, der euren Bruder hole. Ihr sollt in Verwahrung seyn. So wird man eure Reden prüfen, ob ihr mit Wahrheit umgehet! Wo nicht, so seyd ihr, so wahr Pharao lebt, Kundschafter!
17. Er ließ sie drey Tage ins Gefängniß setzen. Am dritten Tage sagte er zu ihnen:
18. Thut dies, euer Leben zu retten, denn ich
19. fürchte Gott. Seyd ihr ehrliche Leute, so bleibe einer von euch Brüdern zurück hier im Gefängniß, ihr aber geht hin, und bringt das erkaufte Getreide nach Hause, damit die Eu-
20. rigen nicht Hunger leiden. Bringt ihr denn euren jüngsten Bruder zu mir her, so wird eure Aussage bestätigt, und euer Leben gerettet.

21. Indem

21. Indem sie dieses thaten, sprachen sie zu einander: Das haben wir an unserm Bruder verschuldet. Als wir seine Angst sahen, und als er uns bat, hörten wir ihn nicht; darum kommt nun dies Unglück über uns!

22. Ruben aber sagte zu ihnen: Sagte ich euch das nicht? Versündigt euch nicht an dem jungen Menschen! Ihr aber hörtet nicht, und nun wird sein Blut von uns gefordert (werden wir für seine Ermordung. — denn so dachte Ruben — bestraft).

23. Sie wußten nicht, daß es Joseph verstand, denn sie sprachen durch einen Dolmetscher mit ihm.

24. Er aber wandte sich von ihnen weg und weinete. Drauf kam er wieder, sprach mit ihnen, nahm den Simeon von ihnen heraus, und ließ ihn vor

25. ihren Augen binden. Er ließ ihre Säcke mit Getreide füllen, und ihr Silber (ihr Geld) jedem wieder in seinen Sack legen, und ihnen Zeh-

26. rung auf den Weg geben. Indem dieses geschah, luden sie das Getreide auf ihre Esel, und zogen

27. ab. Einer machte in der Herberge seinen Sack auf, das Vieh zu füttern, und sahe sein Silber,

28. das oben auf lag. Er sagte zu seinen Brüdern: Mein Geld ist mir zurück gegeben, und liegt oben im Sack! Da entfiel ihnen der Muth. Sie erschracken und beklagten sich, warum Gott ihnen das gethan hätte (wiederfahren lassen).

29. — Sie kamen zu ihrem Vater [Jakob in Kanaan], und erzählten ihm alles, was ihnen begegnet war:

30. Der Regent des Landes (Großvezir) redte hart mit uns, und hielt uns für Kundschafter des

31. Landes. Wir sagten ihm, wir wären ehrlich,

32. und

32. und nie Kundschafter gewesen. Unser wären 12 Brüder von einem Vater. Einer wäre nicht mehr vorhanden, und der jüngste wäre
33. noch bey unserm Vater in Kanaan. Da sprach er zu uns: Daran werde ich sehen, ob ihr ehrliche Leute seyd. Einen von euch laßt bey mir bleiben. Ihr könnt nehmen, was zum Unterhalt der Eurigen nöthig ist, und abgehn.
34. Bringt ihr denn euren jüngsten Bruder zu mir, so werde ich sehen, ob ihr Kundschafter seyd, oder ehrliche Leute. Dann will ich euren Bruder wiedergeben, und ihr könnt im Lande kaufen.
35. Als sie aber ihre Säcke ausschütteten, war in eines jeden Sack sein Bündel Silber. Da sie das
36. sahen, erschracken sie nebst ihrem Vater. Der Vater aber sagte zu ihnen:

Ihr beraubet mich meiner Kinder. Joseph ist nicht mehr! Simeon ist nicht mehr! Benjamin wollt ihr auch wegnehmen! Ueber mich geht alles her!

37. Ruben antwortete ihm: Meinen beyden Kindern magst du das Leben nehmen, wo ich ihn dir nicht wiederbringe (Ich setze bey dir das Leben meiner beyden Kinder zum Pfande, daß ich ihn gewiß wiederbringe). Ueberlaß ihn mir. Ich bringe ihn dir wieder.
38. Er: Mein Sohn soll nicht mit euch reisen. Sein Bruder ist todt, und er ist nur allein noch übrig. Es könnte ihm ein Unfall begegnen auf dem Wege, den ihr reiset, und so würdet ihr mein graues Haupt mit Kummer ins Grab bringen.

43, 1. 2. Die Hungersnoth bedrückte das Land. Da sie nun das aus Egypten geholte Getreide aufgezehrt hatten, sprach ihr Vater zu ihnen:

Reiset

Reiset noch einmal hin, und kaufet uns Lebensmittel.

3. Juda gab zur Antwort: Der Mann hat uns ernstlich angedeutet: Wir sollten nicht vor ihn kommen, wo nicht unser Bruder bey uns wäre.
4. Willst du ihn nun mit uns schicken, so wollen wir hinreisen und dir Lebensmittel kaufen, wo
5. nicht [wo du ihn nicht mitschickest], so reisen wir auch nicht. Denn der Mann sagte zu uns, ihr sollt nicht vor mich kommen, wenn euer Bruder nicht bey euch ist.
6. Israel: Warum thatet ihr mir das zu Leide, und sagtet dem Mann, daß ihr noch einen Bruder hättet?
7. Sie: Der Mann fragte genau nach uns, und nach unsrer Familie. Er fragte: Lebt euer Vater noch? Habt ihr noch einen Bruder? Wir erzählten es ihm, wie es war. Konnten wir wol wissen, daß er sagen würde: Bringt euren Bruder her?
8. Darauf sagte Juda zu seinem Vater Israel: Gib mir Benjamin [den Knaben] mit, und laß uns die Reise antreten, damit wir, du und unsre Kinder [leben und] nicht umkommen.
9. Ich will mich für ihn verbürgen. Von mir sollst du ihn fordern. Bringe ich ihn nicht wieder zu dir, und stelle ihn vor dich: so sollst du mir
10. lebenslang die Schuld beylegen. Hätten wir nicht so lange verzogen, wir könnten schon zweymal wieder zurück seyn.
11. Hierauf sagte Israel, ihr Vater, zu ihnen:
Muß es denn so seyn, so thut das! Nehmet einige Seltenheiten des Landes [in eure Gefäße],

fäße] und bringet sie dem Mann zum Geschenk, etwas Balsam, etwas (Rosinen) Honig, Gewürze, Ladanum, Pistacien und Mandeln.
12. Nehmt anderes Silber zu euch, auch das Silber, das wieder in eure Säcke gekommen ist. Vielleicht ist es ein Irrthum.
13. Nehmt auch euren Bruder und reiset wieder
14. hin zu dem Mann. Gott der Höchste lasse euch Erbarmung bey ihm finden, daß er euch euren andern Bruder und Benjamin lasse. Muß ich denn meiner Kinder beraubt seyn, so sey es!

15. Sie nahmen das Geschenk, doppeltes Silber und Benjamin, und reiseten nach Egypten. Sie wurden Joseph vorgestellt. Da er sie nebst dem
16. Benjamin sahe, so sagte er zu seinem Hausverwalter:

Führe diese Leute nach Hause, laß schlachten und anrichten, sie sollen diesen Mittag mit mir speisen.

17. Dieser that es, und brachte sie also in Josephs
18. Haus. Sie fürchteten sich aber, als sie in sein Haus geführet wurden, und sagten zu einander:

Wegen des in unsre Säcke zurück gekommenen Silbers werden wir hieher gebracht. Dies wird er zum Vorwand gebrauchen, an uns zu kommen, um uns als Sklaven mit unsern Eseln an sich zu bringen.

19. Sie traten daher zum Hausverwalter, um mit
20. ihm zu sprechen im Vorhof des Hauses, und sagten:

21. Herr,

* 14. Muß ich denn s. Vergl. Esther 4, 16. nach Luthers in dieser Stelle gut getroffenen Uebersetzung.

21. Herr, erlaube uns ein Wort. Als wir das erstemal hergekommen waren, Lebensmittel zu kaufen, und wir nun in die Herberge kamen, und unsre Säcke aufmachten, so fand ein jeder oben auf sein Silber nach vollem Gewichte.

22. Wir haben es aber wieder bey uns, und haben auch anderes mitgebracht, um Lebensmittel zu kaufen. Wir wissen nicht, wer uns unser Silber wieder in unsre Säcke gelegt hat.

23. Er antwortete ihnen freundlich: Fürchtet euch nicht, euer und eures Vaters Gott hat euch einen Schatz in eure Säcke gegeben. Ich habe euer Geld bekommen.

24. Er brachte darauf Simeon zu ihnen, führte sie in Josephs Haus, brachte ihnen Wasser zum Fuß-

25. bad, und gab ihren Eseln Futter. Sie aber bereiteten das Geschenk zu, wenn Joseph gegen Mittag nach Hause kommen würde, denn sie hat-

26. ten gehöret, daß sie da speisen sollten. Als Joseph nach Hause kam, brachten sie ihm das Geschenk,

27. welches sie bey sich im Hause hatten. Indem sie vor ihm auf die Erde fielen, fragte er sie nach ihrem Befinden, und sprach:

Gehet es eurem alten Vater auch noch wohl, von dem ihr mir sagtet? Lebet er noch?

28. Sie: Es geht [deinem Knecht] unserm Vater wohl. Er lebt noch!

Indem sie sich neigeten und vor ihm niederfielen,

29. richtete er seine Augen auf Benjamin, seinen leiblichen Bruder, und sagte:

Ist das euer jüngster Bruder, von dem ihr mir sagtet?

Er sagte (zu ihm) Gott segne dich, mein Sohn!

30. Er eilte aber, denn sein Herz wurde erweicht bey seinem Bruder, und suchte einen Ort, wo er

er weinen könnte. Er ging in das innere Gemach,
31. und weinte da. Nachdem er sein Gesicht gewaschen, kam er wieder, hielt sich, und ließ nun das
32. Essen auftragen. Man trug aber ihm, seinen Brüdern, und den Egyptern, die mit ihm speiseten, jedem besonders auf, — denn die Egypter können nicht mit den Hebräern essen, indem sie es für eine Verunreinigung ansehn. — Man
33. ließ sie gegen Joseph über sitzen, vom ältesten bis zum jüngsten, wie sie nach dem Alter folgten. Darüber bezeigten sie unter einander ihre Verwunderung.
34. Er ließ ihnen von seinen Gerichten auftragen. Dem Benjamin wurde von allem fünfmal so viel gegeben, als den andern. Sie tranken, und tranken sich bey ihm fröhlich.

44, 1. Er befahl seinem Hausverwalter, ihre Säcke mit Getreide zu füllen, so viel sie nur fortbringen könnten, und einem jeden das Silber oben auf-
2. zulegen. Seinen silbernen Becher aber sollte er nebst dem Silber für das Getreide in den Sack des jüngsten stecken. Dieser richtete den Befehl
3. aus. So wurden sie bey dem Anbruch des Tages
4. mit ihren Eseln entlassen. Sie gingen aus der Stadt, waren aber noch nicht weit, als Joseph seinem Hausverwalter Befehl gab: Er sollte ihnen nachjagen, und, wenn er sie eingeholet, zu ihnen sagen:

5. Warum vergeltet ihr gutes mit bösem? Wo ist (der Becher), woraus mein Herr trinket (den ihr gestohlen habt)? Er erräth es schon! Mußtet ihr es so arg machen?

6. Da der Hausverwalter sie einholte, und sie also
7. anredete, antworteten sie ihm:

Warum

8. Warum sprichst du [mein Herr] von solchen Dingen? Ferne sey es von uns [deinen Knechten], dergleichen zu thun. Das Silber, welches wir in unsern Säcken gefunden hatten, brachten wir dir aus Kanaan wieder. Und nun sollten wir aus dem Hause deines Herrn
9. Silber oder Gold stehlen? Bey wem unter uns [deinen Knechten] er gefunden wird, der soll sterben, und auch wir andern wollen deine [meines Herrn] Sklaven seyn.

10. Er: Nun. Es sey so, wie ihr sagt. Bey wem er gefunden wird, der sey mein Sklave! Ihr andern sollt frey seyn.

11. Jetzt legte geschwind ein jeder seinen Sack ab, auf
12. die Erde, und machte ihn auf. Er durchsuchte sie, fing bey dem ältesten an, und hörte bey dem jüngsten auf, und der Becher fand sich in Ben-
13. jamins Sack. Nun zerrissen sie (zum Zeichen ihrer Traurigkeit) ihre Kleider, jeder lud seinen Sack auf seinen Esel, und so kehrten sie in die
14. Stadt zurück. Juda ging nebst seinen Brüdern zum Hause Josephs, denn noch war er daselbst.
15. Sie warfen sich vor ihm auf die Erde. Joseph aber sagte:

Wie habt ihr euch so verhalten? Meintet ihr nicht, daß ein Mann, wie ich, dergleichen errathen könnte?

16. Juda antwortete hierauf: O Herr! was sollen wir sagen? Was sollen wir reden? Womit sollen wir uns entschuldigen? Gott hat unser [deiner Knechte] Unrecht an das Licht gebracht. Siehe [wir sind deine Knechte], wir und der, bey dem der Becher gefunden ist, sind in deiner Gewalt.

17. Er:

17. Er: Fern sey es von mir, so zu handeln! der, bey welchem der Becher gefunden ist, soll mein Sklave seyn; Ihr aber könnt ruhig zu eurem Vater zurück kehren!

18. Juda trat näher zu ihm, und sprach: Gestatte mir, o Herr! [deinem Knechte] ein Wort vor dir zu reden. Zürne nicht über uns [deine Knechte], denn du bist erhaben, wie Pharao.

19. Du, Herr, fragtest uns [deine Knechte]: Habt ihr noch einen Vater oder Bruder? Wir

20. gaben zur Antwort: Wir haben noch einen alten Vater, der hat seinen jüngsten Sohn bey sich, der ihm in seinem Alter geboren ist. Er hat ihn von seiner Mutter allein noch übrig, da sein Bruder schon todt ist, und hat ihn sehr

21. lieb. Da verlangtest du, wir sollten ihn zu dir bringen, du wolltest ihn selbst sehen.

22. Wir sagten zwar, der junge Mensch kann nicht von seinem Vater kommen. Wenn er

23. ihn verläßt, so stirbt der Vater. Du aber sagtest zu uns [deinen Knechten]: Ihr sollt mir nicht vor Augen kommen, wenn ihr nicht

24. euren jüngsten Bruder mitbringt. Wir kamen zu [deinem Knecht] unserm Vater zurück,

25. und erzählten ihm deinen Befehl. Er wollte uns noch einmal herschicken, um Lebensmittel

26. zu kaufen, wir weigerten uns aber, her zu reisen, wenn nicht unser jüngster Bruder bey uns wäre; denn wir könnten dir [dem Manne] nicht vor Augen kommen, wenn nicht unser

27. jüngster Bruder bey uns wäre. [Dein Knecht] Unser Vater gab uns zur Antwort: Ihr wisset, daß ich von meiner Frau zwey Kinder habe.

28. Der eine ging von mir weg, und ich sprach: er ist zerrissen. Ich habe ihn nicht wieder gesehn.

29. Nehmt

29. Nehmt ihr nun auch diesen von mir weg, und es wiederfährt ihm ein Unglück; so bringet ihr mein graues Haupt mit Kummer ins Grab.
30. Käme ich nun zu [deinem Knecht] meinem Vater, und der junge Mensch wäre nicht bey uns,
31. von dessen Leben sein Leben abhängt; so würde er sterben, wenn er sähe, daß er nicht da wäre, und wir [deine Knechte] brächten das graue Haupt [deines Knechts] unsers Vaters mit
32. Kummer ins Grab. Ueber das habe ich [dein Knecht] mich bey meinem Vater für ihn verbürget, und versprochen, wenn ich ihn nicht wieder zu ihm brächte, so wollte ich lebenslang
33. die Schuld tragen. Laß also mich [deinen Knecht] nur an seiner Statt hier bleiben, dein Sklave zu seyn! Ihn aber laß mit seinen Brü-
34. dern reisen! Denn wie könnte ich ohne ihn zu meinem Vater kommen? Ich würde bloß den Kummer sehn, der ihn träfe.

45, 1. Hier konnte sich Joseph nicht länger halten, vor allen, die umher standen. Er rief: Laßt alle von mir hinaus gehn, und es war niemand bey ihm, als er sich seinen Brüdern zu erkennen gab. Darauf erhob er seine Stimme (indem er sich
2. nicht mehr verstellete) und weinte so laut, daß es die Egypter hörten, auch der Hof des Pharao
3. hörte es: Joseph sprach zu seinen Brüdern:

Ich bin Joseph! Lebt mein Vater noch?

Seine Brüder konnten ihm vor Schreck nicht ant-
4. worten. Er rief ihnen zu:

Tretet doch her zu mir!

Sie traten herzu. Er sprach:

Ich bin Joseph, euer Bruder, den Ihr nach
5. Egypten verkauftet. Und nun ängstiget euch

nur

nur nicht, und seyd nicht betrübt darüber, daß ihr mich hieher verkauft habt, denn zur Erhaltung eures Lebens hat Gott mich vor euch her
6. geschickt. Denn jetzt sind es zwey Jahr, daß Hungersnoth im Lande ist, und es sind noch fünf Jahr, da weder Saat noch Aerndte seyn
7. wird. Gott hat mich vor euch her geschickt, euch hier [im Lande] zu erretten, und euch euer
8. Leben wunderbar zu erhalten. Ihr habt mich also nicht hergebracht, sondern Gott, der setzte mich zum Erhalter des Pharao, und zum Herrn seines Hauses, und zum Regenten des ganzen
9. Egyptens. Nun geht geschwind zu meinem Vater zurück, und saget ihm „Dein Sohn Joseph läßt dir sagen: Gott hat mich zum Regenten über Egypten gemacht. Komm hieher zu mir,
10. bedenke dich nicht. Du sollst in Gosen wohnen, und mit deinen Kindern und Enkeln, mit deinen Heerden, und allem, was du hast, nahe
11. bey mir seyn. Denn es wird noch fünf Jahr theuer seyn, damit du nicht mit deiner Familie
12. und mit deinen Gütern zu Grunde gehest. Ihr seht es selbst, auch mein (leiblicher) Bruder Benjamin sieht es, daß ich es bin, der mit
13. euch redet. Beschreibt meinem Vater alle meine Herrlichkeit in Egypten, und was ihr hier gesehen habt, und bringt ihn bald hieher.
14. Hier fiel er seinem Bruder Benjamin um den Hals, und weinte, auch dieser weinte an seinem
15. Halse. Weinend küßte er alle seine Brüder, und erst nachher sprachen sie mit ihm.
16. Die Nachricht, daß Josephs Brüder angekommen wären, kam an den Hof des Pharao. Es war ihm und seinen Hofleuten angenehm, und
17. er gab dem Joseph den Befehl:

Sage

18. Sage deinen Brüdern: Beladet nur eure Lastthiere, reiset nach Kanaan zurück, und holet eure Familien zu mir her. Ich will euch das beste in Egypten geben, ihr sollt so gut als ir-
19. gend einer leben. Nehmt nur auf meinen Befehl Wagen aus Egypten, um eure Frauen und Kinder, nebst eurem Vater fortzubringen,
20. und kommt zu mir. Sehet nur nicht auf euer Hausgeräth; denn das beste in Egypten soll euer seyn.

21. So machten es die Söhne Israels. Joseph gab ihnen auf Befehl des Pharao Wagen und Zeh-
22. rung auf den Weg. Auch schenkte er jedem ein Ehrenkleid (einen Kaftan) und dem Benjamin 300 Sekel Silber und fünf Ehrenkleider. Sei-
23. nem Vater schickte er zehn Esel mit Egyptischen Waaren, und zehn Eselinnen mit Getreide, Lebensmitteln und Speisen beladen, zum Unterhalt
24. für ihn auf die Reise. So entließ Joseph seine Brüder, mit den Worten:

Seyd unterwegs nur ruhig!

25. Sie kamen von Egypten zu ihrem Vater Jakob
26. nach Kanaan, und erzählten ihm:

Joseph lebt noch, und ist der Regent über ganz Egypten.

Sein Herz aber blieb ihm kalt, denn er glaubte
27. ihnen nicht. Da sie ihm aber alles erzählten, was ihnen Joseph aufgetragen hatte, und da er die

19. Nehmt nur auf meinen Befehl: W. Und du (Joseph) bist dazu befehligt (deinen Brüdern zu sagen, dies setzt der Syrer dazu) Macht es so! Nehmet euch —

26. Blieb ihm kalt: So erklärt es Dathe richtig, andre übersetzen: wurde ihm weich:

28. die Wagen sahe, die er zu seiner Abholung mit geschickt hatte, so lebte sein Geist wieder auf, und er sagte:

Genug! Mein Sohn Joseph lebt noch! Ich will hin und ihn sehn, ehe ich sterbe.

46, 1. Israel machte sich mit allem, was er hatte, auf den Weg. Er kam nach Beerscheba, und
2. opferte da dem Gott seines Vaters Isaak. Gott rief ihm in einem nächtlichen Gesichte (im Traum) zu:

Jakob, Jakob!

Jakob: Hier bin ich.

Er: Ich bin Gott! der Gott deines Vaters.
3. Fürchte dich nicht, nach Egypten zu ziehen; denn da will ich dich zu einem großen Volk machen.
4. Ich begleite dich nach Egypten, und ich will dich auch wieder zurück bringen! Joseph soll dir deine Augen zudrücken!

5. Darauf reisete Jakob von Beerscheba ab. Seine Söhne setzten ihn nebst ihren Kindern und Frauen
6. auf die Wagen, die Pharao zur Reise geschickt hatte. Sie nahmen auch ihre Heerden und ihr in Kanaan erworbenes Vermögen mit, und kamen in Egypten an, Jakob und alle seine Nach-
7. kommen. Seine Söhne und Enkel, seine Töchter und Enkelinnen, und alle seine Nachkommen brachte er mit sich nach Egypten.

8. Die zum Hause Israels Gehörigen, welche nach Egypten kamen, waren Jakob und seine
9. Söhne, sein Erstgeborner Ruben und dessen Söhne: Chanoch, Pallu, Chezron und Karmi.
10. Die Söhne Simeons: Jemuel, Jamin, Ohad, Jachin, Zochar und Saul, der Sohn einer Ka-

11. nani-

11. naniterin. Die Söhne Levi: Gerschon, Ke-
12. hath, Merari. Die Söhne Juda: Er, Onan, Schela, Perez, Serach. [Er und Onan waren zwar in Kanaan verstorben, dagegen aber hatte nachher Perez zwey Söhne: Chezron und Cha-
13. mul]. Die Söhne Jsaschars: Tola, Pua, Job,
14. Schimron. Die Söhne Sebulons: Sered,
15. Elon und Jachleel. Dies sind die Söhne Jakobs von der Lea, die sie ihm, nebst der Tochter Dina, in Mesopotamien geboren hatte. Söhne und Töchter zusammen sind 33 Personen.

16. Die Söhne Gads: Zifion, Chaggi, Schuni,
17. Ezbon, Eri, Arodi, Areli. Die Söhne Assers, Jimna, Jeschra, Jischri und Beria, nebst ihrer Schwester Serach, und Berias Söhne Cheber
18. und Malkiel. Dies sind die Söhne Jakobs von der Silpa, die Laban seiner Tochter Lea als Sklavin mitgab. Sechszehn Personen.

19. Die Söhne Jakobs von seiner Frau Rahel
20. waren Joseph und Benjamin. Joseph hatte in Egypten mit der Asnat, einer Tochter des Potiphera, Statthalters zu On, Ephraim und Ma-
21. nasse erzeugt. Benjamins Söhne waren: Bela, Becher, Aschbel, Gera, Naaman, Echi, Rosch,
22. Muppim, Chuppim und Ard. Dies sind die Söhne Jakobs von der Rahel, zusammen vierzehn Personen.

23. 24. Die Söhne Dans: Chuschim. Die Söhne Naphtali: Jachzeel, Guni, Jezer, Schillem.
25. Dies sind die Söhne Jakobs von der Bilha, die Laban seiner Tochter Rahel als Sklavin mitgab, zusammen sieben Personen.
26. Alle, die mit Jakob nach Egypten kamen, und wirklich von ihm abstammten, seine Schwie-
27. ger-

27. gertöchter ungerechnet, waren 66 Personen. Und Joseph hatte zwey Söhne, die ihm in Egypten geboren waren. Das ganze Haus Jakobs, wie es nach Egypten kam, bestand also aus 70 Personen.

28. Er schickte den Juda voran zu Joseph, ihn nach Gosen hinzubestellen. Als sie dort anka-
29. men, fuhr Joseph seinem Vater dahin entgegen. Als er ihn sahe, fiel er ihm weinend um den Hals.
30. Israel aber sprach zu ihm:

Nun will ich gerne sterben, da ich dich sehe, daß du noch lebst!

31. Joseph sagte nun zu seinen Brüdern, und zur ganzen Familie seines Vaters:

Ich will zum Pharao gehn, und es ihm erzählen. Meine Brüder und die ganze Familie meines Vaters sind aus Kanaan zu mir ge-
32. kommen. Es sind Hirten. Das waren sie von je her. Sie haben auch ihre Schafe, ihr
33. Rindvieh und alles Ihrige mitgebracht. Wenn euch nun Pharao rufen läßt, und euch fragt,
34. was ihr betreibet; so saget nur: Wir [deine Knechte] sind Hirten, von Jugend auf, bis jetzt, wir und unsre Väter; damit er euch in Gosen wohnen lasse, denn die Egypter haben einen Abscheu gegen die Hirten.

47, 1. Joseph ging also zum Pharao, es ihm anzuzeigen, und sagte:

Mein Vater und meine Brüder sind mit ihren Schafen und Rindvieh, und mit allem Ihrigen aus Kanaan gekommen, und sind jetzt in Gosen.

2. Er nahm fünfe von seinen Brüdern, und stellte sie dem Pharao vor. Als er sie befragte, was sie für eine Lebensart hätten, antworteten sie:

Wir

3. 4. Wir [deine Knechte] sind Hirten, wir und unsre Väter. — Wir haben unsre Heerden hergetrieben, weil wir in Kanaan, wegen der großen Hungersnoth, für unsre Schafe kein Futter mehr haben. Laß uns nun in Gosen wohnen!

5. 6. Pharao sprach zu Joseph: Da dein Vater und deine Brüder zu dir gekommen sind, so steht dir ganz Egypten offen. Laß sie in der besten Gegend wohnen. Sie können in Gosen bleiben. Und weißt du, daß einige unter ihnen dazu geschickt sind, so bestelle sie zu Aufsehern meiner Heerden.

7. 8. 9. Joseph stellte auch seinen Vater Jakob dem Pharao vor. Da er ihn begrüßte, und der König ihn befragte: Wie hoch er in den Jahren wäre; so antwortete Jakob:

Der Jahre meiner Wanderschaft (meines Lebens) sind 130. Wenig und beschwerlich sind meine Lebensjahre, und erreichen nicht das Ziel, das meine Väter in ihrer Wallfarth (mit ihrem Leben) erreichten.

10. 11. 12. Drauf nahm Jakob mit einem Seegenswunsche Abschied, und ging hinweg. Joseph wies, nach dem Befehl des Pharao, seinem Vater und seinen Brüdern einen Wohnplatz an, den er ihnen zu eigen gab, in der bequemsten Gegend Egyptens, im Lande Raamses. Er versorgte seinen Vater, seine Brüder, nebst dem ganzen Hause seines Vaters mit Lebensmitteln, nach der Anzahl ihrer Familien.

13. Es waren aber keine Lebensmittel im ganzen Lande, denn die Hungersnoth war sehr groß, so daß Egypten und Kanaan dadurch Noth litten.

14. Joseph

14. Joseph brachte alles Geld, was in Egypten und Kanaan zu finden war, zusammen, und legte es
15. in des Pharao Schatz. Da nun in Egypten und in Kanaan kein Geld mehr war, so kamen die Egypter zu Joseph, und sagten:

Gib uns Brodt! Warum sollen wir vor deinen Augen sterben, weil kein Geld mehr da ist?

16. Joseph antwortete: Wenn ihr kein Geld mehr habt, so bringet mir euer Vieh! Ich will euch Lebensmittel dafür geben.
17. Sie brachten ihm ihr Vieh, und Joseph vertauschte ihnen Lebensmittel gegen Pferde, Schafe, Rindvieh und Esel. So wurden sie in dem Jahre, indem sie ihr Vieh veräußerten, mit Lebens-
18. mitteln versehn. Da das Jahr verfloßen war, kamen sie im folgenden zu ihm, und sagten:

Wir können es dir [unserm Herrn] nicht verhelen. Es ist kein Geld mehr da, und unsre Heerden gehören schon dein. Nichts ist für dich mehr übrig, als wir selbst und unsre Län-
19. dereyen. Warum sollen wir vor deinen Augen verderben? Erkaufe uns lieber mit denselben für Lebensmittel, so werden wir und unsre Ländereyen ein Eigenthum des Pharao. Gib uns denn Korn, damit wir nicht verhungern, und das Land nicht wüste werde.

20. So kaufte Joseph für den Pharao alle Ländereyen Egyptens, indem alle Egypter wegen der großen Hungersnoth ihre Aecker verkauften, und so wurde das ganze Land ein Eigenthum des Pharao.
21. Das Volk aber versetzte er in den Städten durchs
22. ganze Land. Bloß die Ländereyen der (Statthalter, Priester kaufte er nicht, denn diese bekamen ihren Unterhalt (ihr Deputat) vom Pharao. Sie

lebten

lebten von dem, was er ihnen reichen ließ, und verkauften daher ihre Ländereyen nicht.

23. Joseph machte also dem Volke bekannt:
Da ich euch nun nebst euren Ländereyen für den Pharao erkauft habe; so soll euch zur Be-
24. stellung der Aecker Korn gegeben werden. Bey der Aernbte sollt ihr dem Pharao den fünften Theil geben, vier Theile aber zur Saat und zum Unterhalt für euch, und für eure Leute und Familien behalten.
25. Sie antworteten ihm:
Du, Herr, hast uns unser Leben erhalten! Sey uns nur ferner gnädig, wir wollen ein Eigenthum des Pharao seyn.
26. So führte Joseph die bis jetzt geltende Anord-nung über die Ländereyen Egyptens ein, daß dem Pharao der fünfte Theil gegeben wurde. Bloß allein die Ländereyen der Priester wurden kein Eigenthum des Pharao.
27. So wohnte Israel in Egypten, in Gosen. Sie hatten da ihr Eigenthum, waren fruchtbar,
28. und mehrten sich sehr. Jakob lebte noch siebzehn
29. Jahr, und wurde 147 Jahr alt. Als er sich seinem Ende näherte, ließ er seinen Sohn Joseph rufen, und sagte zu ihm:
Willst du mir eine Gunst erzeigen, so gib mir die eidliche Versicherung, daß du die Liebe und Treue gegen mich beweisen willst, mich nicht
30. in Egypten zu begraben. Ich will bey meinen Vätern liegen. Bringe mich also aus Egyp-ten, um mich in ihr Begräbniß beyzusetzen.
31. Joseph versprach dies, und schwor den von ihm geforderten Eid. Israel betete (Gott) an (erfüllte die bey dem feyerlichen Endschwure ge-wöhnlichen Opfergebräuche) auf dem Bette.

48, 1. Da

48, 1. Da nachmals Joseph hörte, daß sein Vater krank wäre; so reisete er mit seinen beyden Söh-
2. nen, Manasse und Ephraim, zu ihm. Als Jakob erfuhr, daß sein Sohn Joseph zu ihm käme,
3. machte er sich stark. Er setzte sich aufrecht auf das Bette, und sagte zu ihm:

4. Gott der Höchste erschien mir zu Lus, in Kanaan. Er segnete mich, und sagte: Ich will dich fruchtbar machen, dich vermehren, und dich ein großes Volk werden lassen. Ich will deiner Nachkommenschaft (den Deinen) dies Land zum beständigen Eigenthum geben. Nun
5. sollen deine beyden Söhne, welche in Egypten geboren sind, ehe ich hieher kam, die Meinigen seyn. Ephraim und Manasse sollen mir (so gut) seyn, wie Ruben und Simeon.
6. Die Kinder aber, die du künftig nach ihnen erzeugen möchtest, sollen dein seyn, und noch ausser ihren Brüdern an der Erbschaft Theil
7. haben. Da ich aus Mesopotamien kam, starb mir unterweges Rahel, noch eine Meile von Ephrata, ich begrub sie da am Wege bey Ephrata [das nun Bethlehem heißt].

8. Jakob bemerkte nun die Söhne Josephs, und
9. fragte, wer sie wären? Als Joseph antwortete: Es sind meine Söhne, die mir Gott hier gegeben hat; so verlangte Jakob, Er sollte sie ihm
10. näher bringen, damit er sie segnete. Israels Augen waren vor Alter schwach geworden. Er konnte nicht mehr recht sehen. Als sie Joseph an ihn
11. heran brachte, umarmte und küßte er sie. Er sagte zu Joseph:

Ich dachte nicht, dich noch zu sehn, und nun läßt mich Gott deine Nachkommen sehn.

12. Jo-

12. Joseph ließ sie von seinem Schooße weggehn, und nachdem sie sich vor ihm niedergeworfen hatten,
13. brachte er sie beyde, Ephraim in seiner Rechten, dem Israel zur linken, und Manasse in seiner Linken, dem Israel zur Rechten, an ihn heran.
14. Israel legte seine rechte Hand auf Ephraims des Jüngsten Haupt, und seine linke auf Manasse [er legte mit Vorsatz seine Hände so; denn sonst
15. war dieser der älteste] und seegnete den Joseph so:
    Der Gott, vor dem sich meine Väter,
    Ein Abraham, ein Isak, knieend beugten!
    Der Gott, der mich von fernen Tagen
16. Bis jetzt behütete! Der Helfer, der mich stets
    Vom Unglück rettete, der seegne diese Knaben!
    Gepriesen sey durch sie einst mein und meiner
    Väter,
    Des Abrahams und Isaks, Name!
    Es werden ihrer viel im guten (fetten) Lande!
17. Als Joseph merkte, daß sein Vater die rechte Hand auf Ephraims Haupt gelegt hatte, war er damit unzufrieden, und wollte sie von Ephraim
18. wegnehmen, um sie auf Manasse zu legen, indem er sagte:
    Nicht so, mein Vater! Dies ist der älteste!
    Lege deine Hand ihm aufs Haupt!
19. Der Vater aber wollte nicht, und sagte:
    Ich weiß, ich weiß es wohl, mein Sohn!
    Auch er wird einst ein Volk, auch er wird groß!
    Jedoch der Jüngere wird größer noch, als er.
    Und sein Geschlecht wird einst ein zahlreich
    Volk.
20. Darauf seegnete er sie so:
    In Israel wird man mit euch sich seegnen;
    So daß es heißt: Gott mache dich
    Dem Ephraim und dem Manasse gleich!

21. So setzte er Ephraim dem Manasse vor. Und
zu Joseph sprach er:
Ich sterbe jetzt, doch Gott wird mit euch seyn!
Er bringt euch einst zurück in eurer Väter Land.
22. Ich gebe Sichem dir voraus vor deinen Brüdern!
Das ich mit Schwerdt und Bogen einst
Der Amoriter Macht entriß.

49, 1. Nun rief Jakob seine Söhne, und sprach:
Versammelt euch! Ich will euch lehren,
Was euch begegnen wird in späten Zeiten!
2. Versammelt euch und hört! Ihr Jakobs Söhne,
Hört euren Vater Israel!
3. Du, Ruben! bist mein Erstgeborner,
Bist meiner Jugend Sohn, der Erstling meiner Kräfte.
Der Vorzug wäre dein an Macht und Ehre!
4. Er schwindet hin, dem Wasser gleich!
Du bleibst der Erste nicht. Denn deines Vaters Bette
Bestiegst du einst! Und da du es bestiegst,
So hast du dich entweihet.
5. Nun Simeon und Levi! Sie sind Brüder!
Einst war voll Mörderwuth ihr Anschlag, den sie faßten!
6. Zu ihrem Mordanschlag kam meine Stimme nicht,
Bey ihrem Blutgericht war nicht mein Rath.

Als

---

22. Das ich mit Schwerdt und f. Boysen übersetzt (S. 115. seiner Erläuter.): Ich kaufte es einst im Tausch für Geld den Ammonitern ab. Man vergleiche Cap. 33, 19.

4. Er schwindet hin: So übersetze ich mit Herdern, da es andre auf Ruben ziehn: Du schweifest aus.
Da du es bestiegst: ich lese es im infinitivo Aloh.

6. Den Starken: W. den Stier. Es ist ein Bild des Helden.

Als sie voll Grimm den Helden würgten,
Und rachsuchtsvoll den Starken wehrlos machten.

7. Verflucht sey ihrer Rachsucht Grimm!
Verflucht sey ihr verhaltner Zorn!
Zertheilen will ich sie in Jakob einst,
Zerstreun in Israel!

8. Dir, Juda, dir tönt deiner Brüder Lob!
Vor deiner Faust beugt sich der Feinde Nacken,
Es beugen sich vor dir selbst deines Vaters Söhne.

9. Ja, Juda ist ein junger Löwe!
Vom Raube wirst du groß, mein Sohn!
Da liegt er hingestreckt, dem Löwen gleich,
Dem starken Löwen gleich. Wer reizt ihn auf!

10. Nie wird der Führerstab von Juda weichen,
Nie weicht der Heldenstab von seinen Zügen,
Bis er zur Ruhstatt kommt. Ihm fröhnen Völker!

11. Am Weinstock bindet er sein Thier, an edle Reben
Sein Füllen an, und wäscht sein Kleid in Wein,
Und sein Gewand in Traubenblut!

12. Sein Auge glüht von Wein, von Milch glänzt ihm der Zahn.

13. Einst wohnet Sebulon am Meeresufer.
An Küsten herrschet er, die schiffreich sind.
Auf Sidon hingestützt mit seiner Hüfte (Macht).

14. So gleicht denn Isaschar dem Lastthier einst,
Das hingestreckt nun bey der Tränke
15. Der Ruhe Lust genießt. Er sieht, sein Land ist schön,
Und neigt zu fremder Last den Nacken hin.

---

10. Von seinen Zügen: Ich behalte die Leseart Kaglaf und folge Herdern.

13. Sebulon sollte das Land bey Sidon zum Erbtheil haben.

16. Dan (Richter) richtet einst sein Volk, so gut
als einer
17. Der Stämme Israels. Er wird der Schlange
gleich am Wege,
Dem Basilisken gleich, am Fußsteig lauren.
Verwundet er dem Roß die Ferse,
So stürzet hinterwärts der Reuter ab.
18. Doch wart ich auf Jehovens Hülfe!
19. Und wenn auf Gad (Haufen) die Haufen
drängen,
So dränget er auf sie von hinten zu!
20. Von Aschers Land kommt edle Kost,
Der Tafel Seltenheit reicht es den Königen.
21. Ich sehe Naphtali (Wettstreit) gleich einer
Terebinthe,
Die neu verpflanzt den schönsten Wipfel treibt.
22. Sieh! Joseph ist ein Sohn der seegensvollen,
Ein Sohn ist er der kinderreichen Mutter,
Um die der Töchter (Weiber) Schaar beneidend
steht.
23. Erbittert und voll Wuth verfolgte ihn
24. Der Bogenschützen Heer; Sein Bogen wankte
nicht;
Sein Arm und seine Faust wurd' ihm gestärkt,
Durch dessen Hand, der einst mit Jakob rang,
Durch dessen Schutz, der einst, als Hüter,
Den Israel von seinem Stein bewachte,
25. Durch deines Vaters Gott, der stets dir hilft,
Durch den Allmächtigen, der dich beglückt
Mit Seegen aus des Himmels Höhen,
Mit Seegen aus des Meeres Tiefen,
Mit Seegen kinderreicher Mütter!
26. Sieh!

21. Ich folge der von Bochart vorgeschlagenen Leseart.
24. Stein vergl. Cap. N, 45—55.
25. Kinderreicher Mütter: W. von Brüsten und Gebärmüttern.

26. Sieh! wie mit Macht des Vaters Seegen
Sich auf dich häuft, mehr als Gebirge!
Sein Wunsch steigt hoch empor, noch über
ew'ge Hügel!
Er fällt auf Josephs Haupt, auf dessen Scheitel
Die Krone glänzt vor seinen Brüdern!

27. Ein räuberischer Wolf ist Benjamin!
Des Morgens schon frißt er vom Raube,
Und Abends noch vertheilt er Beute.

28. Dies sind die zwölf Stammväter Israels, und
so redete sie ihr Vater an, da er sie, jeden beson-
29. ders, seegnete. Er befahl ihnen:

Wenn ich sterbe, so begrabet mich bey meinen
Vätern in der Höhle des Feldes Ephron des
30. Hetiters [in jener Höhle des Feldes Makpela
vor Mamre in Kanaan, die Abraham, nebst
dem Felde, vom Hetiter Ephron zum Erbbe-
31. gräbniß gekauft hat], da ist auch Abraham
und Sara, so wie Isaak und Rebecka begraben, und eben da habe ich auch die Lea beerdiget. Feld und Höhle ist von den Hetitern erkauft.

50, 1. Nachdem Jakob diesen Auftrag an seine Kinder beendiget hatte, legte er seine Füße wieder
aufs Bette und starb. Joseph fiel über seinen
Vater her, und weinend küßte er ihn. Er be-
2. fahl den Aerzten, die er in Diensten hatte, ihn
3. zu balsamiren. Sie thaten es, und brachten
vierzig Tage damit zu; denn so lange währet das
Einbalsamiren. Auch die Egypter betraureten
4. ihn siebzig Tage lang. Als diese Trauer beendiget war, bat Joseph die Hofbedienten Pharao
(da er als ein Betrauerter nicht vor Pharao erscheinen durfte):

5. Habet die Gütigkeit für mich, es bey dem Pharao anzubringen. Mein Vater hat mir einen Eyd abgenommen, und mir aufgetragen, daß ich ihn, wenn er stürbe, in das Grab beerdigen sollte, welches er sich in Kanaan zubereitet hat. Nun sey es mir erlaubt, dahin zu reisen. Ich will nach der Beerdigung meines Vaters zurück kommen.

6. 7. Nachdem es Pharao genehmigt hatte, reisete Joseph zum Begräbniß seines Vaters ab. Die Bedienten des Pharao, die vornehmsten seines Hofes und die angesehensten Egypter begleiteten
8. ihn, auch alle seine Leute, seine Brüder, und alle Nachkommen seines Vaters. Bloß ihre Kinder
9. und ihre Heerden ließen sie in Gosen. Es zogen auch Wagen und Reuter mit, so daß der Zug ein
10. großes Lager ausmachte. Sie kamen an die Tenne Atad, jenseit des Jordans, und stelleten da eine große und feyerliche Klage an, denn Joseph beklagte dort seinen Vater sieben Tage (eine
11. Woche) lang. Die dortigen Einwohner sahen diese Feyerlichkeit bey der Tenne Atad. Sie sagten: die Egypter haben eine große Trauer, und benannten daher den Ort Abel Mizraim (Egyptens Trauer). Er liegt jenseit des Jordans.

12. So erfüllten die Söhne Jakobs seinen Be-
13. fehl, und begruben ihn an dem bezeichneten Ort.
14. Drauf

6. W. Und Pharao sprach: Ziehe hin, und begrabe deinen Vater, wie du ihm geschworen hast.

13. An dem bezeichneten Ort: W. in der zwiefachen Höhle des Ackers, die Abraham nebst dem Acker von dem Hetiter Ephron zum Erbbegräbniß gekauft hatte, unweit Mamre.

14. Drauf kehrte Joseph mit seinen Brüdern, und allen, die zur Beerdigung seines Vaters mit gereiset waren, wieder nach Egypten zurück.

15. Die Brüder Josephs fürchteten sich, da nun ihr Vater todt war, und meinten, er würde sich an ihnen rächen, und ihnen das Unrecht wieder vergelten, welches sie ihm angethan hätten.

16. Sie liessen ihm daher sagen:

17. Dein Vater hat es noch vor seinem Tode an dich bestellt: Du möchtest deinen Brüdern das Unrecht, und die Beleidigungen, die sie dir zugefügt haben, vergeben. Vergib ihnen also nun, da sie doch auch den Gott deines Vaters verehren.

18. Bey diesen Worten brachen Joseph die Thränen aus. Seine Brüder kamen auch selbst, thaten einen Fußfall vor ihm, und unterwarfen sich ihm.

19. Er aber sprach zu ihnen:

20. Fürchtet euch nur nicht! Ich bin ja nicht an Gottes Statt Rächer des Bösen. Ihr dachtet mir Böses zu, Gott aber lenkte es zum Guten. Er wollte, daß es so kommen sollte, um

21. viel Menschen zu erhalten. Fürchtet euch also nur nicht, ich will euch und die Eurigen versorgen.

So tröstete er sie, und redete freundlich mit ihnen.

* * *

22. Joseph

17. Noch an dich bestellt: W. gesagt: So sollt ihr Joseph sagen: Vergib f.

18. Indem sie sich ihm unterwarfen: W. und sie sprachen: Wir sind deine Knechte.

22. Joseph aber blieb mit der Familie seines Vaters
23. in Egypten wohnen. Er lebte 110 Jahr, und erlebte Ephraims Urenkel. Die Kinder Machirs, seines Enkels von Manasse, nahm er bey ihrer Geburt auf seinen Schooß (für die Seinigen) an.
24. Als er sterben wollte, sagte er es seinen Brüdern vorher, und versicherte, Gott werde ihrer eingedenk seyn, und sie von dort in das Land zurückführen, das er ihren Vätern, Abraham, Isaak
25. und Jakob eidlich zugesagt habe. Er ließ es sich daher beschwören; daß sie seine Gebeine von dort aus mitnehmen wollten, wenn sich Gott ihrer annehmen würde.
26. Joseph starb, da er 110 Jahr alt war. Er wurde einbalsamirt, und in eine Lade (in einen Sarg) gelegt.

Erläuterungen
der
Patriarchengeschichte.

Breuiter dicam, facilius est addere.

Gellii N.

Zeittafel
von Abrahams Geburt bis auf Mosen.

Jahr nach Abrahams Geburt.

10. Sarai wird geboren.
71. Die Könige der 5 Städte, Sodom u. s. f. werden dem Könige von Elam unterwürfig, Cap. 14, 1—4.
75. Abraham geht von Charan nach Kanaan, Cap. 12, 4.
    Er hat bey Sichem eine Erscheinung. Cap. 12, 6.
    Er geht nach Bethel. Cap. 12, 8.
76. Er begiebt sich in den Süden. Cap. 12, 9.
    Er geht nach Egypten, wo Sarai bey dem Pharao in Gefahr kommt, Cap. 12, 10—20.
    Er geht nach dem Süden zurück. Cap. 13, 1.
    Er geht wieder nach Bethel. Cap. 13, 3.
    Er trennt sich von Lot. Cap. 13, 8—13.
    Er hat eine Erscheinung, Cap. 13, 14—17. und geht nach Hebron. Cap. 13, 18.
    Er hat mit Aner und Eschkol in Mamre ein Bündniß. Cap. 14, 13.
83. Die 5 Könige fallen von dem König von Elam ab. Cap. 14, 4.
84. Sodom wird geplündert, und Lot weggeführt. Cap. 14, 11. 12.
    Abram besiegt Kedorlaomer, und befreyet Lot. Ihm geht Melchisedek entgegen. Cap. 14, 13—16. Cap. 15.
    Abram hat eine Erscheinung, erhält Hofnung zu einem Leibeserben, hält mit dem Jehova eine Bundes-

Jahr nach Abrahams Geburt.

Bundesmahlzeit, und bekommt dabey ein Orakel. Cap. 15.

85. Abram nimmt die Hagar, Cap. 16, 1—4.
Die entlaufene Hagar hat eine Erscheinung, und wird mit einem Orakel zurückgeschickt. Cap. 16, 5—13.

86. Ismael wird geboren. Cap. 16, 15. 16. 17, 24. 25.

99. Abram hat eine Erscheinung. Er nimmt die Beschneidung, und für sich und seine Frau neue Namen an, und erlangt Hoffnung zu einem Sohn von der Sara. Cap. 17.
Er hat einen Besuch vom Jehova, der zwey Boten nach Sodom schickt, den Lot zu erretten und die Stadt zu zerstören. Cap. 18, 19.
Abraham geht nach Gerar, wo Sara in Gefahr kommt. Cap. 20.

100. Isaak wird geboren. Cap. 21, 2. 3.
Moab und Ammon werden geboren. Cap. 19, 37. 38.

(103) Isaak wird entwöhnt. Cap. 21, 8.
Ismael wird entlassen, etwa 17 Jahr alt, Cap. 21, 13. 14.
Abraham schließt mit Abimelech ein Bündniß. Cap. 21, 22.

(125) Abraham reiset mit Isaak, ihn zu opfern, nach Moria, und bringt für ihn ein Löseopfer. Cap. 22, 1—19.
Er erhält Nachricht von seiner Verwandschaft. Cap. 22, 20—24.

137. Sara stirbt, 127 Jahr alt, und wird bey Hebron begraben. Cap. 23.
Abraham schickt einen Brautwerber nach Mesopotamien. Cap. 24.

140. Isaak

Jahr nach Abrahams Geburt.

140. Isaak heirathet die Rebecka. Cap. 24, 67. 25, 20.
Abraham heirathet die Ketura. Cap. 25.
160. Esau und Jakob werden geboren. Cap. 25, 24—26.
175. Abraham stirbt, nachdem er seine Söhne entlassen. Cap. 25, 8.
(180) Esau überläßt dem Jakob das Recht der Erstgeburt. Cap. 25, 29—34.
Isaak begibt sich nach Gerar. Cap. 26, 1.
200. Esau heirathet 2 Kananiterinnen. Cap. 26, 34.
223. Ismael stirbt, 137 Jahr alt. Cap. 25, 17.
(237) Isaak seegnet Jakob und Esau, da er 137, sie aber 77 Jahr alt sind. Cap. 27.
Jakob geht nach Mesopotamien, da er 77 Jahr alt ist. Cap. 28.
Er hat unterweges einen Traum. Cap. 28.
Er kommt zu Laban, und verheirathet sich mit Lea und Rahel. Cap. 29.
238. Ruben wird geboren. Cap. 29, 32.
239. Simeon wird geboren. Cap. 29, 33.
240. Levi wird geboren. Cap. 29, 34.
241. Juda wird geboren. Cap. 29, 35.
242. Dann wird geboren. Cap. 30, 6.
243. Naphtali wird geboren. Cap. 30, 8.
244. Gad wird geboren. Cap. 30, 9—11.
245. Asser wird geboren. Cap. 30, 12. 13.
246. Ruben, 8 Jahr alt, findet Alraun. Cap. 30, 14. 15.
247. Isaschar wird geboren. Cap. 30, 17. 18.
248. Sebulon wird geboren. Cap. 30, 19. 20.
249. Dina wird geboren. Cap. 30, 21.
251. Joseph wird geboren. Cap. 30, 25.
Jakob will nach Hause ziehn, nachdem er dem Laban 14 Jahr gedient hatte. Cap. 30, 25.

257. Er

Jahr nach Abrahams Geburt.

257. Er geht heimlich nach Kanaan zurück, wird vom Laban verfolgt und eingeholt. Er schließt mit ihm bey Gilead ein Bündniß. Cap. 31.

Jakob fürchtet sich vor Esau, bekommt durch eine Erscheinung einen neuen Namen, und dadurch Muth, und wird liebreich von Esau empfangen. Cap. 32.

Jakob wohnt bey Sichem. Cap. 33.

(258) Juda heirathet, und bekommt noch in eben dem Jahr einen Sohn, Ger. Cap. 38, 1—3.

(259) Ihm wird Onan geboren. Cap. 38, 4.

(260) Ihm wird Sela geboren. Cap. 38, 5.

(262) Dina wird geschändet. Cap. 34.

Die Stadt Sichem wird zerstöret. Cap. 34, 25—31.

263. Jakob reiset nach Bethel, wo Debora stirbt. Cap. 35.

Benjamin wird geboren. Rahel stirbt. Cap. 35.

Ruben treibt Blutschande mit Bilha. Cap. 35, 22.

Jakob begibt sich zu Isaak, nach Hebron. Cap. 35, 27.

268. Joseph wird verkauft. Cap. 37, 2.

(272) Ger heirathet die Thamar, und stirbt. Cap. 38, 6. 7.

(273) Onan heirathet sie als Wittwe, und stirbt. Cap. 38, 8—10.

(274) Die Frau des Juda stirbt. Er treibt, ohne es zu wissen, Blutschande mit Thamar. Cap. 38, 12—26.

(275) Perez und Serach werden geboren. Cap. 38, 27—30.

278. Joseph kommt ins Gefängniß. Cap. 39.

279. Er deutet dem Oberbecker und Oberschenken die Träume. Cap. 40.

280. Ja-

Jahr nach Abrahams Geburt.

280. Isaak stirbt, 180 Jahr alt. Cap. 35, 28. 29.
281. Joseph wird Großvezir in Egypten. Cap. 41.
282. Manasse und Ephraim werden, vermuthlich als Zwillinge, geboren. Cap. 41, 50—52.
288. Die Theurung fängt an. Cap. 41, 53—57.
289. Die Söhne Jakobs, ohne Benjamin, reisen nach Egypten. Cap. 42.
290. Die Söhne Jakobs reisen mit Benjamin nach Egypten. Cap. 43.
    Sie werden auf die Probe gestellt. Cap. 44.
    Joseph giebt sich ihnen zu erkennen. Cap. 45.
    Jakob zieht nach Egypten, Cap. 46, wird dem Pharao vorgestellt, Cap. 47, 9, und bewohnt Gosen. Cap. 47, 11. 12.
292. Joseph bringt alles Geld in den königlichen Schatz. Cap. 47, 14.
293. Er verschafft dem Pharao alles Vieh. Cap. 47, 16. 17.
294. Auch die Ländereyen. Cap. 47, 18—26.
307. Jakob stirbt, 147 Jahr alt. Cap. 49, 50.
361. Joseph stirbt, 110 Jahr alt. Cap. 50, 25.
425. Mose wird geboren. 2 Mos. 2, 5—10.
505. Ausgang der Israeliten aus Egypten.

Anmerkungen.

Die Zeitrechner sind in Bestimmung des Geburts-
jahrs Abrahams uneinig. Scaliger, Calvisius,
Strauch, Petavius, Baumgarten und andre setzen
es in das 70ste Jahr des Tara, da es Cap. 11, 26.
heißt: Tara war 70 Jahr alt, als ihm Abraham,
Nachor und Haran geboren wurden. Doch bleibt dabey unentschieden: Ob er der älteste Sohn seines Vaters gewesen, oder ob er vielleicht nur deswegen zuerst
genannt wird — wie Sem, vergl. Cap. 10, 21. —
weil er in der Erzählung als die Hauptperson angesehn wird, und weil etwa sein Geburtsjahr in das
genannte 70ste Jahr des Tara fällt. In diesem Fall
müßte Abram beym Absterben seines Vaters, der
(nach Cap. 11, 32.) 205 Jahr gelebt, 135 Jahr alt
gewesen seyn, und dem widerspricht in unsrer Urkunde
nichts. Wenn aber Stephanus Apostelgesch. 7, 4.
erzählt: Abraham sey erst nach seines Vaters Tode
von Charan weggezogen: so muß man entweder diese
Angabe für irrig erklären, indem Abraham bey diesem
Auszuge 75 Jahr alt gewesen (Cap. 12, 4), oder
man muß mit andern annehmen, daß er erst im
130ten Jahre seines Vaters geboren sey, wenn man
nicht Cap. 11, 32. die Lebensjahre des Tara — wie
im Samaritanischen Text geschehen ist — bis auf
145. herabsetzen will.

Die Hauptveranlassung, warum so viel Zeitrechner, als Usher, Voß, Calov, Lilienthal, Büsching,
Uphagen, Frank, die Geburtszeit Abrahams ins
130te Jahr des Tara setzen, ist wol im Grunde die,
daß sie noch 60 Jahr mehr zwischen der Sündfluth
und der Zeit Abrahams gewinnen wollen. Michaelis

und

und Schlötzer sahen wohl ein, daß auch dies noch nicht hinlänglich wäre, und nahmen daher ausgelassene Geschlechter an, ohne weitere Gründe zu haben, als weil sie sahen, daß ein Geschlechtsregister im Matthäus in seinen Abtheilungen gleichzählig gemacht war, und weil sie von Adam bis Noa, und von Sem bis Abraham gleich viel Glieder bemerkten. Freylich möchte man wol so schließen, wenn man alle Menschen bloß von den drey Söhnen Noas herleiten müßte. — Aber wer kann zum Beyspiel nur alle Sprachen aus der sogenannten Arche, oder von Babel herleiten? —

Sara war 10 Jahr jünger, als Abraham. War sie die Cap. 11, 29. genannte Jisca, eine Tochter Harans; so mußte dieser bey den Chaldäern verstorbene Haran älter, als Abraham und Nachor, und also der Erstgeborne gewesen seyn.

Die Aufopferung des Isaak setzt Josephus (in seinen Alterthümern, B. 1, C. 14.) ins 25ste Jahr desselben, Aben Esra ins 13te.

Das Jahr, da Isaak seine Söhne gesegnet, findet sich in der Tafel nach Ushers Rechnung bestimmt. Jakob war 130 Jahr alt, als er im 2ten Jahre der Theurung nach Egypten kam (Cap. 47, 9. vergl. 45, 6.). Joseph war damals 39 Jahr alt. Er war 30 Jahr alt, als er Großvezir wurde, Cap. 41, 46. In dieser Stelle war er damals 9 Jahr gewesen. Er muß folglich im 91sten Jahre Jakobs geboren seyn. Und da Jakob bey Josephs Geburt nach Cap. 30, 25. ins 14te Jahr bey Laban war, so muß er im 77sten Jahre dahin gekommen seyn. Es ist nicht zu leugnen: Es kommen durch diese Rechnung in der Folge große Schwierigkeiten vor. Oder rede ich frey, ohne mich durch das Ansehn eines ganzen Heeres von Zeitrechnern

nern abschrecken zu lassen, so nenne ich sie Ungereimtheiten. Jakob heirathet spät, Juda sehr früh, Ger und Onan noch früher. J. W. Beer läßt daher (in seinen Abhandlungen zur Erläuter. der alten Zeitr. und Geschichte, Lpz. 1752.) Jakob schon im vierzigsten Jahre zu Laban gehn. Denn trifft ins Jahr

 213. Josephs Geburt,
 230. seine Verkaufung nach Egypten,
 243. seine Erhöhung,
 288. der Anfang der Theurung, die also nicht unmittelbar sieben Jahr, sondern, laut dieser Rechnung, erst 45 Jahr nachher, erfolgte. Sollte dies nicht auch mit Recht eine Ungereimtheit heissen?
 290. Jakobs Reise nach Egypten,
 323. Josephs Tod,
 539. Geburt des Mose,
 619. der Auszug aus Egypten,
 660. der Eingang in Kanaan.

Doch hier sind die Jahre geflissentlich nur aus einander gezerrt, um zwischen Josephs Ankunft in Egypten und zwischen den Eingang Israels in Kanaan 430 Jahre hereinzupassen. Andre Zeitrechner gehen, ohne den angezeigten Ungereimtheiten zu entkommen, einen nach ihrem System beliebig erwählten Mittelweg. So läßt Frank den Jakob im Jahr 230. nach Mesopotamien gehen, aber er muß denn auch dem Joseph noch sieben Jahre Frist geben, ehe nach seiner Erhöhung die Jahre des Ueberflußes ihren Anfang nehmen. — Jedem Unbefangenen muß es einleuchten, daß dies nur beliebig angenommen, oder vielmehr nach dem einmal vorausgesetzten System erkünstelt ist. Dies sey genug, meinen Leser zu den am Schluß beygefügten freymüthigen Anmerkungen vorzubereiten.

Etwas

Etwas zur Völkerkunde
bey der
Patriarchengeschichte.

1 §.

Es ist schwer zu glauben, oder, daß ich recht sage, ganz unmöglich, daß man über eine jede Frage von der Lage eines Orts, von dem Lauf eines Flusses, von dem Wohnsitz eines Volkes, von der Abstammung einer Nation der Vorwelt, von dem Ursprung und Fortgang ihrer Sprache, Gewohnheiten und Sitten, gehörige und zuverläßige Auskunft geben könnte. Der Mangel alter Nachrichten, die unleugbaren Veränderungen des Erdbodens und der Gewässer, die so mannigfaltigen Züge, Wanderungen und Vermischungen der Völker, welche ihre Namen, Erzählungen und Gebräuche, theils in ihre veränderten Wohnplätze mitnahmen, theils da, wo sie blieben, gegen andre vertauschten, müssen nothwendig überaus viel Schwierigkeiten veranlassen, die uns um desto häufiger unauflöslich bleiben, je mehr wir in der alten Völkerkunde zurück sind, und je öfter uns die unrichtigen Angaben der Geschichtschreiber und die ungegründeten Muthmassungen der Gelehrten in die Irre führen.

Ich gehe hier nicht damit um, meine Leser, durch Sammlung vieler Meinungen und Muthmassungen in ein unabsehbares Labyrinth zu verwickeln. Es wäre mehr meinem Wunsche gemäß, durch Sammlung gegründeter Erläuterungen eine freyere Aussicht über das

das Ganze zu verschaffen, und durch hie und da angebrachte Winke eine weitere Untersuchung und genauere Berichtigung einzelner Gegenstände zu veranlassen.

1. Abrahams Abkunft von den Chaldäern.

2 §.

Die Chaldäer (Kaschdim) haben sich in den alten Zeiten ganz vorzüglich durch ihre Weisheit berühmt gemacht, und doch, scheint es, weiß man sehr wenig von ihnen mit Gewißheit. Will man dem Josephus und einigen Rabbinen glauben, so haben sie vom Arphachsad (anders punctirt Arphachasd) ihren Namen 1). Andre rathen hier auf den später gebornen Chesed, von dem auch wol unstreitig das eigentliche Chaldäa benannt worden, 1 M. 22, 22. und müssen also diesen Namen, der sich schon 1 M. 11, 28. 31. 15, 7. findet, ihrer Meinung nach aber erst später aufgekommen seyn soll, als vorläufig gebraucht ansehn. Da man, aller angewandten Mühe ungeachtet 2), den ersten Wohnsitz der Chaldäer gar nicht bestimmen kann, obgleich in verschiedenen Ländern deutliche Spuren von ihnen anzutreffen sind; so wird schon daraus wahrscheinlich, daß sie als Nomaden an kein bestimmtes Land gebunden gewesen. Diese Vermuthung wird uns zur Gewißheit, wenn wir an die dem Sem verspro-

---

1) Einige leiten diesen Namen von Rafa Chasched, Priester (Anführer) der Chaldäer ab. Hiemit stimmen die morgenländischen Fabeln überein, welche man in der Allg. Welthist. B. 1. S. 274. nachsehen kann.

2) Man vergleiche Michaelis Specileg. Geogr. Hebraeor. ext. Tom. II. und Schlözers Abhandlung im 8ten Theil des Repertor. für biblische und morgenländische Litteratur S. 133., auch Hezels biblisches Real-Lexicon, B. 1. S. 270—274.

versprochene Hüttenwohnungen gedenken, und damit die von den alten uns überlieferten Nachrichten vergleichen. Die Chaldäer waren bey den Babyloniern Priester, Sternseher, Wahrsager 3), kurz, eben das, was in Indien die Brachmanen, und in Persien die Magier sind. Sie gaben sich mit der Sternkunde ab 4), und verehrten die Gottheit unter verschiedenen Namen und Gestalten; so daß ihr Gottesdienst schon nach dem Begriff eines Josua von dem Volke Israel, das nun zur Verehrung eines einigen Gottes gewöhnt war, als ein fremder Gottesdienst angesehn werden konnte (Josua 24, 2.).

3 §.

Es läßt sich vermuthen, daß sich solche Chaldäische und andre mit ihnen verschwisterte Horden und Colonien nicht gar zu lange nach der bekannten großen Ueberschwemmung und berühmten Noachischen Schiffahrt überall, und, wie es scheint, von Armenien aus verbreitet haben. So glaubt man von dem Namen ihres Stammvaters Arphachsad in dem Namen Arrapachitis noch eine unverkennbare Spur anzutreffen. Man findet, nach den Zeugnissen der Alten 5) nicht nur in Babylonien, sondern auch auf den Gordischen Gebirgen und in Persien, ja sogar auch in Chalibien und Tzaniten Chaldäer. Sie nahmen ohne Zweifel ihre Sprache, ihre Cultur, ihre Urgeschichten, aber

auch

---

3) Diodorus Sikulus histor. Biblioth. 2 B. Man sehe auch Bruckers histor. crit. philos. und die daselbst angeführten Schriften.

4) Man denke an die spätern Sabier, die doch ohne Zweifel von Zaba (das Wort Zebaoth ist bekannt genug), das Gestirn, ihren Namen haben mochten, und die, wie Büsching (Erdbeschr. Th. 5. S. 229.) zeigt, in Haran ihren Hauptsitz hatten.

5) Diese sind in den oben (in der Anmerk. 2.) genannten Schriften gesammelt.

auch ihre besondern Neigungen mit in die verschiedenen Länder des Erdbodens, und hielten sich entweder von den Eingebornen abgesondert, so daß sie, wie es in Indien heißt, verschiedene Kasten ausmachten, oder sie schmolzen nach und nach mit diesen zusammen. Aus dieser Bemerkung ließen sich, meiner Meinung nach, die zusammenstimmenden Zeitangaben und Mythologien, so wie die Verschiedenheit und Uebereinstimmung der Sprachstämme 6), und mehrere in der alten Völkergeschichte uns aufstoßende Sonderbarkeiten am leichtesten erklären. Sollten etwa die Magier der Perser, die Hyksos in Egypten, die Gymnosophisten und Brachmanen der Indier, die Barden 7) der Deutschen Abkömmlinge davon seyn?

4. §.

Da Tara und Abraham von den Chaldäern herkamen: so läßt sich nichts anders erwarten, als daß sie ihre Sprache, Urgeschichte, Religion, Prophetie (oder die Art, Orakel zu erhalten) und dergleichen, dem Anfang nach, mit von ihnen herbrachten, und solche theils beybehielten, theils nach ihrem Sinn umformten. So war die Gewohnheit, nach Wochen, und

---

6) Ungeachtet es mit der Umwandelung der Sprache bey einem Volke, das in der Cultur starke Fortschritte thut, aus leicht zu begreifenden Ursachen ziemlich geschwind geht: so ist es doch auch offenbar, daß die Sprachen roherer Völker viele Jahrhunderte hindurch sich weit mehr gleich bleiben, als man insgemein denkt. Die arabische Sprache, und die Sprache der aus Indien herstammenden Zigeuner, geben hier sehr auffallende Beyspiele. Man sehe Rüdigers Zuwachs der Sprachkunde, 1stes Stück. Noch auffallender ist die große Uebereinstimmung acht bis neunhundert Jahr alter deutscher Schriften mit den gemeinen Mundarten in Schwaben und Elsaß.

7) Das Wort Barde heißt eben so viel, als Gymnosophist. Wer denkt nicht an die Worte barfuß, baar Geld u. s. w.

und überhaupt nach der Zahl Sieben zu rechnen, der Gebrauch, heilige Stäten zu weihen 8), Altäre zu bauen, heilige Haine zu pflanzen, Thiere zu zerschneiden;

8) Man denke unter andern an die Betälien der Alten. Es heißt beym Sanchuniathon: Uranus folgte seinem Vater in der Regierung; er heirathete seine Schwester Gee, und bekam von derselben vier Söhne, den Ilus, der auch Kronus oder Saturn hieß, den Betulus, den Dagon, sonst Siton genannt, und den Atlas. „Und weiter hin: Zu der Zeit erfand Uranus die Betälien, indem er belebte Steine bereitete. Bochart bemerkt bey dieser Stelle (Can. et Phaleg. L. II. c. 2. p. 707.), Philo, der Uebersetzer des Sanchuniathon, müsse hier statt Naschphim, gesalbte Steine, Naphschim belebte gelesen haben. Ich schreibe hier noch eine lehrreiche Anmerkung ab, welche Jakson (in seinen chronologischen Alterthümern, S. 715. nach der deutschen Ausgabe) bey dieser Stelle macht: Die sogenannten Bätylia waren kleine in Stein gehauene Bilder, von welchen man vorgab, daß sie, indem sie den Göttern geweihet worden, beseelet wären, und diese Götter in ihnen wohneten, und sie orakelhaftig machten. Uranus nennte sie Bätylia, nach seinem Sohne Bätylus. Diese belebten Steine sind die allerälteste Art des Bilderdienstes. Einen solchen Stein soll Saturn an seines Sohnes, des Jupiter, statt verschlucket haben. Hesychius in voce et Etymol. M. p. 192. Phavorin. Lex in voc. Diesen Stein ehrte man als einen Gott. Die Lateiner nennten ihn Terminus: Sie verehren einen ungebildeten Stein, der Terminus heißt. Ein solcher ist es, den Saturn anstatt des Jupiter verschlungen haben soll. Lact. Div. Institut. lib. I. cap. 20. Jamblichus nennet sie in einem Tractat, den er von den Bildsäulen geschrieben hat, und welcher vom Photius angeführt wird (Bibl. Cod. 215. p. 553.), Bildnisse der Gottheit voll. Hesiodus gedenkt dieser Steine (Theogon. v. 485.). Siehe Clericus Anmerk. über diesen Ort. Der alte Grammaticus, Priscianus, nennt ihn den Gott Abbir, oder Abadir, den die Griechen Bätylon nennen (Edit. Vener. 1519). Die parisische Ausgabe von 1517. lieset fälschlich Abatera, statt Bätylon. Man schwor bey diesem Steine, wie Apulejus meldet, einen Eid, der sehr fürchterlich war. Dieses zeigt Cicero mit der Redensart an;

ben, und daraus zu weissagen, die Gerechtsame der Erstgeburt, das Recht der Gastfreundschaft, die Gewohnheit, bey einer feyerlichen Opfermahlzeit Bündnisse zu schließen, und eben so das Recht der Herrschaft

an: Jouem lapidem iurare. (Epist. ad Trebat.) Lampridius heißt sie lapides divi (Vit. Heliog.) (Siehe Bochart Canaan, B. 2. C. 2. S. 708.). Man glaubte, sie lebten, und bewegten sich selbst. Damascius gedenkt eines Bätylus, der in der Luft geflogen (apud Phot. pag. 1063.), und beschreibet dessen Gestalt; er sey nemlich rund, sphärisch, weißlich (doch gebe es deren auch von andern Farben) und wäre im Diameter ein Spann. Wenn ein solcher Stein um Rath gefragt wurde, gab er eine Stimme und Orakel von sich. Einige derselben waren dem Saturn, Jupiter und der Sonne und andern Gottheiten gewidmet. S. 1063. Diese Bilder waren die alten Talismanen, welche unter einer gewissen Planetenstellung geweihet wurden; und man glaubte, daß die Götter, denen sie geweihet waren, einen Einfluß in dieselben hätten. Plotinus beschreibt sie als magische Bilder, welche die Alten gemacht, die Götter in sie einzuladen. (Ennead. IV. l. 3. c. 11.) Solche Bilder waren die Syrischen und Chaldäischen Teraphim, die Laban hatte, 1 Mos. 31, 9. und die als dii Penates, desgleichen alle Arten von Uebel zu vertreiben, zu weissagen und zu Orakeln gebraucht wurden. Sie scheinen ihren Namen von dem Syrischen Worte Teraph percunctatus est, wie das Lexicon Polyglotton p. 3951. uns belehret, gehabt zu haben. Dieser Bedeutung zu Folge gibt die Uebersetzung der siebzig Dollmetscher Zach. 10, 2. das Wort Teraphim durch Apophthengomeni. Und aus diesem Orte, wie auch Ezech. 21, 21. erhellet, daß sie als Orakel gefraget wurden; und sie gaben ihre Antwort entweder durch die Kunst der Priester, oder durch Besitzung der Dämonen. Hieraus können wir sehen, warum Rahel ihres Vaters Teraphim 1 Mos. 31, 19. mit wegnahm, nemlich damit er dieselben nicht befragen, und er den Weg, den sie auf ihrer Flucht nahmen, erfahren möchte. — — Ich stelle es mir wie Spencer und Clericus vor, daß Jakob durch diese schon ältere Sitte veranlaßt war, seine Schlafstelle Bethel zu nennen. Wäre dieser Gebrauch nicht älter, wie wäre er zu den Egyptern, Syrern, Griechen und Indianern (vergl. Sonnerats Reisen) gekommen?

schaft zu übergeben, und andre Dinge, unstreitig chaldäischen, zum Theil auch wol noch ältern Ursprungs 9).

5 §.

Die Lage des Chaldäischen Orts Ur (Feuer), wo Tara als ein Nomade bey der Geburt Abrahams vermuthlich sein Hauptlager haben mochte, läßt sich bis jetzt gar nicht mit entscheidender Gewißheit bestimmen. Plinius, Ptolomäus und Eusebius erwähnen zwar einer Gegend Ura, in der Provinz Babylonien am Euphrat, und Eupolemus hält auch diese Gegend wirklich für Abrahams Vaterland; allein diese Gegend hieß damals noch Sinear. Da es auch unerklärbar scheint, wie Tara auf seinem Zuge von dort aus nach Kanaan durch Charan gekommen, so denken einige, als Schlözer, Hezel, lieber an ein Ur am Tigris, unweit der Stadt Mesibis, welches Ammianus Marcellinus (l. 25. c. 8.) eine Persische Stadt nennet. Erst bey mehrerer Aufklärung der Chaldäischen

---

9) Ich weiß nicht, ob ich hier nicht auch selbst der Beschneidung erwähnen soll? Diese für die heissen Morgenländer zur Gesundheit und oft zur Fruchtbarkeit nöthige Sitte, soll nach Herodots Zeugniß von den Egyptern erfunden seyn. Sie scheint dem Abraham, wie Michaelis bemerkt, schon, ehe er sie annahm, bekannt gewesen zu seyn. Man findet in Asia, Africa und America (Pauw bemerkt in seinen Untersuchungen über die Americaner, daß die Beschneidung bey diesen Völkern am achten Tage verrichtet werde) bey vielen Völkern (auch bey den Tahitiern) Spuren davon, die sich schwerlich alle vom Mahomed erklären lassen. Bey den Egyptern beschnitten sich nur die Priester. Sie scheinen, wie man aus der Heirath Josephs sieht, eine von den gemeinen Egyptern abgesonderte Classe ausgemacht zu haben. Aus Cap. 34, 14. erhellet, daß die Beschneidung zum Stolz geweiheter (heiliger) Familien gehört habe, vergl. 2 Mos. 19, 5. 6. Abraham aber führte sie bey seiner Horde so allgemein ein, daß er auch die erkauften Sklaven beschnitt.

schen Geschichte wird es sich entscheiden lassen, ob dies Volk, wie Michaelis gern wahrscheinlich machen möchte, seinen ursprünglichen Sitz am Pontus Euxinus gehabt habe, wo nachmals die Chalybes wohnten, oder gar in Arachosien, in Indien, wie Gatterer muthmasset. Abraham nennt zwar Cap. 24, 4. 7. 10. ausdrücklich Mesopotamien sein Vaterland; allein er konnte füglich so reden, wenn er auch nicht da geboren, sondern nur mit seines Vaters Hause dahin gezogen war.

2. Völker, welche aus Abrahams Familie abstammen.

6 §.

Tara wollte mit den Seinigen, vermuthlich weil es ihm zu Ur an freyen Weideplätzen fehlte, in ein zu damaliger Zeit entweder gar noch nicht, oder doch nur erst wenig bewohntes Land ziehen. Er kam mit seiner Horde nach Charan. (Das umliegende Land, welches hernach Aram oder Syrien heißt, wird Cap. 11, 31. 32. und Cap. 12, 4. u. s. w. noch gar nicht genannt.) Diese an der Morgenseite des Euphrats belegne Stadt Charan führet noch jetzt den alten Namen, und ist aus der Römischen Geschichte, wegen der Niederlage des Crassus, bekannt genug. Hier, in dieser so trocknen und unfruchtbaren Gegend, die sich eben daher zur Schafzucht so gut schickte, verblieb Tara, und starb im 205ten Jahre seines Alters. Sein Sohn Nachor bewohnte (da Abraham auswanderte, und Haran schon zu Ur verstorben war) das väterliche Land, so wie auch unstreitig von ihm der Wohnsitz seines Sohnes Bethuels nachher den Namen der Stadt Nachors führte. Cap. 24, 10.

7 §.

7. §.

Schon bey der Erzählung, da Abraham einen Brautwerber nach dieser Gegend hinschickt (Cap. 24), führt Bethuel den Namen eines Aramäers. Sein älterer Bruder Kemuel wird Cap. 22, 21. als der Stammvater oder Beherrscher der Aramäer (Syrer) angegeben, zu welchen sich also Bethuel, nach Cap. 24, 10., so wie nachher sein Sohn Laban, Cap. 28, 2. 5. 7. 31, 20. 24. schon mit zählen liessen. Das Land führte schon damals den Namen Aram Naharaim (zwischen zwey Flüssen, dem Euphrat und Tiger), oder, wie wir es nach dem griechischen Namen zu nennen gewohnt sind, Mesopotamien. Zur Zeit Jakobs führte dies Land nach Cap. 28, 2. den Namen Padban Aram (Aramea campestris) oder auch nach Cap. 29, 1. das Land der Morgenländer (Bene Kedem 10).

8. §.

Den Ursprung der Aramäer (Syrer) kann man nach Cap. 22, 21. mit Recht vom Kemuel, Nachors Sohn, herleiten. Von diesem letztern würde augenscheinlich die Stadt Nachors Cap. 24, 10. benannt. Offenbar aber hatte das Volk der Aramäer, und selbst die verschiedenen Stämme oder Abtheilungen desselben, nach Cap. 10, 22. 23., einen schon ältern Ursprung. Es läßt sich also annehmen, um diese Schwierigkeit zu heben, daß sich Kemuel mit den Seinigen unter den Syrern zu einem solchen Ansehn aufgeschwungen haben müsse, daß man ihn als den Befehlshaber oder Stammvater dieses Volks verehrt habe.

10) Nach Gatterer, dem ich die Bemerkungen dieses Paragraphen zu verdanken habe, das Land der Indianer. Ich denke bey diesem Wort blos an Nomaden. Andre muthmassen, dieser Name wäre etwa in Egypten aufgekommen, weil Arabien von da aus gegen Morgen lag.

habe. Eben dieses liesse sich vielleicht vom Eheseb und den Arphachasdim oder Chaldäern (Cap. 22, 22. vergl. mit Cap. 10, 22. 24.) sagen. Augenscheinlich verhielt es sich so mit den Edomitern. Alle von dem Horiter oder Troglodyten Seir herkommende Stämme wurden in der Folge zu diesem Volke gerechnet, Cap. 36, 21—30. Eben so wurden die Nachkommen Ismaels, und die Söhne Abrahams von der Ketura, Stifter oder Befehlshaber Arabischer Horden. Auch die Angehörigen des Abraham, Isaak und Jakob, waren nicht blos solche, die wirklich von ihnen abstammten, sie hatten vielmehr die Ihrigen zum Theil von den Eingebornen des Landes, zum Theil auch wol von Fremden erkauft und an sich gebracht.

3. Das Land Kanaan.

9 §.

Ob der König von Elam Kedorlaomer (Cap. 14, 1.), wie Gatterer aus chronologischen Gründen sinnreich vermuthet, der Nachfolger des Ninyas im Assyrischen Reiche sey, der uns sonst unter dem Namen Arius bekannt ist, und ob er seinen Sitz etwa nach Persien verlegt, um von da aus mit seinen Unterkönigen (vergl. Jes. 10, 8.) Amraphel von Sinear oder Babylonien, Arjoch von Elassar und Thideal die abendländischen Gränzen seines Reichs zu erweitern, lasse ich dahin gestellt seyn. Aus Cap. 13, 12. vergl. Cap. 10, 19. da die fünf Städte, so wie Gerar, als Gränzen angegeben werden, glaube ich schliessen zu können: daß die Einwohner von Sodom keine Kananitische, sondern vielmehr eine, vielleicht erst seit den v. 4. genannten zwölf Jahren dahin geführte Elamitische (Persische) Colonie gewesen; und so könnte

es

es also auch seyn, daß Kedorlaomer von Elam den Arioch oder Arius [11]), König von Ellassar oder Assyrien [12]), dem er nebst den übrigen unterwürfig gewesen, zu Hülfe gerufen.

10 §.

Die Beschreibung dieses Krieges ist vollkommen so, wie es sich von jenen Zeiten erwarten läßt. Es sind kleine Könige, die nur Herren einer einzigen Stadt sind. Recht so wie hier wurden die Kriege der Alten mit einem Feldzuge, mehrentheils mit einer Schlacht beendiget. Die vier vereinigten Könige bezwangen nicht nur die fünf Städte im Jordankreis, sondern auch

1) Die Rephaim (Giganten) (vergl. Cap. 15, 20. und Josephs Alterthümer, B. 7. Cap. 4.) zu Aschtarot Karnaim. Man denkt hiebey an die mit zwey Hörnern gebildete Astarte, Jo, Isis, Veladet, und wie sie bey andern Völkern hieß.
2) Die Susim (Giganten) zu Ham.
3) Die Emim (Giganten) zu Schave Kirjataim (Ebne der zwey Städte, vielleicht das Cap. 14, 17. genannte Königsthal).
4) Die Troglodyten in Seir bis an die Ebne Pharan, die, wie Josephus (im 5ten B. Cap. 7. vom jüdischen Kriege) meldet, voller Höhlen war.
5) Die Amalekiter; dies ist, wie schon Michaelis und Hezel genugsam bemerkt haben, ein vermuthlich

[11] Schon beym Eusebius kommt der Name Arius statt Arioch (Martialis) vor, so wie ihn auch Hyde (de relig. Vet. Persarum p. 48) mit jenem für einerley hält.

[12] Man vergleiche, um sich zu überzeugen, daß Ellassar und Assyrien einerley sey, die Worte Ellassar und Assyrien in Hezels Reallexicon.

muthlich zu den Kananitern gehöriges und älteres Volk, als daß man seine Abkunft vom Edomiter Amalek Cap. 36, 12. ableiten könnte. Man trift sie schon früh in Egypten an.

6) Die Amoriter, das ansehnlichste Kananitische Volk zu Chazazon Thamar (Palmenquelle) nachher Engeddi genannt. Vergl. Jos. 15, 62.

Sie wurden aber vom Abraham und seinen Bundesgenossen in der Nacht, da sie, wie Josephus sagt, vom Weine berauscht waren, durch eine Kriegeslist überwunden, und bis Damaskus 13) verfolgt.

11 §.

Die Stadt Salem, in den spätern Zeiten Jerusalem (Heiliges Salem) genannt, erhielt wol erst nach den Zeiten Melchisedechs, da es die Jebusiter bezwungen hatten, den Namen Jebus. Melchisedech, ihr damaliger König, war ein Priester des höchsten Gottes (El Eljon) — So waren die Könige im Homer, und Anius beym Virgil (Aeneid. l. 3. v. 80.) zugleich Priester. Daß aber zu der Zeit nicht alle Priester diesen höchsten Gott verehrt haben, erhellet schon daraus, daß es von diesem so umständlich und ausdrücklich angeführt wird. Er war vielleicht, wie sich aus seiner besondern Art des Gottesdienstes (darin er den Chaldäern ähnlich zu seyn schien) schliessen läßt, seiner Abstammung nach kein Kananiter. Wenigstens ließ sich Abraham, der doch sonst alle Verbindungen mit Kananitern flohe, mit ihm in Gastfreundschaft, und, wie soll ich es nennen, in gemeinschaftlichen Gottesdienst ein.

12 §.

---

13) Vielleicht kommt daher die Sage, welche Josephus (Alterth. B. 1. Cap. 8.) aus dem Nicolaus Damascenus anführt, daß in Damascus ein Hoflager Abrahams gewesen.

12 §.

Wer sich vom Untergang der Gegend Sodoms gehörige Begriffe machen will, der denke daran, daß dieser von Bergen umgebene Erdstrich, in welchen sich der Jordan ergießt, viele Asphalt- und Erdpechquellen hatte, und also durch Blitze entzündet, und in einen See verwandelt werden konnte. Schon Tacitus (Histor. libr. V. cap. 7.) machte sich von dieser Gegend den Begriff, daß sie durch Blitze entzündet und verbrannt seyn müsse. Man vergleiche hierbey, was Büsching (in seiner Erdbeschreibung, Th. 5. S. 337. und in seiner Beschreibung des todten Meeres in Palästina, Hamb. 1766. 8.) und Hezel in dem Reallexicon unter dem Worte Meer darüber gesammlet haben.

13 §.

Die Gegenden des Landes, worin Abraham und seine Nachkommen umherzogen, wurden theils nach den Weltgegenden, wie z. B. Cap. 12, 9. und Cap. 13, 1. der Süden, theils nach den bereits darin vorhandenen Städten, Sichem, Bethel, Gerar, Bersaba, theils auch nach den bey Terebinthen 14) und Hainen vorhandnen Wohnplätzen Cap. 13, 14. 18, 1. benannt.

14 §.

Die Kananitischen Völker hatten ihre Abkunft dem Kanaan — man sollte eigentlich sprechen Chnaan (Verächtlichkeit) — zu verdanken. Sanchuniathon sagt (Eusebii praepar. evang. libr. I. c. 10.), Chna sey der erste gewesen, den man einen Phönicier genannt habe. Daß diese Völker starken Handel getrie-

---

14) Da diese Bäume ein sehr hohes Alter erreichten, so schickten sie sich, wie Michaelis bemerkt, vorzüglich gut zu topographischen Angaben.

trieben, ist aus der ganzen Geschichte bekannt. Selbst der Name Kanaan wurde in dem Sinn gebraucht, einen Kaufmann zu bezeichnen. Sie trieben zum Theil den Ackerbau und die Viehzucht. Einige lebten in Städten, andre in Höhlen, und wurden ihrer Lebensart wegen von den Nomadischen Völkern verächtlich behandelt. So beschreibt sie Hiob Cap. 30, 1—8. und Mose warnet die Seinigen vor den unter ihnen gewöhnlichen Schandthaten. 3 Mos. 18, 24—30. (vergl. Weish. 12, 3—6.) und erwähnt ihrer im 4ten Buch Cap. 13, 23. 29. 34. und im 5ten Buch Cap. 1, 28. 2, 10—12. 9, 2—5.

15 §.

Zu den Kananitischen Völkern gehörten die eilf Stämme der Zidonier, Hetiter, Jebusiter, Amoriter, Girgositer, Heviter, Arkiter, Siniter, Arvaditer, Zemariter und Hamatiter, Cap. 10, 15—19. Die an dem Meer wohnenden Völker wurden den Griechen unter dem Namen der Phönicier bekannt. Es werden in der Geschichte der Patriarchen, ja selbst in der Geschichte Josua, der doch 31 Kananitische Könige bezwang, nicht alle diese Stämme einzeln genannt. Cap. 16, 21. kommt dagegen der allgemeinere Name der Kananiter unter den einzelnen Völkern und Cap. 13, 7. der Name der Pheresiter (Viehhirten) vor. Von letztern läßt sich nicht bestimmen, ob sie zu den eigentlichern Kananitern gehört haben, oder ob sie ein Nomadisches, vielleicht aus Egypten gekommenes Volk gewesen. Ihrer geschiehet erst da Erwähnung, wo die Zurückkunft Abrahams aus Egypten erzählt wird. So waren die Philister (Pilgrimme, Auswanderer) eine Egyptische Colonie. Sie hatten sich anfangs in der Gegend von Pelusium, dann aber in dem gleichfalls von ihnen benannten

nannten Paläſtina niedergelaſſen. Ihre Könige führten ben Namen Abimelech (Mein Vater iſt König, Königsſohn), und trieben den Ackerbau. Cap. 26, 12.

4) Egypten.

16 §.

Ungeachtet wir von der alten Egyptiſchen Geſchichte wenig mit Gewißheit wiſſen; ſo ſcheint doch aus allen Umſtänden ungezweifelt gewiß zu erhellen, daß dieſes Volk als eine Originalnation angeſehn werden müſſe [15]. Ihre Urgeſchichten ſcheinen ſehr weit zurückzugehn. So unſicher aber auch das ſeyn mag, was uns Manetho [16] und andre von den alten Sagen dieſes Volks aufbehalten haben; ſo erhellet doch aus der ganzen Geſchichte ſo viel: Egypten war ein ſehr früh bevölkertes Land, wo man ſtarken Kornbau trieb. Das Land wurde durch Ueberſchwemmung des Nils dazu fruchtbar gemacht. Fremde Völker ſtanden mit den

---

[15] Man ſehe Meiners vortreflichen Verſuch über die Religionsgeſchichte der älteſten Völker, beſonders der Egypter. Göttingen 1775. S. 80. ſagt er: Wenn die hiſtoriſche Zuverläſſigkeit der Bücher Moſis nicht ſchon auſſer allen Zweifel geſetzt wäre; ſo würde ich ſelbſt in dem Gemählde der Egyptiſchen Religion, das ſie enthalten, einen Beweis finden, daß ſie die älteſten und richtigſten Geſchichtbücher unter allen denjenigen ſind, die wir kennen und beſitzen.

[16] So ſehr viel ich auch Meiners Verſuch ſelbſt in Beurtheilung der Ueberbleibſel des Manetho zu verdanken habe, da er die Abſicht dieſer Aufſätze in das gehörige Licht geſetzt hat, ſo kann ich doch hiebey nicht ganz ſeiner Meinung ſeyn. Soll man, wenn ein Reichsarchivarius aus den alten im Archiv aufgefundenen Urkunden alles mögliche zuſammen ſucht, um ſeinem Könige, der Prophezeyungen von ihm fodert, gefällig zu ſeyn, alles, was er vorbringt, ungeprüft blos deswegen verwerfen, weil es es unternimmt, weiſſagen zu wollen?

den Egyptern frühzeitig im Handel. Ihre Könige führten den Namen Pharao, und hatten einen ansehnlichen Hofstaat.

17 §.

Es führte dies Land in Gemeinschaft mit den benachbarten Ländern den Namen Land Chams (Land der Schwarzen [17]), derer, die von Hitze oder Wollust entbrannt sind). In so fern gehörte Kusch Mizraim, Put und Kanaan zusammen. Den eigenthümlichen Namen Egyptens Mizraim sieht man gewöhnlich als den ursprünglichen Namen eines einzelnen Mannes an, den man für den Stammvater der Egypter hält; allein es stimmt damit aus der Geschichte dieses Volkes nichts überein, und man muß sich mit bloßen Muthmaßungen, oder mit einer elenden Namens-Aehnlichkeit zwischen Menes und Mizraim behelfen. Richtiger denkt man mit Bochart (Phaleg. libr. 4. c. 24.) bey dem Namen Mizraim, an das Wort Mazor (eine Vestung), vergl. 2 Kön. 19, 24. Jes. 19, 6. Mich. 7, 12. Alle Beschreibungen, welche uns die ältern und neuern Schriftsteller von diesem Lande machen, stimmen hiemit überein. Die Natur hat es gleichsam zu einer doppelten Vestung gebildet.

18 §.

Schon in sehr alten Zeiten scheinen Nomadische Völker (die sogenannten Hyksos [18]) dieses Land überzogen und die alten Gebräuche und Sitten desselben verändert zu haben. Der Abscheu der Egypter zu Josephs Zeiten gegen die Nomadische Lebensart

selbst

---

[17] Der Name der Egyptischen Weisheit Chemie, schwarze Kunst, ist wol davon eine unverkennbare Spur; der griechische Name Egypten heißt eben das.

[18] Bey Manetho führen sie, wie es scheint, den Namen der Amalekiter.

selbst, scheint eben daher zu rühren. Es ist ungewiß, aber doch sehr wahrscheinlich, daß schon damals ein solcher Hirtenkönig in Egypten regierte, vergl. 2 Mos. Cap. 1, 8. [19]) Die Sprache dieses Volks war zu Josephs Zeiten von der Hebräischen so verschieden, daß man sich eines Dollmetschers bedienen mußte. Da dieser Umstand blos angemerkt wird, um zu zeigen, daß Josephs Brüder nicht glaubten, von ihm verstanden zu werden; so läßt sich daraus wol nicht schliessen, daß es zu Abrahams Zeiten noch anders gewesen. Schon Abraham fürchtete in diesem Lande Irreligion zu finden, und fand übergroße Gastfreyheit und wahre Redlichkeit am Hofe des Königs.

19 §.

Gosen wird von dem Alexandriner Gesem, vom Theodotus beym Eusebius Käsan, vom Artabanus auch beym Eusebius Kessan genannt. Jablonsky, der in der Koptischen Sprache so erfahren war, übersetzt

T 4 diesen

---

[19]) Man sehe, was Hezel bey dieser Stelle, S. 264—267. seiner Bibel davon sagt. Ich füge seinen Bemerkungen noch folgendes bey: In der ganzen Geschichte Josephs wird beständig ein Unterschied unter den Egyptern und dem Hause des Pharao gemacht. Man vergleiche Cap. 41, 40. 43, 32. 45, 2. 8. 47, 22. 50, 4. 7. Pharao selbst hatte Heerden. Bey dem Ankauf der Egyptischen Ländereyen behielten die Priester ihr Eigenthum und bekamen ausserdem noch Deputat. Eben so ging es der Familie Jakobs, die durch Josephs Heirath mit ihnen vereiniget war, und so die Parthey des Königs gegen die Egypter verstärkte. Diesem zu Folge ist es nicht unwahrscheinlich, daß man auch schon bey diesem Geschlecht der Egyptischen Priester, aus welchen vermuthlich die Hofbedienten genommen wurden, die Beschneidung kannte. Daher kam es vielleicht, daß man diese, auch wenn sie, wie Potiphar, beweibt waren, Eunuchen nannte. Cap. 37, 36. 39, 1.

diesen Namen Land des Herkules [20]). Die Lage dieses Landes wird von den Geographen überaus verschieden angegeben [21]). Da es der Alexandriner, der das von nothwendig Kenntniß haben mußte, 1 Mos. 45, 10. nach Arabien setzt; so hat dessen Misverstand einige verleitet, dieses Land auf der Halbinsel Arabiens zu suchen. Wenn man aber bedenkt, daß der Name Arabien (Nomadenland) sich vormals weiter erstreckte, so fällt dieser Wahn von selbst hinweg. Aus 1 Chron. 7, 21. u. s. w und 5 Mos. 17, 16. sieht man, daß dieses Land an Palästina gegränzt habe. Nach Michaelis Meinung gehörte das ganze Dreyeck zwischen Heliopolis, dem rothen und mittelländischen Meere, dazu. So war es vielleicht, wie Faber (Archäologie S. 75.) bemerkt, das Land, welches ehemals Kuschan hieß, und Pf. 68, 32. bey Egypten gelegen war.

20) Differtationes octo de terra Gosen.
21. Man findet die verschiedenen Meinungen und die dahin gehörigen Schriften in der allgemeinen Welthistorie, B. 2. S. 361. und in Hezels Reallexicon, Theil 2. S. 139. angegeben.

Die

Die Geschichte Abrahams
und
seiner Zeitgenossen.

1 §.

Abraham war ein Sohn des Tara, und stammte im zehnten Geschlecht von Noas Sohn Sem ab. Cap. 11, 10—26. Schon mit seinem Vater war er von Ur nach Charan gezogen, und von da begab er sich, als er 75 Jahr alt war, nebst Lot mit ihren Horden in das Land Kanaan. Cap. 12, 1—6. Er stiftete, wie alle Anführer der Colonien und der Nomadischen Horden, die sich gewöhnlich durch Orakel auffordern liessen, einen besondern Gottesdienst, und flößte den Seinigen durch weit aussehende Orakel die größten und erhabensten Hoffnungen ein. Schon bey seiner Ankunft fand er hie und da angelegte Pflanzstädte der Kananiter, die, nach dem Zeugniß des Herodot (Clio Cap. 1.), ursprünglich in Arabien am rothen Meer gewohnt haben. Auch war wenigstens etwas später (im 99sten Jahr Abrahams) schon zu Gerar eine Egyptische Colonie.

2 §.

Allenthalben lebte Abraham als ein freyer und unabhängiger Stammfürst (Emir). Er ließ sich mit verschiedenen Kananitischen Stammhäuptern, Cap. 14, 13. vermuthlich mit dem König von Salem, Cap. 15. und nachher mit dem König zu Gerar in Bündnisse ein, und nahm an den Kriegen benachbarter Völker Theil. Er blieb aber doch auch bey dem großen Wachsthum seines

seines Vermögens seiner Nomadischen Lebensart getreu, und suchte für jetzt keinen eigenthümlichen Besitz der Ländereyen, nur die zu seiner Viehzucht gegrabenen Brunnen eignete er sich zu, und zum Begräbniß seiner Familie kaufte er sich an. Es fand sich bey seiner Horde noch kein Unterschied in den Ständen. Er nur war Herr, und alle andre, selbst Elieser, sein bestimmter Erbe, sein Hausverweser, Cap. 24, 2. und Hagar, die er in sein Ehebette aufnahm, waren Sklaven. Seine Gäste bediente er selbst, und bewirthete sie nicht mit Wein, sondern mit Milch.

3 §.

Als ein herumziehender Hirtenfürst blieb Abraham auch in Kanaan nicht immer an einem Ort. Erst wohnte er zu Sichem (Cap. 12, 6.), dann auf einer Anhöhe bey Bethel (Cap. 12, 8.), nachher in dem Süden Cap. 12, 9. Von da zog er bey einer Theurung in das schon damals bekannte Kornland Egypten (Cap. 12, 10.), dessen nördlicher Theil Bukolia [1]) den Nomaden vermuthlich noch offen stand. Von hier ging er bereichert wieder nach Süden (Cap. 13, 1.) und dann nach Bethel zurück (Cap. 13, 3.). Als er sich hier von Lot getrennet hatte, begab er sich nach Hebron, Cap. 13, 17. Von da aus that er einen Feldzug, um Lot zu befreyen (Cap. 14.), und begab sich eine Zeitlang nach Gerar (Cap. 20, 1.). Dann wohnte er bey Berseba (Cap. 21, 22.), von da reisete er einst mit Isaak ins Gebirge, Cap. 22, 19. begab sich aber von Berseba wieder nach Hebron zurück, wo Sara Cap. 23. verstarb und beerdiget wurde. Nachdem Abraham für die Verheirathung Isaaks, der damals zu Berseba wohnte, gesorgt,

sich

---

1) Bey den Alexandrinern heißt es immer Arabien (das Nomadenland).

sich auch wieder mit Ketura verheirathet, seine Söhne aber von ihr von sich entlassen hatte: so wurde auch er nach seinem Absterben bey Hebron beerdiget.

4 §.

Abraham war ein eifriger Verehrer Jehovens. Wo er hinkam, errichtete er Altäre (Cap. 12, 7. 8. 13, 4. 18. 22, 9.) oder pflanzte Tamarisken (Cap. 21, 23.) ihm zu Ehren, und betete ihn an (Cap. 12, 8. 13, 4. 20, 17. 21, 33.). Er folgte seinem Ruf in völligem Zutrauen auf seine Hülfe, selbst wenn es darauf ankam, die Seinigen zu verlassen (Cap. 12, 1—4.). Er schwor bey ihm, als dem Schöpfer der Welt (Cap. 14, 22. 21, 24.), verließ sich auf seine Zusagen (Cap. 15.), besprach sich mit ihm in vieler Unterwürfigkeit (Cap. 18.), folgte pünctlich seiner Entscheidung bey der Entlassung Ismaels (Cap. 21, 12—14.), und unterwarf sich seiner Prüfung bey der Aufopferung Isaaks (Cap. 22.). Er sahe alles Seinige als Geschenk Jehovens, sich aber als seinen Vertrauten, das heißt, als einen unumschränkten Herrn an, der befugt wäre, die Seinigen durch den Dienst Jehovens zu leiten und ihnen seine Erwartungen und Entschließungen, als von ihm erhaltene Orakel, bekannt zu machen. Seine Träume und Visionen waren ihm so Offenbarungen Jehovens. Dieser forderte ihn auf, nach Kanaan zu gehn, und versprach ihm eine glückliche Zukunft (Cap. 12, 4.). Er erschien ihm bey Sichem, und versprach ihm den beständigen Besitz dieses Landes (Cap. 12, 16). Er befreyte ihm seine Frau aus der Gefahr, in welche sie am Hofe des Egyptischen Königs gerathen war (Cap. 12, 17.). Er erschien ihm nach der Trennung von Lot (Cap. 13, 14.). Er versprach ihm, nach seiner Zurückkunft aus einem siegreichen Feldzug, einen lei-
bes-

beserben, und verkündigte ihm bey einer feyerlichen Bundesmahlzeit das Schicksal seiner Nachkommen (Cap. 15.). Er schickte ihm die entlaufene Hagar mit einer Vorherverkündigung des Schicksals ihres Sohnes zurück (Cap. 16.). Er nahm ihn, mit Beylegung eines andern Namens, nebst den Seinigen, unter der Bedingung der Beschneidung, als ihm Geweihete, mit ihm durch ein Bündniß vereinigte, oder als seine Kinder an, und versprach ihm einen Sohn von der Sara (Cap. 17.). Er legte bey ihm in Begleitung zweyer Diener einen Besuch ab, kündigte der Sara die Geburt Isaaks an. Ihm aber gab er, da er von ihm das Geleite erhielt, Nachricht von der bevorstehenden Zerstörung Sodoms, und gestattete ihm, als er seine Diener dazu absendete, zuvor noch eine Fürbitte (Cap. 18.). Er befreyete die Sara aus der Gefahr beym Abimelech (Cap. 20.), und erfüllte das ihr gegebene Versprechen (Cap. 21.). Er entschied, daß Ismael entlassen werden sollte (Cap. 21, 12.), nahm sich aber auch dessen bey seiner Gefahr zu verschmachten an (Cap. 21, 12—19.). Er veranlaßte endlich durch eine Prüfung der gänzlichen Ergebenheit Abrahams, daß sich Isaak auf eine sehr feyerliche Art als einen Geweiheten Jehovens ansehn mußte, indem er nur durch ein an seine Statt dargebrachtes Opfer gelöset (frey gemacht) war.

5 §.

Oft stellt man es so vor, als ob Abraham schon beym Entschluß, aus Charan zu gehn, alle die Hoffnungen und frohen Aussichten vor sich gehabt habe, die ihn und seine Nachkommen erst hinterher belebten. Eine genauere Aufmerksamkeit auf die Geschichte seines Lebens aber lehret das Gegentheil. Durch das Orakel (Cap. 12, 1—3.) machte er den Seinigen Lust,

Luſt, ihn bey ſeinem Auszug zu begleiten, da er ſich von ſeinen Verwandten unabhängig machen wollte. — Er mußte alſo wol nicht der Erſtgeborne ſeines Vaters ſeyn, ſonſt wäre ihm auch ohnedem die Herrſchaft zugekommen — Nach ſeiner Ankunft in Kanaan erweckte er bey den Seinigen durch das Orakel (Cap. 12, 7.) und durch Errichtung einiger Opferſtäten bey Sichem, Bethel, Hebron, Verſaba den Vorſatz, in der Gegend zu bleiben. Eine Theurung nöthigte ihn, ſich eine Zeitlang in Egypten aufzuhalten, und da ihn hernach bey ſeiner Zurückkunft der Mangel an Weideplätzen veranlaſſete, ſich von Lot zu trennen; ſo war es nöthig, die Seinigen durch neue Hoffnungen wieder zu ermuntern (Cap. 13, 14—17.). Durch den Sieg über Kedorlaomer und die mit ihm vereinigten Könige ſchienen die bisherigen Erwartungen Abrahams erfüllt zu ſeyn. Der König von Sodom und von Salem prieſen ihn glücklich. In Ermangelung eines Leibeserben hatte er Elieſern von Damaskus zu ſeinem Nachfolger beſtimmt. Zur Veränderung dieſes Entſchluſſes brachte ihn ein Traumgeſicht (Cap. 15.). Er hoffte nun noch einen Leibeserben zu bekommen. Die Ahndung, daß eine ſo ſpäte Nachkommenſchaft ſich nicht bey der unumſchränkten Herrſchaft erhalten würde, veranlaßte ohne Zweifel das zwar beängſtigende aber doch beruhigende Traumgeſicht (Cap. 15.). Im 99ten Jahre wurde er durch ein abermaliges Traumgeſicht veranlaßt, ſeinen und ſeiner Frau Namen zu ändern, die Beſchneidung anzunehmen, und von der Sara ſelbſt einen Sohn, und eine beglückte Nachkommenſchaft zu erwarten (Cap. 17, 1—22.). Indem Iſaak heran wuchs, mochte die väterliche Sorgſamkeit des Abraham veranlaſſen, daß ihm durch ein Traumgeſicht anbefohlen wurde, den Iſaak auf eine feyerliche Art dem Jehova

Jehova zu weihen. Er verheirathete ihn noch bey seinen Lebzeiten mit einer Enkelin seines Bruders; weil er bey Lots Familie aus den Verbindungen mit den Eingebornen des Landes so üble und traurige Folgen gesehn hatte. Da er auch noch mit der Ketura Söhne erzeugt hatte: so traf er die Veranstaltung, daß diese auswandern, und sich entfernt niederlassen mußten.

6 §.

Sara, die Gemalin Abrahams, war zehn Jahr jünger, als er. Sie soll, wie man vermuthet, und Josephus (Alterth. B. 1. Cap. 7.) erzählt, die 1 M. 11, 29. genannte Jiska, eine Tochter Charans und Schwester Lots und der Milka gewesen seyn. Daß sie wirklich so nahe mit Abraham verwandt gewesen, erhellet aus Cap. 20, 12. da er sie seine Schwester — so wie Cap. 13, 8. Lot seinen Bruder — nennt. Andre halten sie für Abrahams Halbschwester, weil es Cap. 20, 12. heißt: sie komme mit ihm von einem Vater, aber nicht von einer Mutter her. Doch liesse sich dieser Ausdruck auch wol so erklären, daß es eben so viel hiesse, als nicht aus einer Ehe, so daß es dabey seine Meinung wäre, sie kämen der Abstammung nach zwar von einem Vater her, wären aber doch keine wirkliche Geschwister. Bey ihrer Reise in Egypten war sie 65, und bey ihrem Aufenthalt in Gerar ungefähr 89 Jahr alt. Auch in diesem Alter war ihre Schönheit noch auffallend. Das damalige etwas höhere Alter der Menschen, und die weit einfachere Lebensart derselben, machen uns dies um desto weniger unbegreiflich; da Sara damals noch kein Kind gehabt hatte, und ein schönes Frauenzimmer unter den Egyptern so selten ist, zumal da es doch auch zu unsern Zeiten Beyspiele so bejahrter

Schö=

Schönen gibt. Eben so ist ihre späte Niederkunft, da sie die Spuren des sich nahenden Alters schon empfand, zwar ein ungewöhnlicher, aber doch auch jetzt noch — freylich bey frühern Jahren — vorkommender Fall.

7 §.

Da Sara mit Abraham schon mehr als zehn Jahre in der Ehe gelebt hatte, ohne Kinder zu haben, dieses aber bey den Morgenländern für äußerst entehrend gehalten wurde, und da überdem vom Jehova ihrem Manne ein Leibeserbe versprochen war: so veranlaßte sie es selbst, daß sich dieser zu ihrer Sklavin hielt, in der Absicht, deren Kind als das Ihrige ansehn zu können. Es kam der Sara vor, als ob Abraham die schwangere Hagar zu hoch achtete, sie beklagte sich daher ihrentwegen, und ließ sie nach erhaltener Erlaubniß ihre Eifersucht hart empfinden. Als Sara ihren Wunsch, einen Sohn zu haben, durch die Geburt Isaaks auf eine noch angenehmere Art erfüllt sahe; so verlangte sie vom Abraham die völlige Entlassung des Ismaels, und auch dies Verlangen wurde ihr nach Jehovens Entscheidung erfüllt.

8 §.

Oft macht man, wie Bayle, dem Abraham Vorwürfe darüber, daß er die eheliche Treue seiner Gattin lieber, als sein Leben, aufs Spiel gesetzt. Aber wie, wenn wir im Abraham keinen Romanhelden, sondern einen Nomaden, kein Ideal, sondern einen Menschen anträfen? Oder — Sollte Abraham die Sitten der Egypter noch genauer gekannt haben, als wir? Sollte er es gewußt haben, daß ein unverheirathetes Frauenzimmer bey ihnen sicher wäre, weil man Hoffnung hatte, sie vom Bruder erkaufen und eheli=

ehelichen zu können? Vermuthlich wurde Sara am Hofe des Königs als eine schöne Fremde nach dem Rechte der Gastfreundschaft (nicht aber als Gattin) aufgenommen. Das Hebräische Lakach wird wie das deutsche Nehmen vom Heirathen gebraucht, es kann aber, wie bekannt genug ist, auch so viel als herbeyholen heissen. Man vergleiche 1 Sam. 20, 31. 1 Mos. 5, 24. 5 M 4, 20. 2 M. 14, 11. Abraham nahm in der gewissen Ueberzeugung von der Treue seiner Sara und von dem Schutze Jehovens die ihm ertheilten Geschenke als ein Fremder getrost an, und erfuhr, wie es scheint, vom Könige selbst zuerst, daß er sie sich zur Gemahlin bestimmt habe. Da es ihm in diesem Falle so geglückt war: so stand es ihm nicht zu verdenken, daß er es in der Folge (Cap. 20.) eben so machte.

9 §.

Hagar, eine Egyptische Sklavin der Sara, die sie ihrem Manne beygelegt hatte, fand, als sie sich über Sara erheben wollte, bey Abraham keinen Beystand. Als sie der Sara entlaufen war, hatte sie, auf dem Wege nach Schur, eine Erscheinung, wodurch ihr das künftige Schicksal ihres Sohnes angekündigt, sie aber zur Unterwürfigkeit angemahnet wurde (Cap. 16.). Nach der Entwöhnung Isaaks wurde sie auf Verlangen der Sara mit ihrem Sohn von Abraham, der erst nicht darein willigen wollte, auf Jehovens Befehl entlassen (Cap. 21.). Ismael, dem Abraham, so wie hernach den Söhnen von der Ketura, wol eine Aussteuer angewiesen haben mochte, gerieth, da er sich bey seiner vorläufigen plötzlichen Entlassung nebst seiner Mutter verirrt hatte, in Gefahr, zu verschmachten. Er wurde aber durch eine himmlische Erscheinung gerettet, und ließ sich darauf in Pharan, als ein Beduine, nieder.

10 §.

Abraham nahm nach dem Tode der Sara noch eine Frau, Namens Ketura. Ob dies, wie der Zusammenhang (Cap. 25.) mit sich zu bringen scheint, erst nach Isaaks Heirath geschehen, oder ob diese Erzählung, wie einige glauben, und der 6te Vers zu begünstigen scheinet, nur zum Schluß seiner Lebensbeschreibung hinzugesetzt ist, lasse ich dahin gestellet seyn. An sich wäre es gar nicht unmöglich, daß Abraham, der ein Alter von 175 Jahr erreichte, im 140sten noch hätte Kinder zeugen können, so gut, wie wir heut zu Tage von über achtzigjährigen Vätern Beyspiele haben.

11 §.

Lot war ein Bruderssohn Abrahams, und zog mit ihm aus Charan. Er trennte sich aber von ihm, und zog, da ihm Abraham die Wahl überließ, in die noch freye und wasserreiche Gegend des Jordankreises (Cap. 13.). Er wurde in dem Kriege wider Sodom mit gefangen, aber vom Abraham frey gemacht. Es scheint, er habe sich mit den Einwohnern Sodoms in genauere Verbindungen, vermuthlich durch seine Heirath, eingelassen (Cap. 19.). Er bewies sich gegen die beyden nach Sodom kommenden Bothen Jehovens sehr gastfrey. Da sie die Einwohner Sodoms ausgeliefert haben wollten, versicherte er: Es werde solches eben so wenig geschehn, als er ihnen seine Töchter preisgeben würde. Daß dies Lots Meinung gewesen, erhellet schon aus der aufgebrachten Antwort, die man ihm gab. Man möchte auch wol diese Rede Lots nie als ein Ausbieten seiner Töchter verstanden haben, wenne nicht das Andenken an die Erzählung (Richter 19.) dazu verleitet hätte. Beym Ausgang aus Sodom betrug sich Lot ungemein lässig und saumseelig, so wie

wie überhaupt zu große Nachgiebigkeit sein ganzer Charakter zu seyn scheint. Die aus Mißverstand erzeugte alte und lange fortgepflanzte Fabel, von Lots Frau, die zur Salzsäule geworden seyn soll, ist zu bekannt, als daß ich sie hier zu wiederholen nöthig hätte. Nachdem sich Lot mit den Seinigen zu den Höhlenbewohnern (Troglodyten) begeben hatte, wurde er von seinen schandbaren, zu Sodom erzogenen Töchtern hintergangen, und verleitet, nach den Sitten der Troglodyten zu leben, die sich, nach dem Zeugniß der Alten, ohne auf Verwandschaft zu sehn, mit einander vermischten. Die Geschichte selbst lehrt, daß Lot damals gewohnt gewesen seyn müsse, Beyschläferinnen zu haben. Wer sieht nicht, daß diese ganze Geschichte Lots den Nachkommen Abrahams zur Warnung vor Vermischung mit fremden Völkern und Annahme ihrer Sitten dienen sollte?

Geschichte Isaaks.

1 §.

Isaak war im hunderten Jahre seines Vaters Abraham von der Sara geboren. Schon vor seiner Geburt war er zum Regenten seines Volks bestimmt. Am achten Tage nach seiner Geburt wurde er durch die Beschneidung, gleich allen andern seines Volks, dem Jehova geweihet. Bey seiner Entwöhnung gab sein Vater ein großes Freudenmahl. Sein Halbbruder Ismael, der darüber spottete, wurde vom Abraham ausgesteuert und entlassen, damit er nicht mit ihm erzogen werden sollte, und ihm auch in seinem Erbtheil

theil nicht hinderlich seyn möchte. Als Isaak heranwuchs, wurde er, auf eine recht feyerliche Weise, für einen Geweiheten des Jehova erkläret. Es geschahe dies so, daß es auf seinen, durch Verzärtelung zur Weichlichkeit und zum Wohlleben verwöhnten Character — der den Söhnen des Alters so leicht eigen ist — den stärksten und vielleicht höchst nöthigen Eindruck machen mußte. Abraham übernahm mit ihm eine Reise, um ihn dem Jehova an einem bestimmten heiligen (vom Jehova ausersehenen) Orte als ein Schlachtopfer darzubringen. Als Isaak gebunden war, und mit dem Messer an der Kehle von der Hand seines ihn sonst zärtlich liebenden Vaters den Tod erwartete; hörte er, ohne jemand zu sehn, eine Stimme, auf deren Befehl anstatt des Isaaks ein sich schon in Bereitschaft findender Bock geschlachtet werden mußte. Mit zärtlich schonender Sorgfalt suchte ihn sein Vater von den verderbten Sitten der Kananitischen Völker, und sonderlich von einer Eheverbindung mit ihnen abzuhalten. Dies geschahe vorzüglich durch das ihm vorgehaltene Beyspiel der daher entstandenen Unglücksfälle in der Familie Lots. Er verheirathete ihn, nach Cap. 24, mit der schönen Rebecka, indem er ihm zugleich den Besitz seines Vermögens, und sonderlich, wie es scheint, seinen Wohnsitz zu Berscheba überließ.

2 §.

Nachdem Isaak die Herrschaft angetreten, und sich mit der Rebecka vermählt hatte, lebte er 20 Jahr allem Ansehen nach mit ihr fast immer zu Berseba, zwar kinderlos, aber doch ruhig, bis ihm Gott, nach seinem Wunsch, Hoffnung zu einem Leibeserben gewährete. Die heftigen Vorempfindungen von einer schweren Geburt veranlaßten die Rebecka, deshalb den Jehova zu befragen. Es ist uns unbekannt, ob dies durch den noch lebenden Abraham, oder durch einen andern geschehen sey. Genug, sie erhielt ein prophetisch Orakel zur Antwort (Cap. 25, 23.). Fast scheint es, als wenn Isaak davon nichts erfahren habe, oder er muß es vielmehr so aus der Acht gelassen haben, daß es ihm erst wieder einfiel, nachdem er, durch List hintergangen, den Jakob statt des Esau feyerlich zum Herrscher erklärt hatte. Eben so dachte er vermuthlich erst da wieder an die Unvorsichtigkeit des Esau, da er sich, durch Heißhunger veranlaßt, von dem tückischen Jakob hatte überlisten lassen, ihm sein Erstgeburtsrecht für ein Linsengericht zu verkaufen.

3 §.

Als sich Isaak einer Theurung wegen nach Egypten begeben wollte, so wurde er durch eine Erscheinung (wahrscheinlich im Traum) davon zurückgehalten. Er begab sich nach Gerar, wo er, nach dem Beyspiel seines Vaters, seine Frau für seine Schwester ausgab. Hier fing er zu seiner großen Bereicherung den Getreidebau an. Die Beschreibung, wie es ihm darin so ausserordentlich, und bis zum Beneiden der Einwohner dieser Stadt geglückt sey, indem er sich dadurch hundertfachen Ertrag verschaffet habe, wird uns sogar zu auffallend eben nicht seyn können, wenn wir mit der Erzählungsart und mit dem Kornbau der Alten bekannt sind [1]). Die Philister wurden ihm durch Verschüttung der vormaligen und durch Anmassung der neuerlich gegrabenen Brunnen lästig, und verursachten dadurch, daß er sich von ihnen

---

[1]) Statt weitläufiger Anmerkungen verweise ich hier nur auf ein Paar Stellen Varro de re rustica lib. I. c. 44. Plinii Hist. Nat. libr. XVIII. c. 10. und erinnere an den aus Amerika kommenden Mays oder türkischen Weizen, und an die Hirse und Mohrhirse.

nen zurückzog. Sie suchten aber hernach seine Freundschaft, und errichteten mit ihm ein Bündniß, dadurch sie ihn also als unabhängig anerkannten.. Dies geschahe an einem Tage, da er gerade, durch einen in der Nacht vorher gehabten Traum aufgefordert, im Begrif war, sein Hauptlager aufzuschlagen, und da seine Leute zu dem Ende den ehemals daselbst gewesenen Brunnen wieder erneuert hatten.

4 §.

Bey Isaaks hundertjährigem Alter verheirathete sich Esau mit zwey Kananitischen Frauen. Es war für Isaak und Rebecka unangenehm, daß sie dadurch mit Kananiterinnen zusammen leben mußten. Als darauf Isaak vielleicht nur auf eine Zeit krank und blödsichtig wurde, und wegen seiner Schwächlichkeit sich nicht zutrauete, so lange zu leben, bis er seinem volljährigen (100jährigen) Sohne die Herrschaft übergeben könnte: so veranstaltete er, daß ihm Esau eine Opfermahlzeit zubereiten sollte, so wie es seine Lüsternheit mit sich brachte. Er wurde aber dabey auf Anstiften der Rebecka vom Jakob so überlistet, daß er, wider seinen Willen, diesem durch ein Orakel den Seegen ertheilte. So sehr er auch erschrack, als er seinen Betrug merkte, so getraute er sich doch nicht, das durch ihn einmal bekannt gemachte Orakel zurück zu nehmen. Auf vieles Bitten des Esau ertheilte er auch ihm ein Orakel. Isaak erfuhr nichts davon, daß Esau gedrohet hatte, den Jakob umzubringen. Da es ihm aber Rebecka so vorredete, als ob es besser wäre, wenn Jakob, der bereits 70 Jahr alt war, nach Mesopotamien ginge, um sich dort zu verheirathen; so entließ er ihn dahin, und gab ihm nochmals die Versicherung, daß er in die von Abraham ererbten Rechte eintreten sollte.

5 §.

5 §.

Während der Abwesenheit des Jakobs ließ Isaak auch den Esau auswandern, und lebte noch lange nach Jakobs Zurückkunft, welche erst in 20 Jahren erfolgte. Wegen seines Ackerbaues scheint er seinen Wohnsitz nicht oft verändert zu haben. Er starb zu Hebron, wo er sich vielleicht bey der Uebergabe seiner Güter an Jakob, so wie einst Abraham, hinbegeben haben mochte. Sein Tod erfolgte im Beyseyn Jakobs, in einem Alter von 180 Jahren. Er wurde von seinen beyden Söhnen, die damals 120 Jahr alt waren, gemeinschaftlich beerdiget.

Geschichte Jakobs und Esaus.

1 §.

Jakob war schon vor seiner Geburt durch ein der Rebecka bekannt gemachtes Orakel zum Herrscher bestimmt. Bey seiner Geburt hielt er seinem Zwillingsbruder die Ferse, und wurde daher Jakob (Er hält die Ferse, Er schlägt das Bein unter) genannt. Sein Bruder erhielt von dem rothen Haar, womit er schon bey seiner Geburt bedeckt war, den Namen Esau. So wie dieser durch seine freye und zum rohen Jagdleben geneigte Denkungsart dem Isaak gefiel, der nach seiner Köstlichkeit gern Wildpret aß, so wußte sich Jakob durch seine häusliche Gesinnung, da er sich selbst mit dem Kochen der Speisen abgab, und durch seine Neigung zu heimlicher List bey seiner Mutter beliebt zu machen. Er erschlich vom Esau das
Recht

Recht der Erstgeburt, da dieser ermattet von der Jagd nach Hause kam, ihn um ein eben bereitetes Linsengericht ansprach, und dabey kraftlos und unbedachtsam genug war, ihm auf sein Anfordern sogar eine eidliche Versicherung darüber zu geben.

2. §.

Nachdem Jakob seinen Bruder Esau so überlistet, und ihm hernach auch das Vorzugsrecht, welches gewöhnlich mit der Erstgeburt verknüpft war, entzogen hatte; indem ihn sein Vater wegen seiner Schwächlichkeit frühzeitig bey einer feyerlichen, in dieser Absicht angestellten Opfermahlzeit, durch ein dabey bekannt gemachtes Orakel, in den Gedanken, daß es Esau träfe, zum Erben eingesetzt, dann aber, auf Bitte des Esau, auch diesem ein besonderes, wiewol geringeres Erbtheil versprochen hatte: so veranlassete dies bey dem Esau gegen Jakob einen großen Haß, den er sich doch aber aus Achtung gegen seinen Vater zu verheelen wußte. Rebecka veranstaltete, daß Jakob von seinem Vater nach Mesopotamien entlassen wurde, um sich dort mit einer von Labans Töchtern zu verheirathen, und wirkte indessen ohne Zweifel zur Beruhigung Esaus und zu dessen Abzuge nach Seir mit.

3. §.

Während der Abwesenheit des Jacob ließ Isaak seinen ältesten Sohn Esau sich bey den Horitern oder Troglodyten festsetzen, da er mit diesem Volke durch seine Heirathen verbunden war. Seine beyden Frauen werden Cap. 26, 34. und Cap. 36, 2, 3. vielleicht aus Irrthum verschiedene benannt. Inzwischen ist es, wie man hiebey bemerken muß, unter den Morgenländern gar nicht ungewöhnlich, verschiedene

Namen zu führen. So nehmen in der That viele, wie Abraham, Sara, Israel, Joseph bey feyerlichen Begebenheiten ihres Lebens, etwa beym Antritt einer neuen Würde, auch neue Namen an. In Japan ist dieser Gebrauch, nach Thunbergs neuesten Nachrichten, noch herrschend. Zu Seir glückte es dem Esau so, daß er nachmals bey der Rückkunft seines Bruders ihm nicht nur mit 400 Mann Bewaffneter entgegen ziehen, sondern auch bey dessen endlich erfolgter Uebernahme der väterlichen Güter geruhig zusehen konnte. Er zeigte bey seinem zwar rohen, unvorsichtigen und jähzornigen Temperamente dennoch stets ein offenes und rechtschaffenes Herz gegen seinen Vater, und selbst gegen den schleichenden und betrügerischen Jakob.

4 §.

Als Jakob auf seiner Reise unterwegs übernachtete, hatte er einen Traum, den er als eine wundervolle Erscheinung Jehovens ansahe, und sich daher bey seinem Erwachen darüber verwunderte, daß sich Gott ihm an einem bis jetzt ungeweiheten Orte offenbarete. Bey einer vorläufigen Einweihung dieser Stäte that er ein Gelübde. Wenn es ihm gelingen würde, so wollte er in der Folge hier einen förmlichen Gottesdienst errichten, und den zehnten Theil seines Vermögens darauf verwenden. Noch ehe er zu Charan ankam, machte er Bekanntschaft mit Rahel, und wurde dadurch in Labans Haus eingeführet, wo er liebreich empfangen, und als ein Verwandter behandelt wurde. Laban lernte ihn bald als einen sehr emsigen und der Schafzucht kundigen Hirten kennen, und wünschte ihn länger in Diensten zu behalten. Da sich nun Jakob anheischig machte, ihm statt des damals üblichen Kaufgeldes für seine jüngste Tochter siebenjährige Dienste zu leisten; so nahm der hab=

habsüchtige Laban diesen Vorschlag an, und ließ sich gefallen, die Hochzeit sogleich zu vollziehn. Er betrog aber Jakob auf eine schändliche Weise, und beredete ihn, sich aus Liebe zur Rahel noch zu siebenjährigem Dienst anheischig zu machen. Allenthalben zeigte sich bey Jakob Schwäche, Furchtsamkeit und schleichende List. Sein Schwiegervater, seine Weiber, ja selbst seine Kinder konnten ihn behandeln, wie sie nur wollten.

5 §.

Bald nach Josephs Geburt, als Jakob seinen vierzehnjährigen Dienst vollendet hatte, forderte er seinen Abschied, ließ sich aber bereden, noch länger zu bleiben. Und da er durch mancherley Kunststücke, die er, weil sie ihm gelangen, alle dem Jehova zuschrieb, ein ansehnliches Vermögen, innerhalb sechs Jahren, an sich gebracht hatte; so entfloh er endlich heimlich mit den Seinigen, da Laban, mit denen, die ihm angehörten, vielleicht um die gewöhnliche Feyerlichkeit der Schafschur zu begehen, abwesend seyn mochte. Dieser verfolgte ihn, ward aber ausgesöhnet, und errichtete mit ihm bey ihrer Versöhnung ein feyerliches Bündniß bey Gilead. Jakob verwünschte dabey, ohne es zu wissen, seine geliebte Rahel. Beym Anbruch des folgenden Tages sahe er in der Ferne ein Heerlager, und unmittelbar darauf kamen auch die von da ausgeschickten Bothen zu ihm. So bald er von diesen erfahren haben mochte, daß sich Esau nun in dieser Gegend niedergelassen hatte; so machte er Anstalt, ihn zu begrüssen, und ihn, wo möglich, zu besänftigen, widrigenfalls aber mit den Seinigen ihm, wenigstens zum Theil, entweichen zu können.

6 §.

In der Nacht noch setzte er mit den Seinigen über den Jabok, und hatte gegen Morgen (vermuthlich im Traum) eine sonderbare Erscheinung. Dadurch bekam er Muth, und sahe sich nun, zumal da er durch sein Hinken [2]) darin bestärkt zu seyn schien, daß sein Gesicht göttlich seyn müsse, als einen solchen an, der wunderbarer Weise dazu berechtiget wäre, die Seinigen durch Orakel und durch einen besondern Opferdienst zu leiten. Cap. 32, 29. 30. vergl. 35, 1—4. 10—12. Als er von Esau wider alle seine Erwartungen liebreich empfangen war, und sich durch kriechende Schmeicheleyen und allerley Vorwand von ihm losgemacht hatte; so kam er zu Sukoth, und von da zu Sichem in Kanaan an. Da er hier eine Zeitlang gewohnt hatte, so entfloh er, weil er von der zu Sichem ausgeübten Grausamkeit seiner Söhne üble Folgen befürchtete. Er zog nach Bethel, und richtete dort nun, seinem Gelübde gemäß, einen feyerlichen Gottesdienst an. Nicht weit davon verlor er bey seiner Rückkehr seine vorhin aus Unwissenheit verwünschte Rahel, nachdem es ihm jetzt wol allererst kund geworden seyn mochte, daß sie des Labans Götzen entwendet hatte, Cap. 35, 4. Er nahm die väterlichen Besitzungen ein, und war beym Tode seines Vaters in Hebron.

7 §.

Seine Söhne, wenigstens den Juda, ließ Jakob zwar besondere Haushaltungen anfangen, bey verschiedenen Angelegenheiten aber, wenn es gemeinsame Dinge betraf, waren sie dennoch alle bey ihm versammelt, zum Beyspiel, da er sie, wegen der Verheirathung

---

[2]) Wer weiß nicht, daß Träume oft Empfindungen, und diese jene hervorbringen?

thung der Dina, um Rath fragte, da sie ihn wegen Josephs vermeinten Tod trösten wollten, da er sie nach Egypten abschickte, um da einen Kornhandel zu eröfnen. Bey dieser Reise aber wollte er ihnen seinen geliebten Benjamin nicht wieder anvertrauen, nachdem er durch Josephs Verlust scheu gemacht worden war.

8 §.

Als Jakob Nachricht von Josephs Leben und seiner Macht in Egypten erhalten hatte: so zog er dahin, und bestätigte durch ein zu Bersaba erhaltenes Orakel seinen Vorsatz. Er erschien auf Josephs Veranstaltung vor Pharao, und lebte noch siebzehn Jahr geruhig in Gosen. Bey seinem herankommenden Ende ließ er Joseph herbey holen, und nahm Ephraim und Manasse in die Zahl seiner Söhne auf. Durch feyerliche, seinen Söhnen ertheilte Orakel, da er den Juda zum künftigen Heerführer bestimmte, suchte er bey ihnen die Erwartung der angeerbten Hoffnungen zu stärken, um sie dadurch zu künftigen Unternehmungen zu wecken.

Geschichte Josephs und seiner Brüder.

1 §.

Wer die Geschichte Josephs mit Aufmerksamkeit lieset, wird sich leicht erklären können, woher der große Haß seiner Brüder gegen ihn kam. Mußte sich nicht die Eifersucht der Lea und Rahel auf ihre Kinder fortpflanzen? Da nun Jakob zumal so unvorsichtig war, ihn als seinen Liebling, selbst in der Kleidung, auffallend

lend auszuzeichnen, ja, da er ihn sogar dazu miß‐
brauchte, nachtheilige Nachrichten von seinen andern
Söhnen durch ihn einzuziehn: so konnte es wol nicht
an Bitterkeit und Haß gegen ihn fehlen. Dieser Haß
wurde bey ihnen, da sie so ganz ihrem eigenen Willen
überlassen waren, durch die vom Joseph in aller Ein‐
falt erzählten Träume, die ihm offenbar das Recht
der Erstgeburt zuzuschreiben schienen, und deren Ein‐
druck Jakob vergeblich zu mildern suchte, so stark an‐
gefeuert, daß er endlich in volle Flammen der Mör‐
derwuth ausbrach.

2 §.

Joseph mußte bey den Kindern der Bilha und
Silpa anlernen. Diese als halb ächte Söhne des
Jakobs waren für ihn weniger gefährlich. Es kann
seyn, wie Philo will, daß Jakob deswegen seine an‐
dern Söhne von Joseph entfernt hat, damit sie seine
Träume wieder aus der Acht lassen sollten. Vielleicht
waren auch nur diese Söhne der Mägde zu Sichem
gewesen, wo ihn der Vater eigentlich hinschickte.
Diese können von da den Söhnen der Lea nach Da‐
than nachgezogen seyn, und so wäre Joseph unvor‐
sichtiger Weise ohne Jakobs Wissen gerade allen sei‐
nen Brüdern in die Hände gerathen. Jedoch dies
sind Muthmassungen. Genug, bey seiner Ankunft
zu Dothan wurde der Mordanschlag gefaßt, und von
Ruben in guter Absicht gemildert, darauf aber, ohne
sein Wissen, auf des Juda Anstiften beschlossen, ihn
an eine eben vorbeyziehende Ismaelitische Caravane
zu verkaufen.

3 §.

Als ein Sklave des Potiphar kam er bald bey
seinem Herrn in großes Ansehn, so, daß er ihm alles
unter‐

unterwarf. Nur seine Tafel ließ er nicht von ihm besorgen, weil er ein Hebräer war, und die Egypter eine ganz andre Lebensart hatten, als diese. Eine Probe ausserordentlicher Tugend brachte ihn ins Gefängniß, vielleicht auch in Ketten, wie man aus Pf. 105, 18. beweisen will, wenn nicht ein Mißverstand des blos dichterischen Ausdrucks hiebey zum Grunde liegt. Auch im Gefängniß machte er sich bald beliebt. Und da ihm die Träume zweyer vornehmen Gefangenen, die ihre sonst gewohnten Ausleger und Weisen vermißten, Gelegenheit gaben, seine Chaldäische Weisheit zu zeigen, so bahnte er sich dadurch einen Weg, aus dem Gefängniß zu kommen, und sich zu Ehren zu bringen. Erst nach zwey Jahren, da ihm seine Hoffnung dazu schon fast verschwunden seyn mochte, gab ihm ein Traum des Pharao, die erwünschteste Gelegenheit. Er wurde auf eine feyerliche Art zum Großvezir über Egypten eingesetzt, und selbst durch seine Heirath mit einem vornehmen in Egypten damals herrschenden Stamm verbunden.

4 §.

Will man das Verhalten Josephs als Großvezir beurtheilen, so muß man nicht, wie Voltaire, die Denkungsart freyer Staaten, sondern, wie Leß, die Verdienste eines Premierministers bey einem Despoten zum Maaßstabe nehmen. Die Bemerkung, daß noch nie ein Minister seinem Regenten, wie es scheint, mit so gutem Willen der Unterthanen unumschränkte Macht verschaffet hat, erhöhet allerdings die billige Achtung seiner Verdienste. Uebrigens scheint es, als ob die ganze Unterhandlung des Pharao mit Joseph ohne Wissen der Egypter geschehen. Er wurde ihnen bloß als Großvezir vorgestellt, und die Träume des Pharao blieben für das Volk ein Geheimniß. Wie

hätte

hätte sonst der Vorschlag Josephs, alles Korn, wegen der bevorstehenden Theurung, aufzukaufen, erfüllt werden können? Würde nicht ein jeder das Seinige für die Zukunft an sich behalten haben? Erst, nachdem die Theurung schon eingebrochen war, ließ Pharao sein Vorhaben nach und nach dem Volke kund werden, da er sie an Joseph verwies. Cap. 41, 55. 47, 16—26.

5 §.

Will man sein Verhalten gegen seine Brüder richtig beurtheilen, so muß man sich gehörig in seine Lage zu versetzen wissen. Nach unserer verfeinerten Denkungsart würde man ihn billig darüber anklagen können, daß er nicht einmal während seines Glücksstandes in Egypten, wo nicht eher, seinem Vater Nachricht von seinem Leben geben lassen. Bey nicht so verfeinerten Empfindungen der Zärtlichkeit kann es sich anders verhalten. Auch Jakob lebte 20 Jahr in der Fremde, wie es scheint, ohne von den Seinigen Nachricht zu haben, so wie es überhaupt damals sehr umständlich seyn mußte, von einem Lande in das andre Boten zu schicken. Dem Joseph aber ahndete es überdem wol aus den Träumen seiner Jugend, und aus den Träumen des Pharao, daß sich ihm eine vorzüglich erwünschte Gelegenheit darbieten würde, sich gegen die Seinigen als einen Helfer beweisen zu können. Bey der Ankunft seiner Brüder wäre es Unvorsichtigkeit gewesen, wenn er sich ihnen gleich gänzlich entdeckt hätte. Da sie Benjamin nicht bey sich hatten, so schien es, als ob Jakob ihnen diesen seinen jüngsten Sohn nicht habe anvertrauen wollen; und dieser Verdacht wurde durch ihre Reden noch mehr bestätiget. Durch die Zurückbehaltung des Simeons, als Geissel, da er die andern Brüder nach

Hause

Hause sandte, um den Benjamin zu holen, scheint es, wollte er Jakob versichern, daß seine Söhne gegen Benjamin nichts widriges würden unternehmen können, indem sie wußten, daß sie ohne ihn gar nicht vorgelassen werden sollten. Auch war wol die Zurückgabe des Geldes ein Beweis, daß ihnen dort nichts Böses widerfahren würde. Vielleicht konnte Joseph erwarten, daß sich beym Jakob eine Vorempfindung von der nun baldigen Erfüllung der Träume seiner Jugend erzeugen würde. Er konnte wissen, daß sie der Vater in Andenken behalten wollte, und es scheint ihm dabey unbekannt gewesen zu seyn, daß ihn dieser für todt gehalten. Hatte Joseph bey der liebreichen Behandlung und Bewirthung seiner Brüder erfahren, wie der Vater sehr viel ängstliche Besorgniße geäussert, als er ihnen den Benjamin mitgeben müssen; so war es der Klugheit gemäß, erst ihre Gesinnung gegen diesen ihren Bruder auf die Probe zu stellen. Bey der ganzen Geschichte sieht man, wie sich in dem Herzen Josephs Leidenschaften durchkreuzen. Ein verdienstvoller Schriftsteller drückt sich darüber so aus: „Joseph zeigt ein weiches, empfindsames Herz. Ein „solches behält die Eindrücke von angethanem Unrecht „zurück. Zu vergelten pflegt es immer, doch nicht „mit Grausamkeit. Er hätte dem alten Jakob die „Sorge über den Verlust Benjamins ersparen sollen." Ich setze hinzu: Er würde es vermuthlich auch gethan haben, wenn er sich vorgestellt hätte, daß man sein Verhalten mißverstehen und so auslegen würde.

5 §.

Die im 38sten Capitel in Josephs Lebensbeschreibung eingeschaltete Geschichte von Juda, enthält eine recht authentische Beschreibung damaliger Sitten. Aus der ganz ohne Zeitbestimmung entworfenen

nen Erzählung ergiebt sich, daß es eine Einschaltung ist. Juda mußte, wie jeder Emir, unumschränkter Herr seiner Horde seyn, da er über die Thamar ein Todesurtheil zu sprechen wagte.

Zur Uebersicht des Ganzen.

1 §.

Da alle Ausleger des ersten Buchs Mose bemerkt haben, und bemerken müssen, daß die darin erzählte Geschichte bey der Berufung Abrahams einen ganz andern Gang nimmt: so muß auch mir erlaubt seyn, die Geschichte der Patriarchen als einen besondern Theil dieses Buches zu behandeln. Jedem aufmerksamen Leser muß einleuchten, daß die darinn enthaltenen einzelnen Erzählungen zum Theil in merklich verschiedener Schreibart, ja sogar nach einem ganz verschiedenen Geiste der Erzählung abgefaßt sind [3]). Auch ist es auffallend, daß die Patriarchengeschichte durch die Cap. 25, 19. und Cap. 37, 2. enthaltene Inschriften in drey Sammlungen zerfällt, und bey jeder derselben scheint ein besonderer Schluß und Anhang hinzugefügt zu seyn. Man sehe bey Abrahams Geschichte Cap. 25, 1—18, bey Isaaks Geschichte Cap. 36, 1—37. und bey Jakobs Geschichte Cap. 50, 22—26.

2 §.

---

[3]) Wer sich dieses noch mehr anschaulich zu machen Lust hätte, dem gäbe ich den Rath, mit Beyseitlegung aller Uebersetzungen, diese Geschichte in irgend eine beliebige Sprache zu übertragen. Dies ist unstreitig der Weg zur größern Aufmerksamkeit auf alle Kleinigkeiten der Schreibart. Ich fordere meine Leser hier nochmals auf, das zu beherzigen, was ich bey S. 6. der Einleitung angemerkt habe.

2 §.

Die Geschichte Abrahams zeigt uns das Entstehen und den ersten Wachsthum eines neuen Nomadischen Stats. Abraham, voll Einsicht, Geisteskraft und Edelmuth, war recht dazu gemacht, der Stifter eines sich nach und nach erhebenden, durch Hindernisse empor arbeitenden, und so recht dauerhaften Stats zu werden. Er wußte sein Volk, mit welchem er in einem noch wenig bewohnten Lande umherzog, durch Einführung neuer Gottesdienste, durch Einweihung verschiedener Opferstäten, durch weit aussehende, viel versprechende Orakel, durch ganz uneigennütziges Betragen, durch selbst bewiesene Nachgiebigkeit und strengen Gehorsam, gegen die auf ihn sich beziehenden zweckmäßigen Orakel, durch sorgfältige Erhaltung der einfachen Lebensart, durch Einführung solcher Gebräuche, welche die Seinigen von andern abgesondert erhielten, weiter zu leiten, und ihnen dadurch vorzügliche Achtung gegen sich selbst, große Liebe gegen ihr Land, und, zwar unbestimmte, aber überaus schmeichelhafte, selbst durch Gefahren sich verstärkende Hoffnungen auf die Zukunft einzuflößen. Die ganze Anlage der Cap. 12—24, enthaltenen, auf alle Fälle sicher von ihm und aus seinen Zeiten herrührenden uns überlieferten Erzählungen ist meisterhaft und edel. Die einzelnen Erzählungen sind augenscheinlich in verschiedener Schreibart, und, zum Theil, als für sich bestehend abgefaßt. In ihrer Sammlung aber sind sie so nach Zeitbestimmungen und absichtlichen Beziehungen auf einander geordnet, daß man wol nicht ableugnen wird, sie als ein zweckmäßiges Ganze ansehn zu müssen.

3 §.

Die Geschichte Isaaks, Cap. 25, 19. bis Cap. 37, 1. enthält die Begebenheiten, die sich von der

X Ueber-

Uebergabe der Herrschaft des Abrahams an den Isaak, bis zum Abtritt derselben an den Jakob zugetragen haben. Es werden hier bloß solche Dinge erzählt, die auf den Jakob Beziehung hatten, oder doch ihm leicht bekannt seyn konnten. Bey den im 26sten Capitel eingeschalteten Geschichten des Isaaks selbst fehlt es an allen Zeitbestimmungen und genauern Umständen, so daß leicht zugestanden werden wird, daß alle diese Erzählungen von Jakob herrühren. In der Anlage der Erzählung von Jakobs eignen Begebenheiten, leuchtet allenthalben eine gewisse, seinem Character angemessene Kleinmeisterey hervor. Seine Begebenheiten sollten nun einmal den Anstrich des Wunderbaren haben, es mochte auch herkommen, wo es wollte. Bey seinen Träumen, bey seinen Ränken, und bey seinem furchtsamen, schleichenden Verhalten bringt er allenthalben Jehova ins Spiel. Es findet sich Cap. 35, 23—37, 1. ein nach Cap. 25, 1—18. geformter Schluß und Anhang, der aus späterer Zeit herkommen muß.

4 §.

Die Geschichte Jakobs, Cap. 37, 2—49. enthält eine Erzählung der, während der Herrschaft Jakobs vorgefallenen Begebenheiten Josephs und seiner Brüder, so wie sie sich etwa von Joseph selbst und sonst von keinem andern erwarten ließ, nach edler und geistvoller Anlage in einer schönen, fast möchte ich sagen, üppigen Sprache. Bey der Cap. 38. enthaltenen Einschaltung, fehlen alle Zeitbestimmungen und nähere Umstände. Alles scheint hier nur dahin abzuzwecken, die von dem sterbenden Jakob bekannt gemachten Orakel ins Licht zu setzen, um sie so der Nachkommenschaft zur Ermunterung und Ermannung ihres künftigen Statsystems aufzubewahren.

5 §.

§. 5.

Daß nicht erst Mose oder gar ein späterer Schriftsteller der Verfasser dieser Urkunden gewesen seyn kann, erhellet ausser dem, was ich bisher darüber bemerkt habe, offenbar aus den so deutlichen Spuren der zur Zeit ihrer Abfassung noch herrschenden Vielgöttern. Hätte Mose die Geschichte seiner Vorfahren seinem Volke zu erzählen unternommen, oder auch nur gewagt, die vorhandenen alten Erzählungen nach seinem Sinn umzuändern: so hätte er nothwendig, seinem System gemäß, alle solche Spuren austilgen müssen 4). Er ging damit um, sein Volk zur Verehrung eines Einzigen Gottes hinzuleiten, 5 Mose 6, 4. Sein ganzes Volk aber war und blieb bey seinem Leben immer geneigt, noch mehrere Götter anzunehmen, nicht weil sie solche, wie man insgemein glaubt, bloß erst in Egypten kennen gelernt, sondern unstreitig, weil sie dieselben längst schon auch von ihren Vätern her hatten. Man vergleiche nur, wie Mose in dieser Rücksicht, gleich bey der Unternehmung, sein Volk auszuführen, von den gewöhnlichen Vorstellungen seiner Zeitgenossen zwar ausgeht, aber auch sogleich zu seinem Ziele einlenkt, 2 Mose 3, und Cap. 6, 3. Schon Josua bemerkte (Cap. 24, 2.), daß die Vorfahren Abrahams mehrere, zu seiner Zeit schon fremde gewordene Götter verehrt hätten. Man lese

---

4) Ich kann mich hier nicht enthalten, einer Jüdischen Fabel zu erwähnen, die Menasseh, Ben-Israel und Joseph Albo erzählen, und die in dem Buche Bereschit Rabba aufgezeichnet ist. Als Mose auf göttlichen Befehl sein Buch schrieb, und ihm die Worte: „Lasset uns Menschen machen," eingegeben wurden: so rief er: O Gott! willst du denn so die Menschen in Irrthum stürzen, und machen, daß sie deine Einheit in Zweifel ziehn? Hierauf gab ihm Gott die Antwort: Ich befehle dir zu schreiben, und wenn sich jemand betrügen will; so mag er sich immerhin betrügen.

in dieser Absicht die Kosmogenie der Hebräer, sonderlich Cap. 1, 26. 3, 22. und vergleiche damit die Ueberbleibsel der alten Theogenien, so wie wir sie bey den Indianern, Phöniciern, Egyptern, Griechen, und andern Völkern finden. Man lese die Sundfluthsgeschichte Cap. 6—9, und vergleiche damit, um sich den Unterschied von Elohim und Jehova noch merkbarer zu machen, die Erzählung vom Xisutheus, so wie sie uns aus dem Berosus aufbehalten ist. Abraham selbst überließ sich zwar, von seinem Ausgang aus Ur an, hauptsächlich und endlich ganz dem Dienst des Jehova, allein er wurde doch auch vom Melchisedech dem starken Gotte El Eljon Cap. 14, 18. 19. 20. (den die Syrer sonst Baal nannten) geweihet. Nach Cap. 17. erschien ihm Jehova, als der El Schaddai, der ihn ganz zu dem seinigen bestimmte, und sich ihm und den Seinigen zum Erbgott anbot. So verehrte er ihn als den El Olam. Dem Abraham erschien nach Cap. 16. ein Abgeordneter Jehovens, der auch selbst Jehova genannt wird, nebst seinen zwey Boten. Während seiner Unterredung mit ihm, schickte er diese vor sich her, um Sodom zu zerstören, und Lot zu erretten. Er selbst kündigte hernach v. 17. dem Lot sein ihm gefallenes Loos an, und ließ über Sodom das Urtheil vollziehn. Elohim half dem Abraham oft, insonderheit beym Abimelech. Isaak verehrte den Gott seiner Väter, der ihm zu Bethel unerwartet erschien, hernach auch in einem fremden Lande. Er verehrte ihn als den Gott Bethels, als den Hüter von Gilead, als den Schiedsrichter zwischen ihm und den Syrern, als den Gott Israels, als den Starken, der mit ihm kämpfte, und ihn gegen Esau beschützte (El Elohe Jisrael), als den El Schaddai, Cap, 35, 11. Kurz man verehrte die Gottheit, El, Elohim und selbst den Jehova als den Gott der Orakel,

kel, nach verschiedenen Verhältnissen und Localumständen. Nur Joseph scheint hier mehr berichtigte Begriffe gehabt, und sich nicht so nach Localumständen gerichtet zu haben.

6 §.

Ich kann mich hier nicht darauf einlassen, die oben angeführten Stellen 2 Mos. 3, und Cap. 6, 3. umständlich zu erklären. Ich sage nur ganz kurz meine Meinung darüber. Mose fragt den, der ihm ein Orakel giebt, nach seinem Namen. Er erhält zur Antwort: Ich bin auch künftig der, der ich euren Vätern war (der Unveränderliche). Man vergleiche Hezels lesenswerthe Anmerkungen zu 2 Mos. 3, 14. und zu Cap. 33, 19. Dies war eine also durch Mosen neu aufgekommene Erklärung des Namens Jehova. Daher heißt es 2 M. 6, 3. Ich bin zwar euren Vätern erschienen als El Schabbai, aber meinen Namen Jehova verstanden sie noch nicht, — so nämlich noch nicht, wie er durch Mosen erklärt wurde. — Nun offenbarte er sich ihnen als ein unveränderlicher, nicht unter mancherley und verschiedenen Formen sich zeigender Gott. Die Bücher Mose zeigen genugsam, wie schwer es dem Mose gemacht wurde, mit dieser Neologie endlich durchzubringen. Man erinnere sich hier an die spätere Fabel von dem Geheimnisse des Namens Jehova, dadurch Mose seine Wunder vollbracht haben soll.

7 §.

Wenn ich bisher wahrscheinlich zu machen gesucht habe, daß die im ersten Buch Mose enthaltenen Urgeschichten sehr alt sind, und nicht erst vom Mose ihre Form und Einkleidung erhalten haben können; so lasse ich doch dabey unerörtert, ob diese Urkunden und

Erzählungen bereits schriftlich von den Vorfahren des Jüdischen Volks aufbewahret worden, oder bloß mündlich. Das letztere würde denen sehr sonderbar vorkommen, welche alles nach der unter uns gegenwärtig vorhandenen Lage der Dinge zu beurtheilen gewohnt sind. Und doch ist es offenbar, daß man bey den alten Völkern, welche die Schreibkunst noch nicht in Gebrauch hatten, die weitläuftigsten Bücher, daß ich mich so ausdrücke, bloß dem Gedächtniß anvertrauete, welches natürlich da, wo man noch keine weitere Aufbewahrungsmittel kennt, unbefangener und stärker seyn muß. Man denke nur an die Lieder der Barden (mit welchen sich doch wol in dieser Absicht die ältesten Urkunden Cap. 1—11. vergleichen liessen), und, wenn man will, an den Ossian, an den Zendavesta, an die Edda u. s. w. Auch Woods Versuch über den Homer verdient hier verglichen zu werden.

8 §.

Niemand wird dabey leugnen können, daß in diesen alten Documenten der Israeliten auch Spuren einer spätern Hand anzutreffen sind. Als man hierauf vom Spinosa, und andern zuerst aufmerksam gemacht wurde, wähnte man, daraus das spätere Entstehen dieser Bücher beweisen zu können. Jetzt, da man in einer gesunden Kritik weiter gekommen ist, sieht man eben diese Einschiebsel mit Recht als einen Beweis ihres ächten Alterthums an 5). Keine von den classischen Schriften des Alterthums ist davon frey geblieben. Man kannte auch bey den Alten die gewissenhafte Genauigkeit nicht, da wir uns jetzt nicht getrauen, in alten Documenten etwas zu ändern, und lieber durch eine am Rande beygeschriebene Anmerkung eine Erläuterung hinzu fügen. Beweisen nicht
die

---

5) Man vergleiche Eichhorns Einl. ins A. T.

die später in diesen Aufsätzen hinzu gefügten Namen, daß die Erzählungen älter seyn müssen, als diese? Kein unbefangener Leser wird sich also davon überreden lassen wollen, daß man nach solchen Beysätzen das Alter der Erzählungen selbst bestimmen könne. Man sehe und vergleiche diese eingeschalteten Anmerkungen selbst. Es finden sich

1) Neuere beygeschriebene Namen, sonderlich Cap. 14, 28, 19. Vielleicht finden sich auch einige veränderte Namen, doch hier fehlt mir wenigstens noch der Beweis.

2) Fingerzeige aus der Vorwelt auf die nachmalige Zeit, zum Beyspiel Cap. 19, 37. 38. 22, 14. 26, 33. 32, 33. 35, 20.

3) Spätere Fortsetzungen der Geschlechtsfolgen; Cap. 36, vielleicht auch Cap. 46.

4) Die oben in der Uebersetzung ausgezeichneten Titel, Inschriften und Anhänge der einzelnen Stücke.

9 §.

Ich mache hier nur noch einige freymüthige Anmerkungen.

Enthält wol das Namenregister Cap. 46. wirklich nur solche, die mit Jakob zugleich nach Egypten gezogen sind? Die v. 12. genannten Söhne Ger und Onan waren zwar ohne eigenthümliche Kinder verstorben. Sorgte man aber dafür, die ihnen zugegebenen Sklaven doch als ihre Familien zu erhalten, bis etwa in der Zukunft andre aus der Verwandschaft als ihre Familienhäupter eingestellt werden konnten: so durften billig auch diese Verstorbenen in der Reihe mitgezählt werden. Vergl. 1 Chron. 2, 4. Können nicht also Hezron und Hanuel zwar später geboren, aber dabey solche seyn, deren Erbfamilien schon im Voraus da waren.

10 §.

Es ist mir unbegreiflich, warum man bisher so grabehin wieder alle Geschichte anzunehmen gewohnt ist, daß alle vom Mose ausgeführten Israeliten wirklich durch die Geburt von den siebzig Köpfen abstammen. Es mußten ja alle Sklaven, auch sogar die erkauften, beschnitten werden. Und gehörten denn nicht offenbar alle solche, wenn sie beschnitten waren, mit zum Volke? (Cap. 17, 12. vergl. mit v. 14.) Wird nicht 2 Mose 1, 5. ausdrücklich gesagt, daß die siebzig bloß leibliche Kinder Jakobs gewesen? Man vergleiche 1 Mose 45, 18. 2 Mose 12, 38. Es gab nach 4 Mos. 3, 43 nur, die Kinder mitgerechnet, 22, 273 Erstzeborne, oder Proceres, gegen 603,550 erwachsene Mannspersonen. Vergeblich sucht Michaelis dies auffallende Verhältniß aus der Vielweiberey zu erklären. Wer wird glauben, daß auf jeden Verehlichten etwa 42 Söhne gerechnet werden könnten? —

11 §.

Sollte wol das Orakel, Cap. 16, 13. von 400 Jahren, so völlig genau eingetroffen seyn? Mose hat sich doch nie darauf berufen, daß es beym Auszuge aus Egypten schon die Zeit gerade mit sich brächte, wieder nach Kanaan zu gehen. Es ist sonderbar, daß die Ausleger sich darin einverstanden haben, daß die genannten Jahre zutreffen sollen, und doch gar nicht einig werden können, wo sie angehn.

12 §.

Es gibt unter allen Völkern so mancherley Vorherverkündigungen. Nur in wieferne sie zutreffen, können wir sie göttlich nennen. Der menschliche Verstand

stand begnügt sich nie damit, nur das gegenwärtige und vergangne zu kennen. Er strebt darnach, auch die Zukunft zu erforschen. Oft läßt er seiner Einbildungskraft freyen Lauf, und sucht sich die dunkeln Bilder der Zukunft zu enthüllen. Oft bildet er sich ein, zuweilen glückt es ihm wirklich — das lehrt die Geschichte aller Jahrhunderte 6) — Blicke in die Zukunft zu thun. Sich selbst unbewußt, woher solche Vorstellungen in die Seele bringen, schreibt man sie dem Einfluß und der Eingebung eines höhern Wesens zu. Natürlicher Weise eröffnen sich solche Blicke am ersten, wenn sich die Kräfte der Seele, den anderweitigen Eindrücken der Sinne entrückt, bey stockender Ueberlegungskraft, in einer Art von Ueberspannung befinden. Die feyerlichen Auftritte des Lebens, die Geburt eines Kindes, die Stunde des Todes 7) der feyerliche Abschied eines sterbenden Vaters, jede Art des Enthusiasmus, und was sonst Paroxysmen zu erregen

---

6) Cicero sagt im 2ten Cap. seines 1sten Buchs von den Weissagungen: Ich sehe kein noch so gebildetes und gelehrtes, oder kein noch so wildes und rohes Volk, das nicht glauben sollte: das Zukünftige könne vorbedeutet, und von einigen erkannt und vorhergesagt werden.

7) Der sterbende Patroklus weissagt beym Homer (Ilias XVI, 852.) das Schicksal des Hektors, und dieser sagt sterbend den Tod des Achilles zuvor (XXII, 358.). Sokrates sagt kurz vor seinem Ende (Platon. Apologia Socratis Oper. VI. Seite 39. nach Serrani Ausgabe): Nun möchte ich euch prophezeyen, was euch bevorsteht, die ihr mich zum Tode verurtheilt. Ich bin nun auch da, wo die mehresten Menschen weissagen, wenn sie ihrem Tode nahe sind. Xenophon läßt den sterbenden Cyrus sagen (Xenoph. Cyropaed. C. VIII. p. 140. nach Stephani Ausgabe): Die Seele des Menschen erscheint in der Stunde des Todes am göttlichsten, und sieht die Zukunft vorher. Diodor von Sicilien führt hierüber (lib. XVIII. T. II. p. 586.) große Zeugnisse an: Pythagoras der Samier, spricht er, und andre alte Naturkundige beweisen, daß die Seelen der Menschen unsterblich sind. Dieser Lehre gemäß sehen sie auch im Zeitpunct ihrer Vollendung, wenn sie sich von ihren Körpern scheiden, die Zukunft voraus. Beym Sextus Empiricus (Adv. Mathemat. pag. 222.) heißt es: Die Seele, sagt Aristoteles, wittert und überschaut die Zukunft, indem sie beym Tode den Körper verläßt. Diese und noch einige andre Zeugnisse sam-

gen im Stande ist, kann hierzu leiten. Was Wunder, wenn sich daher die Alten der Musik, der berauschenden, einen Taumel hervorbringenden, und anderer sonst sogenannten Zaubermittel bedienten? Wer kennt nicht die Wirkungen der Phantasie, die sie bey Träumenden, Berauschten, Fieberkranken, Wahnsinnigen und bey einem beschaulichen Leben hervorbringt. Es ist begreiflich, daß nur der rohe Zustand eines Volks den Geist der Weissagung nährt. Je mehr sich Cultur und Wissenschaft ausbreitet, um desto mehr wird die Gabe der Prophetie verscheucht; wo sie nicht Enthusiasmus oder empfindelnde Schwäche wieder anfrischt. Viele sehen die Kraft zu weissagen als eine natürliche Kraft der Seele an 8). Da wir aber nur das natürlich zu nennen pflegen, was wir aus den uns bekannten Naturgesetzen erklären können, so ist es dem Sprachgebrauch mehr gemäß, hier das Wort übernatürlich zu gebrauchen. War es sonst eine Sache des Staats, die Mysterien zu verwalten, und das Volk durch Orakel und Prodigien zu leiten; so war es Rebellion, hierin Eingriffe zu thun. Ist uns nun unter göttlicher Leitung, durch das Blut so vieler Unschuldigen, die Geistesfreyheit erkauft; so sollte auch Einsicht, Menschenliebe und Gottesfurcht uns ungehindert leiten! — Ich schliesse mit den Worten Pauli: Ist Gott allein der Juden Gott? Ist er nicht auch der Heiden Gott? Ja freylich auch der Heiden Gott! — der der rechte Vater ist, über alles, was da Kinder heißt, im Himmel und auf Erden.

sammelte Thomas Newton in seinen Abhandlungen über die Weissagungen, welche merkwürdig erfüllt sind

8) Lilienthal nennt (in der guten Sache der göttl. Offenb. Seite 362. des 1sten Theils) den Plato, Aristoteles, Ammianus, Marcellinus, Maximus, Tyrius, Ammanius Siccas, Cicero, Averroes, Maimonides, Spinoza, Tindal, Pierre Petit u. s. w. Plato sagt: Es ist eben so schwer, das Vergangene im Gedächtniß zu behalten, als das Künstige vorher zu wissen.

Anhang

Anhang
zur
Erläuterung
der
alten Zeitrechnung.

Non semper ea sunt, quae videntur, decipit
Frons prima multos; rara mens intelligit,
Quod interiore condidit cura angulo.

Phaedrus in Prolog. ad l. IV.

Ueber die verschiedenen Systeme der Zeitrechner.

1 §.

Lange hat man darüber geklagt, daß in der alten Zeitrechnung alles schwankend und ungewiß wäre; und wiewol die Geschichtschreiber, Bibelerklärer und Mathematiker sich seit langen Zeiten viel und unbeschreibliche Mühe gaben, ein Lehrgebäude aufzuführen, und wider die Angriffe ihrer Gegner zu vertheidigen: so schien ihnen doch ihr Vorhaben so wenig zu gelingen; daß man fast jeden Bearbeiter alter Geschichte hier auf einem besondern und von ihm selbst gebahnten Wege antrift. Man vergleiche die vom Strauch (in brev. chronol.), Fabricius 1) und in der allgemeinen Welthistorie angeführten Lehrmeinungen vom Alter der Welt, und denke auch an die von Jahr zu Jahr herausgegebenen, neueren Systeme der Zeitrechnung, da immer eins die Gründe des andern niederzureissen sucht.

2 §.

Jetziger Zeit glauben viele, vorzüglich durch die Bemühungen eines Frank, dessen Novum Systema Chronologiae fundamentalis in cyclo iobeleo biblico detectae im Jahr 1778. zu Göttingen erschien, aus dieser schwankenden Ungewißheit gerettet zu seyn. Das große Lob, womit es Gatterer, der größte Geschichtskundige unsrer Zeit, theils im voraus ankündigte, theils

---

1) Er führt in Bibliogr. antiq. c. 7. p. 18. mehr als 140 verschiedene Meinungen an.

theils bey seiner Herausgabe begleitete, und der aus:
nehmende Beyfall, mit welchem es Karsten, dessen
Urtheil bey mathematischen Gegenständen fast anstatt
einer Entscheidung gelten kann, in die Anfangsgründe
der Chronologie einführte, könnte allein schon, wenig:
stens unter uns Deutschen — wenn wir uns anders,
wie wol sonst, durch das Gewicht der Vorurtheile
fortziehen liessen — eine solche Sensation erregen,
daß man diese Lehrmeinungen geradehin als das non
plus ultra der Zeitrechnung ansehen dürfte.

3 §.

Ich werde nicht nöthig haben, hier von der Ein:
richtung dieses Systems zu reden. Das Frankische
Werk verdient zu sehr von jedem Liebhaber der Zeit:
rechnung studirt zu werden, ich darf überdas meine
Leser auf den so allgemein beliebten Karstenschen
Auszug aus den Anfangsgründen der mathemati:
schen Wissenschaften verweisen, und so kann ich
thun, als ob die Paragraphen 55—72. aus den An:
fangsgründen der Chronologie hier abgedruckt wären.

4 §.

Jedes durchdachte, und nun einmal in Ordnung
gebrachte Zeitsystem führt eben durch seine angenom:
mene entscheidende Gewisheit für den Historiker eine
große Behaglichkeit bey sich. So ließ sich selbst Gat:
terer in seinen ältern Schriften mit dem Petavischen
System begnügen, wenn es gleich, nach seinem Aus:
druck, manche Schwierigkeiten nicht sowol aufzulösen,
als vielmehr zu zerhauen schien. Das Frankische
System hat vor diesem und allen andern noch beträcht:
liche Vorzüge, und für den Historiker und Theologen
ungemein viel Anziehendes.

1) Es

1) Es geht von einem Standtpuncte aus, welchen man mit Annehmung des Systems zugleich für unumstöslich erklärt. Das nach diesem System aufgefundene Schöpfungsjahr ist das erste im Sonnen= im Mond= im Sabbath= im Jobel= und im großen Egyptischen Cykel. Der erste Schöpfungstag ist ein Sonntag. — Es ist der 23ste September des 533sten Jahres der bekannten Julianischen Periode — Auf ihn fällt die Herbstnachtgleiche, und auf den vierten Tag, da nach 1 Mos. 1, 14—19. der Mond zum Vorschein gekommen, der Neumond ein.

2) Es folgt dies System blos den Zahlen des hebräischen Textes.

3) Es lassen sich die alten Zeitangaben vorzüglich leicht nach demselben ordnen.

4) Es finden sich mehrere, aus dem Jobel=Cykel entstehende Perioden durch merkwürdige Weltbegebenheiten so auffallend ausgezeichnet, daß diese Rechnungsart dadurch das Gepräge der Göttlichkeit bey sich zu führen scheint. Selbst Karsten sagt §. 69. that dies ein blindes Ohngefehr?

Wie leicht winkt der Theologe dem frohen Beyfall zu, der ihn einer mühsamen Kritik überhebt, und ihm Gelegenheit giebt, die ganz unverletzte Aufbewahrung und fehlerfreye Richtigkeit seiner heiligen Schriften zu behaupten, und sie gegen das vielstimmige Hohngelächter ihrer Feinde durch einen vermeintlich gegründeten Machtspruch zu vertheidigen. Nur selten findet sich einer, der Muße genug hat, dieses Feld zu bearbeiten, und dem das Studium der Naturlehre, der Mathematik, der Schrifterklärung und der Geschichtskunde gleich wichtig ist.

5 §.

5 §.

Jeder verständige Leser des vorhin gerühmten Werkes, wird den überaus großen Fleiß des Verfassers bewundern, und sich darüber freuen, wie er mit männlicher, und wahrhaftig deutscher Besonnenheit und Freymüthigkeit seine Lehrmeinungen vorträgt. Er benutzt das Gute, und zu seiner Absicht Gehörige seiner Vorgänger, ohne sie in ihrer sonstigen Blöße aufzudecken, und ohne mit Belesenheit zu prahlen. Gern wird man ihm folgen, wenn er die Mosaische Zeitrechnungsart mit vieler Geschicklichkeit entwickelt, und es zeigt, wie Mose bey seinem Volke durch Einführung des Jobeljahres, oder der Einschaltungs=Methode, eine solche Veranstaltung getroffen habe, dadurch sie die Berechnung ihres Calenders und die Feyer ihrer Feste beständig in guter Ordnung erhalten konnten. Mit vielem Fleiße hat der Verfasser dafür gesorgt, daß diese vom Mose eingeführte, und von ihm wieder aufgefundene Epacten=Methode jedem künftigen Bearbeiter der Zeitrechnung recht nutzbar werden möchte. In der That, man muß es billig mit Dank erkennen, daß durch die hier gelieferten und mit Mühe ausgearbeiteten Tafeln, und aufgefundenen Rechnungsmethoden, der Weg überaus erleichtert wird, alle Jahre und Tage der Vorwelt, so wie vorzüglich der Neumonde zu berechnen 2). Uebrigens läßt es sich der Verfasser sehr angelegen

---

2) Im 64sten Paragraphen des Frankischen Werks finden sich die bisher berechneten Finsternisse gesammelt. Ich wünschte wol, daß sich jemand zu deren Berichtigung der Lambertischen Ecliptischen Tafel, Berlin 1765. und der von eben diesem Gelehrten in seinen Beyträgen zur Mathematik, Th. 2. Berlin 1770. herausgegebnen Mayerschen Mondstafeln bedienen möchte. Es müßte diese zwar mühsame Beschäftigung gewiß viel zur Aufklärung der alten Zeitrechnung und Geschichte beytragen.

gelegen seyn, umständlich zu zeigen, wie sich die gesammten Angaben der biblischen Geschichte, so wie die Ueberbleibsel der Zeitrechnung bey den alten Völkern ohne viele Gewaltthätigkeit 3) in die angenommene Form hereinbringen lassen. Jeder unbefangene Leser, welcher der Sachen kundig ist, wird das viele Gute, welches er hier gesammelt findet, zu schätzen, und mit Dankbarkeit zu nutzen wissen.

6 §.

Man wird es dem Verfasser zu gute halten, wenn er sich nach S. 2. §. 2. durch Vorliebe gegen sein System verleiten läßt, die Zahl Sieben für die vollkommenste zu halten. Eben so ist es seinem edlen und recht gutgemeinten Vorhaben, die Göttlichkeit der heil. Schrift zu vertheidigen, allein beyzumessen, wenn er behauptet: daß nur die Gottheit unmittelbar solche Zeitrechnung habe angeben können, indem sie allein Macht habe, die Weltbegebenheiten, von der Schöpfung an, darnach zu ordnen. Bey den Vorfällen, die sich erst nach Mose zugetragen haben, wäre dis nun wol der Fall nicht. Konnte nicht z. B. die Erbauung des Tempels vom Salomo, oder die Reformation vom Assa, absichtlich bis auf ein Jobeljahr verschoben seyn? Was die ältern Weltbegebenheiten anbetrift, so wäre es wol noch erst die Frage: ob die Weltbegebenheiten wirklich nach solchen Zeitläufen geordnet, oder ob die alten Zeitangaben zu solcher

Rech-

---

3) Gewaltthätigkeit ist es denn doch, wenn z. B. das Geburtsjahr Abrahams 60 Jahr zu spät, wenn der Anfang der wohlfeilen Zeit sieben Jahr erst nach Josephs Erhöhung angesetzt wird u. dergl. Doch freylich diese und noch größere Gewaltthätigkeit ist man schon längst aus andern Systemen gewohnt, und findet sie daher nicht einmal mehr auffallend. —

Rechnungsart angelegt wären 4)? Wer sich aber nach den wenigen noch vorhandnen Spuren von der alten Egyptischen Weisheit richtige Begriffe zu machen weiß, der könnte hieben wol auf den Gedanken gerathen, daß eben diese die Quelle der Mosaischen Veranstaltung gewesen 5). Wenn die Mosaische Jobelperiode mit den gewöhnlichen Sonnen- und Monds-Cykeln, ja auch mit der Egyptischen Canicularperiode zusammentrift; sollte man dies nicht als eine Spur aufnehmen, daß wir sowohl als Mose bey Anlage unsrer astronomischen Tafeln aus der Egyptischen Schule, oder vielleicht mit dieser aus einer noch ältern gelernt hätten?

7 §.

Es gehört in der That ein starker Glaube dazu, wenn man annehmen soll, daß in den alten Urkunden bey aller Verschiedenheit in den Lesearten, bey aller Ungewißheit der einzelnen Zeitpunkte, z. B. des Jahres der Geburt Abrahams, des Ausgangs der Israeliten

4) Es hat man schon längst in der politischen Rechenkunst die gegründete Bemerkung gemacht, daß sonderlich unter den alten Leuten, immer vorzüglich viele in den Jahren sterben, die man mit runden Zahlen schreibt; nicht weil wirklich die Jahre 80. 85. 90. 100. u. dergl. eine größere Sterblichkeit bey sich führten, sondern weil es die alten Leute nicht so ganz genau mehr wissen, wie alt sie sind, und folglich ihre Lebensjahre nur so ungefehr bestimmt werden können.

5) Ohne mich auf die Nachricht von dem Ringe des Osimandyas, der 365 Ellen im Umfang hatte, zu berufen, verweise ich meinen Leser auf die lesenswerthe Erläuterung einer Nachricht des Apions, von Mosis Geschicklichkeit in Wissenschaften, welche sich in Beers Abhandlungen zur Erläuterung der alten Zeitrechnung und Geschichte, Leipzig 1752. 8. im 1sten Th. S. 243—263. findet. Auch verdient die darinn befindliche erste Abhandlung gegen den Desvignoles, sonderlich S. 75—79. S. 57—64. hier verglichen zu werden.

liten aus Egypten, des Regierungsantritts der Richter und der Könige, der Geburt Christi u. s. w. bey aller Vieldeutigkeit der prophetischen, sonderlich der Danielischen Zeitangaben in den siebzig Wochen und dergleichen, endlich bey der noch ungewissen Berechnung der Jobelperiode selbst 6), dennoch das ganze Weltalter vom ersten Schöpfungstage an — da doch noch nicht einmal Menschen, geschweige Rechenmeister und Astronomen vorhanden waren — so künstlich und genau durch Zeitangaben bestimmt sey, daß bey Berechnung desselben, auch nicht um einen einzigen Tag zu viel oder zu wenig gefehlt werden könne. Credat, qui credere solet, adpella!

8 §.

Soll ich hier nun über dieses Frankische System der Zeitrechnung mein Urtheil, und zugleich das Resultat aller meiner bisher angestellten Untersuchungen mit Freymüthigkeit vortragen; so sey es mir erlaubt, zuvor einmal das kleinere mit dem größeren zu vergleichen.

Kepler hatte lange schon aus mancherley Beobachtungen Gründe gehabt, die elliptische Laufbahn der Himmelskörper zu behaupten, allein ihn hielt die Vorstellung davon zurück, daß der Cirkel unter allen kreisförmigen Figuren die allervollkommenste wäre, und daß Gott sicher zur Bewegung der Himmelskörper die allervollkommenste Bahn gewählt haben müsse. Erst nach und nach konnte er mit sich selbst einig werden, blos auf die Stimme der Natur zu hören, und jene

---

6) Es verdient hier verglichen zu werden, was Silberschlag in seiner Chronologie der Welt, berichtiget durch die heilige Schrift, Berlin 1783. S. 4. u. s. w. sagt, um die von Scaliger, Calvisius, Helwig, Spanheim, Petav und Frank behauptete Meinung zu widerlegen, daß man die Jobelperiode nur 49 Jahr lang rechnen solle.

jene Grille von der allervollkommensten, Gott allein anständigen Bewegung der Planeten in Cirkelkreisen zu verwerfen. Was sollte uns abhalten, diesem würdigen Beyspiele zu folgen? Möchte es uns auch scheinen, als ob es Gott anständiger wäre, die großen Begebenheiten der Welt und ihre Zeitläufe nach runden Zahlen zu ordnen, und auch uns — um von der Göttlichkeit seiner Weisheit überzeugt zu werden — gleichsam in seine Charte hineinschauen zu lassen; so achten wir doch billig nicht weiter auf eine solche vorgefaßte Meinung, so bald uns die Stimme der Natur davon zurückruft.

9 §.

Und was sagt uns die Stimme der Natur, vom Alter der Welt und des Menschengeschlechts? Ich denke dies!

Die Welt, die wir um uns sehen, ist nicht erst seit wenigen Jahrtausenden geschaffen. Sie ist ein Werk der ewigen Gottheit!

Die Erde selbst, die wir bewohnen, hat schon mehrere Umformungen und Zeitläufe erfahren.

Das menschliche Geschlecht stieg erst nach und nach unter göttlicher Leitung aus dem Stande der Rohheit hervor. Unmöglich konnte der eben erst geschaffene Mensch sogleich anfangen, Jahre und Jahrhunderte zu zählen.

Alle unsre Geschichte und Zeitrechnung verliert sich ihrem Anfang nach in Fabel, und zum Unterricht zweckmäßig angelegter Fiction.

Die großen Summen in der Zeitrechnung bey den alten Egyptern, Chaldäern, Brachmanen, Chinesen entstanden vielleicht so, wie die Canicularperiode, aus Berechnungen und Vergleichungen verschie schiedener Zeittafeln. Sie sind den Alten eben das, was den Neuern die Julianische Zeitperiode ist, ein Platonisches Jahr, wo alles in der Berechnung von vorne wieder anfängt.

Die unzählbaren Abarten der Menschen, und selbst ihre verschiedenen Sprachen und Gewohnheiten lassen sich, so viel man bis jetzt urtheilen kann, nicht ganz von einerley Ursprung ableiten, und dennoch scheint die gesammte Cultur der Völker gewissermassen aus einer gemeinschaftlichen Quelle zu fliessen, und einem Strome zu gleichen, der, wo er nur hinkommt, die kleinern, bis dahin abgesonderten Quellen in sich aufnimmt, und selbst dadurch anschwillt.

So wie aus der Fabel nach und nach wahre und zuverläßige Geschichte hervorgeht, eben so erhebt sich aus dem Aberglauben die wahre, zuverläßige und göttliche Religion.

War es der göttlichen Weisheit gemäß; uns die Hülle der Zukunft im voraus aufzudecken, so mochte es durch menschlichen Scharfsinn, oder durch Träume und Visionen, oder auf irgend eine andere Weise geschehn — und ob auch eine zu große Bestimmtheit in der Vorstellung, z. B. eine zu genaue Pünktlichkeit in der Zeitangabe mit beygemischt wäre — so war es dennoch unsere Pflicht, die uns dadurch ertheilten Winke als Zeugen der göttlichen Weisheit und Güte zu verehren. Führen sie gleich in ihrer äussern Form hie oder da das allgemeine Gepräge der Menschlichkeit bey sich, so sollte darum der Mensch das Göttliche, was darunter hervorleuchtet, dennoch nicht verkennen. Immer wird uns — als Erdbewohnern — das Himmlische in irdenen Gefäßen vorgetragen, und es bleibt dennoch wahr: Es ist noch nie Eine Weissagung aus menschlichem Willkühr hervorgebracht, son-

dern

dern die Propheten und Weissager haben geredet, getrieben durch den ihnen selbst oft unbekannten göttlichen Geist. Doch genug hievon! Ich kehre noch einmal zur Zeitrechnung zurück, um mir das Entstehen der großen Jahrsummen in dem Lebensalter der Urväter, und die merkwürdige Verschiedenheit ihrer Angaben einigermassen zu erklären.

Ueber das hohe Lebensalter der Patriarchen.

10 §.

Oft hat man es anstößig gefunden, daß in den alten Urkunden den Vorfahren so übergroße Summen von Lebensjahren beygelegt werden. Manche liessen sich sogar dadurch verleiten, ihnen geradehin alle Glaubwürdigkeit abzusprechen; und doch stimmt das ganze Alterthum darin überein, daß man den ersteren Regenten ein fast tausendjähriges Alter beylegen müsse; so führt schon Josephus (Alterth. B. 1. zu Ende des 4ten Cap.) eine ganze Menge alter Schriftsteller an, die dies als Wahrheit behaupten, und überläßt es seinem Leser, es sich nach Belieben zu erklären. Ich sehe also nicht, wie man, allen diesen und so vielen andern Zeugnissen entgegen, der erkünstelten Hypothese eines Gatterer beypflichten könne, da er bey Adam, Set, Enos u. s. w. an ganze Völkerstämme denken will, wie etwa beym Juda, Ephraim und Manasse. Ungeachtet man bisher alles aufgeboten hat, um es sich begreiflich zu machen, daß solches Alter zu erreichen, für die noch neuern Menschen möglich gewesen sey, und man auch nun die dephlogistisirte Luft hier nicht unbenutzt lassen wird: so wäre es doch weit natürlicher, an eine andre Art der Jahre zu denken,

nur

nur müßte man dabey verständiger seyn, als der Verfasser des Horus, der hier auf Monate räth, da die Patriarchen in diesem Fall im Knabenalter schon Kinder gezeugt haben müßten. Es ist nicht zu leugnen, das Sündfluths-Jahr war ein vollständiges Sonnenjahr 7). Wollte man also die Hypothese von kürzern Jahren annehmen, so müßte man, wie ich oben bemerkt habe, dabey zugeben, daß hier in der Angabe der Jahre eine Verwechselung vorgegangen wäre. Jedoch es kommt hier nicht darauf an, Vermuthungen, sondern Spuren aus dem Alterthum zur Erläuterung der alten Urkunden zu sammeln.

11 §.

Die Einwohner der nördlichen Gegenden können durch die große Abwechselung zwischen längeren und kürzeren Tagen, und zwischen Sommer und Winter bald auf den Jahreslauf aufmerksam gemacht werden, zumal, da sie der Mangel im Winter bald zum Einsammeln und Aufbewahren der Sommerfrüchte nöthigen wird. Eben so werden die Bewohner der heissen Zone (Amphiscii) leicht durch den Schatten zur Betrachtung des Laufs der Sonne, und zu Bemerkungen über die Länge eines Jahres geleitet. So kannte man in Egypten von den frühesten Zeiten her das vollständige Sonnenjahr 8). Nicht eben so läßt es sich von denen erwarten, die ein gemildertes Klima weniger der quälenden Hitze, oder dem Mangel und der Dürftigkeit aussetzte. Einige rechneten vielleicht nach den periodischen Wassergüssen ihrer Gegend, andere,

---

7) Dies haben Beer und Frank genugsam gezeigt. Man vergleiche auch Jackson, der die Leseart des Alexandriners zu Rathe zieht.

8) Verglichen Beers vermischte Abhandlungen, Th. 1. S. 61. 62. 81.

dere, sonderlich von der Jagd und dem Fischfang lebende Völker verfielen darauf, nach dem Anblick des Mondes ihre Zeit abzutheilen, da sie, wegen der schwülen Hitze der Mittagsstunden, mit mehrerer Bequemlichkeit zur Zeit des Mondenscheins ihren Unternehmungen nachgehen konnten. Fast bey allen Völkern wurde der Anblick des neuen Mondes durch ein Freudenfest gefeyert 9). Leicht konnte dies auf die Zeitrechnung Einfluß haben, und so konnten Mondenjahre 10) und sogenannte verglichene Jahre (Lunae solares) aufkommen, zumal, wenn sie etwa mit Völkern, die den Ackerbau trieben, in Verbindung traten. Andere, zum Beyspiel mit ihren Heerden nomadisch herumwandernde Stämme hatten nicht so viel Veranlassung, auf den Lauf der Sonne und des Mondes zu achten. Sie mußten sich mehr nach der abwechselnden Folge bey der Reife der Früchte, und bey den Bedürfnissen ihrer Heerde richten. Es konnte freylich bey ihnen an Beobachtungen des Himmels gerade am wenigsten fehlen, nur das genaue Maaß des Jahrlaufes blieb ihnen vielleicht länger verborgen.

12 §.

So bald inzwischen die Menschen so viel Kenntnisse erlangt hatten, daß sie zählen konnten, so konnte es wol nicht daran fehlen, daß sie auch anfingen, ihre Tage zu zählen. Die Finger waren das natürliche Hülfsmittel, daher kam es, daß fast alle Völker bis zehen fortzählen, und ohne Zweifel wurden auch so bey vielen Nationen anfänglich die Tage gezählt, wenigstens finden wir bey den Griechen, die ihre Monate

---

9) Vergl. Spencer. de leg. hebr. ritual. l. 3. c. 1. diss. 4.

10) Bey den Alten finden wir Jahre von drey, vier und sechs Monaten. Beweisstellen führet Stillingsfleet in Originib. f. l. 1. c. 5. und Goguet S. 237. Nim. a. au.

nate in Dekaden abtheilten, hiervon die unverkennbarsten Spuren. Es läßt sich nicht behaupten, daß man sogleich von zehen auf hundert und von hundert auf tausend fortgezählt haben sollte. Viele Völker müssen vielmehr anfänglich von zehen bis auf sechzig und sechzig mal sechzig, auch wol von hundert bis auf sechshundert aufgestiegen seyn. Die ganze Art der Franzosen, über sechzig heraufzuzählen, zeigt schon, daß diese Zahlen ein späterer Zusatz sind; das Wort mille ist bey den Lateinern sicher spätern, und, wie es scheint, fremden Ursprungs. Der Ausdruck, da vel sexcenti so oft als die größte unbestimmte Zahl vorkommt, enthält eine Spur des höhern Alterthums. So haben wir wahrscheinlich mit der Astronomie die Zählungsart der Grade, Minuten, Secunden u. s. w. und mit der Weberey auch die Zählungsart des Garns und der Leinewand nach Schocken, Sechzigen u. s. w. aus dem Orient her. Die Brachmanen rechnen noch auf einen Tag sechzig Stunden, und theilen diese, wie wir die unsrigen, in Minuten und Secunden ab. Ein Talent enthielt sechzig Minen, ein Stadium sechshundert Schritt u. s. w. Vielleicht zählte man bey mehreren Völkern, ohne auf astronomische Kenntnisse Rücksicht zu nehmen, auch die Tage nach Schocken, Sechshunderten und Sechzigen. Dies war, nach dem einstimmigen Zeugniß der Alten, bey den Chaldäern wirklich der Fall. Sie berechneten ihre Zeit, und, wie Suidas ausdrücklich bemerkt, auch andre Größen nach Sossis, Neris und Saris.

13 §.

Alle übrig gebliebenen Spuren von der alten Zeitrechnung der Chaldäer beweisen in der That, daß dieses Volk blos die Tage in einer Reihe fortgezählt habe, ohne sie nach dem Lauf der Sonne, und des Mondes einzutheilen. Die große Menge der Jahre in der Chaldäischen, und überhaupt in der alten Zeitrechnung, kommt, wie die Chronologen längst bemerkt haben, blos aus dem Misverstand, daß man Jahre und Tage mit einander verwechselte. Dies konnte um desto leichter geschehen, da man bey den Hebräern und Chaldäern nur ein Wort Jamim hatte, um Tage und Jahre zu bezeichnen. Es scheint eine bloße Verkürzung der Summen gewesen zu seyn, wenn man solche in Sossos (Schocke) Neros (Sechshunderte) und Saros (Sechzig mal Sechzig) vertheilt hat 11). Das Wort Schana, — es heißt seinem Ursprung nach verneuet — bey welchem man insgemein an Jahre zu denken pflegt, konnte also eben sowol jedes neue Schock der Tage bezeichnen. Selbst bey den Hebräern finden sich auch in den spätern Zeiten noch Spuren von dieser Art, die Tage zu zählen. Sie theilten das vollständige Sonnenjahr, der eingeführten Rechnung nach Monaten ungeachtet, noch immer in sechs Theile oder Jahreszeiten ab 12). Und wenn Josephus Alterth. B. 1. Cap. 4. von einem großen Jahr redet, das aus sechshundert Jahren bestanden, so zeigt sich auch hier offenbar eine Spur von einer ältern Rechnungsart. Es sey nun, daß er hier auf den ihm unbekannten Neros, der aus sechshundert Tagen bestanden, gezielt habe, oder auf einen Zeitraum von Sechshundert Schock Tagen (Sossen), welcher nach unsrer Art ein Jahrhundert betragen würde.

11) Mehreres würde sich bey Erklärung der Zeitrechnung des Berosus sagen lassen.

12) Vergl. Bachiene Palästina, Th. 1. §. 179. S. 400.

Ueber die Verschiedenheit der Zeitrechnung in den alten Geschlechtstafeln.

14 §.

Man wird sich bey der Geschlechts- und Zeittafel Cap. 5, 3—32. und Cap. 11, 10—26. an die große Verschiedenheit der Zahlen in dem Hebräischen und Samaritanischen Text, in der Alexandrinischen Uebersetzung und beym Josephus erinnern. Schon lange haben sich die Zeitrechner daher in verschiedene Partheyen getheilt. So gründeten sich die Englischen Verfasser der allgemeinen Welthistorie auf den Samaritanischen Text, Jakson (in seinen chronologischen Alterthümern), so wie der Verfasser des Buches l'Antiquité des Tems retablie et defendue contre les Juifs et les nouveaux Chronologistes, dem Jakson fast durchgängig folgt, auf die Alexandrinische Uebersetzung, und fast alle andre Chronologen auf die Hebräischen Zahlen. Ungeachtet schon viele andre diese Verschiedenheit zur Uebersicht in eine Tafel beysammen gestellt haben; so halte ich es doch für nöthig, wegen der von andern nicht bemerkten Verschiedenheit der Ausgaben des Josephus, und wegen der bey ihnen beliebig angefüllten Stellen, wo sich doch beym Josephus keine Angaben finden, meinen Leser darauf aufmerksam zu machen, was Herrmann (Systema Chronol. biblic. Rostochii 1777. 4. p. 20.) aus den verschiedenen bisherigen Ausgaben des Josephus gesammelt hat.

15 §.

Einige hier vorkommende Abweichungen — z. B. die Einschiebung des Kainan 13) — wird man, ohne wei-

---

13) Man sehe was Hermagen davon sagt S. 36.

weiteres Bedenken, geradehin für Schreibfehler erklären können. Dies aber muß einem jeden auffallen, wie, bey gleicher Angabe des Lebensalters, dennoch die Alexandrinische Uebersetzung, einige Abweichungen ungerechnet, vor der Geburt hundert Jahre mehr, und nach der Geburt hundert Jahre weniger hat, als der Hebräische und der Samaritanische Text. Sollte man sich wol davon überreden wollen, daß diese scheinbar geflissentlichen Abweichungen blos in einem ungefähren Fehler der Abschreiber ihren Grund hätten? Tychsen ruft hier, meinem Bedünken nach, vergeblich, die ehmals mit Griechischen Buchstaben geschriebenen Abschriften des Hebräischen Textes zu Hülfe: auch daraus läßt sich eine so gleichmäßige Abweichung keinesweges erklären. Die Hypothese, daß der Alexandriner aus Gefälligkeit gegen die Egyptische Zeitrechnung immer hundert Jahr eingeschoben, verdient in der That ganz und gar keinen Glauben. Will man mit Jakson den Juden Schuld geben, daß sie muthwillig die Zahlen des Hebräischen Textes verfälscht hätten; so irrt man eben so augenscheinlich, wie Luther, wenn er den Juden vorwarf, daß sie die deutlichsten Weissagungen von Christo aus den Schriften der Propheten ausgelassen und untergeschlagen hätten. Kein billiger Kritiker wird so urtheilen! Und was sollte man in beyden Fällen von dem Samaritanischen Text sagen?

16 §.

Soll ich hier eine andre Hypothese vortragen, die mir mehr mit der Sache selbst, und mit dem, was Josephus davon sagt, übereinstimmig scheint; so darf ich dabey Folgendes voraussetzen.

Schon die ganz verschiedenen Angaben der Zahlen beym Josephus enthalten die deutlichste Spur, daß der Text desselben den alten Abschreibern unverständlich gewesen, und widersprechend geschienen. Nach allen Grundsätzen einer vernünftigen Kritik, wird man dabey nur die Lesearten für ächt ansehen können, bey welchen sich solche Schwierigkeiten und scheinbare Widersprüche finden; denn eben diese konnten den Abschreiber zu gewaltsamen Aenderungen veranlassen. Ich werde also billig die Lesearten beym Josephus vorziehen müssen, wo die angegebene Summe der Jahre von der Schöpfung bis zur Sündfluth mit den einzelnen Summen des Lebensalters der Patriarchen nicht übereinstimmt.

Wenn Josephus die Jahre der Patriarchen berechnet, so redet er so, wie Berosus im Stammregister des Xisuthrus, offenbar immer von Regierungsjahren, und scheint dabey voraus zu setzen — wenn anders seine eigne Rechnung nicht voll lauter Widersprüche seyn soll — daß jeder beym Antritt seiner Regierung erst gewisse Jahre erreicht haben müsse.

Kann das Wort Zeugen, wie ich oben bemerkt habe, nicht nur von der Geburt, sondern auch von der Erklärung und Einsetzung zum Erben gebraucht werden: so liesse sich dabey annehmen, daß beyde von einander abweichende Zeitangaben dennoch zusammenträfen, wenn man voraussetzte, daß jeder in seinem hunderten Jahre, also erst nach Zurücklegung des Knabenalters, der Meinung der alten gemäß 14), zum Erben erklärt und eingesetzt wäre.

Sollte

---

14) Jedermann sieht, daß es hier nicht auf die Sache selbst, sondern auf die Vorstellung der Alten ankomme. Kain und Abel waren nach der Angabe der Rabbinen im hunderten Jahre.
Auch

Sollte man diesem zu Folge annehmen dürfen, daß der Alexandriner oder Samariter den originellen Text nur erklären, nicht umändern wollen; so fielen damit jene höchst unwahrscheinlichen Angaben, als ob die Juden ihren Text selbst verstümmelt, oder als ob die Alexandriner und Samariter die Zeitangaben verfälscht hätten, hinweg, und beym Josephus wäre denn auch mehr Licht, und nicht so viel Widersprechendes.

9. Auch Hesiobus (Werke und Tage v. 129.) redet von einer hundertjährigen Jugendzeit im silbernen Alter. Hundert Sossi machen 16 Jahr 8 Monat. Dies träfe, wie es scheint, mit der Zeit zusammen, da Isaak geopfert werden sollte, da Jakob die Erstgeburt erkaufte, da Joseph von seinen Brüdern verkauft wurde.

Verbesserungen.

Seite 16 Z. 26 anstatt Du Puis lese man Dupuis
— 33 — 30 anst. und der l. m. und die
— 52 — 5 anst. Parvisch l. m. Parvish
— 59 — 28 anst. der 2 ersten l. m. der 12 ersten
— 62 — 33 anst. und ihre l. m. und ihrer
— 65 — 2 anst. tonnerre l. m. tonnere
— 73 — 33 anst. läß l. m. läßt
— 85 — 16 anst. der je l. m. den je
— 89 — 17 anst. benannte l. m. benennt
— 89 — 18 anst. Daher l. m. (Daher
— 92 oben setze man Gott Jehova zu diesem:
— 96 Z. 18 anst. (noch andere l. m. (nach andern
— 98 die unterste Zeile lese man z. B. Bolingbroke, Tindal, Blount, Voltaire, Parvish
— 109 Z. 13. anst. deines Bluts l. m. deines Bruders Bluts
— 115 — 16 anst. schon den l. m. den schon
— 120 gehört die Anmerkung Es wird niemand gereuen u. s. w. oben herauf nach den Worten aus dem Lande hinweg
— 132 Z. 11 anst. im 2ten l. m. ist im 2ten
— 134 — 7 anst. Xisutheus l. m. Xisuthrus
— 137 — 28 anst. de Patet l. m. de Patot
— 157 — 27 anst. Arjah l. m. Arjoch
— 206 — 31 anst. Jakob ließ nun l. m. so ließ er
— 311 — 31 anst. verschiedene l. m. verschieden
— 322 — 22 anst. Cap. 37, 2—49. l. m. Cap. 37, 2. bis Cap. 49.
— 324 — 8 anst. Xisutheus l. m. Xisuthrus

www.ingramcontent.com/pod-product-compliance
Lightning Source LLC
Chambersburg PA
CBHW020316240426
43673CB00039B/821